李 德 等/著

PARENTING PRACTICES AND
ADOLESCENT DEVELOPMENT IN CHINA

中国家庭教养方式
与青少年发展

ADOLESCENTS

社会科学文献出版社
SOCIAL SCIENCES ACADEMIC PRESS (CHINA)

序　言

　　我在二三十年以前就开始对家庭教养问题产生了兴趣，直接诱因是对父母教养行为的观察。有些父母教训孩子是不分场合的，孩子有什么不对，当着外人的面也是要施加管教的，这就给我提供了观察的机会。最初引起我注意的是一些年轻父母不负责的态度，好像孩子生下来就大功告成，照顾和管教孩子不是他们的事情。更加过分的是，一旦孩子出现什么问题，他们马上会认为是帮助照看孩子的祖父母或外祖父母的错，而他们可以坐视不管。另有些父母，不是不关心，而是实在不知道怎么教养孩子，高兴了就把孩子宠上天，不高兴了就又打又骂，孩子好像成了他们发泄情绪的工具。每当看到这样的情景，我就禁不住摇头，心里难免对下一代的成长感到担忧。

　　那时候我还生活在美国，偶尔回国一次，回来后就免不了要东奔西跑，乘坐出租车是常事。有一次刚在出租车里坐下，就被司机问了一个问题。他说他上初中的儿子不爱学习，也不听话，只喜欢打电子游戏，同其他孩子一起胡混，他问我该怎么办。之所以问我，是因为我看起来像个有学问的人。我给他讲了一大番儿童发展的道理，但心里想，你这时候着急是不是有点晚了，孩子现在的状态说不定正是你之前管教不力的结果，这时候想弥补，恐怕没有多少办法了。当时我就想，如果以后有机会，一定要做个关于儿童教养的研究，帮助做父母的了解如何正确地培养自己的孩子。

　　我在美国接触过很多关于家庭教育和儿童发展的研究，自己也做过一些。我曾经工作的单位是美国最大的研究所之一，所属团队专攻儿童教育和福利研究，接过很多政府的项目，包括全美最大的由国会直接拨款资助的儿童虐待调查。当时的美国是民主党执政，前第一夫人希拉里非常关注儿童教育和发展问题，从小就被父亲遗弃的前总统奥巴马也同样关注这个问题，但关心的重点是父亲在儿童成长过程中所起的作用。受美国政府委托，我们的研究团队做了很多关于儿童和青少年教育与发展的研究，目的是帮助相关机构确定促进儿童健康发展的最佳教养和教育方式。工作之余有时也思考我在国内观察到的现象，觉得同样的问题在中国社会里也存在，也需要研究。

2010 年我回到澳门大学工作，终于可以把多年的夙愿付诸实施。到澳门大学后申请的第一个研究项目就是关于父母教育和青少年越轨行为的研究。项目计划书提交以后需要外审，结果还算顺利，第二年就拿到了澳门大学研究及发展事务办公室的资助。既然是社会科学学术研究项目，那就一定要讲科学、重质量，因此，我和团队花了很大的功夫设计这个项目，执行的时候也不敢有半点疏忽，项目从头到尾采用了很多国内外最先进和可靠的研究方法。第一个项目接近尾声时，我们又申请了另一个项目，所研究的问题和第一个项目相似，但研究的对象偏重于同座城市中的农民工子女，该项目也得到了资助。本书内容就是这两个项目的研究结果。

我们在这两个项目中收集的实证数据可以说是相当可观的。但给我留下印象最深刻的不是那些统计数据，而是与学生家长和学校老师的交谈。有一次，一位家长在访谈后拒绝离开，非要知道她的女儿都给我们讲了些什么。我们告诉她已向参加研究的学生做过许诺，保护他们的隐私，但那位妈妈仍然不愿意走。她说女儿近来学习成绩直线下降，行为上也出现各种问题，但女儿什么都不给她讲，她多次责问，仍得不到任何答案。她实在希望我们能够告诉她为什么。很多教师也有同样的疑惑。教师关心的不只是一两个学生，而是整个班甚至整个年级的问题。有些农民工子女学校的老师告诉我们，他们教的学生普遍基础很差，却又不爱学习，上课时不专心，课后贪玩，一放学就失去了联系，不回家也不知道去了什么地方，他们觉得没有能力帮助这样的学生，希望家长能多介入一下，但又不知道如何与家长沟通。

　　我们不是教育的一线工作者，不敢说擅长解决具体问题，但我们至少可以提供一些青少年教养和教育方面的科学知识，供家长、教师以及其他有需要的人士使用，希望能够帮助他们解决生活和工作中碰到的问题。假若有机会阅读这本书，那个沮丧到绝望的母亲可能会领悟到以何种教养方式可以获得女儿的信任，使她愿意和自己分享内心的感受和生活经历；那些忧心忡忡的中学教师会懂得如何与学生父母合作，共同促进流动青少年对学习的喜爱和投入。如果本研究能提供此类帮助，也算是对社会做贡献了。

李　德

于澳门大学

前　言

　　青少年发展关系到一个民族的未来，每个社会都非常重视对青少年的培养与教育，中华民族也不例外。虽然青少年发展是整个社会的责任，但父母在青少年教养方面往往起着最为关键的作用。青少年时期是人生的一个重要阶段，孩子的性格和思想在这个阶段逐渐成熟，学习和生活习惯也快速养成；同时，青春期也是一个充满挑战的时期，学习的压力开始增大，人际关系也变得复杂，自尊心和自我意识更容易受到伤害，这些都可能导致心理和行为问题。因此，青少年更需要父母的引导和帮助。但正是在这个时期，很多父母开始放松对孩子的监督和教育，觉得孩子已经长大，不再需要他们细致的关心和照顾。另有些父母，虽然想继续帮助孩子，但不知道如何有效地管教已经进入青春期的孩子，随着孩子叛逆心理的增强，父母会觉得教育孩子的难度越来越大，自己的能力不足。因此，在青少年教育方面，有很多误区，也缺乏能够帮助父母选择正确教养方式的科学知识，这些在很大程度上阻碍了青少年家庭教养的进步与发展，间接影响了中国青少年的健康成长。

　　近几十年来，很多研究一致表明父母的家庭教养方式和青少年的发展息息相关。但这类研究成果主要源自西方，中国国内关于家庭教养方式及其成效的研究仍然很少。其中，严谨的、富有代表性的实证研究更是凤毛麟角。关于家庭教养的意见和建议一般都是基于西方的研究成果，即使是一些众所周知的观点也缺乏本土数据的支持。过分依赖西方的研究成果存在两个主要问题。第一，子女教养方式是文化的产物。中国有几千年的文化，形成了独特的养儿育女的传统，与西方的传统存在差异，因此，西方的模式未必能与中国的传统模式相融合。第二，中国社会正处于转型期，而且逐渐走向多元化。受中西文化和社会变迁的影响，很多新型教养方式开始出现并渐成模式，西方理论未必能够解释这些新的变化与发展。

为了弥补现存知识的不足，本研究以实证科学为主导，系统地鉴定当代中国社会的主要教养方式，并且以实证研究为基础，尽可能全面地评估各种教养方式在青少年发展方面的效益。本书的贡献和创新主要体现在三个方面。首先，设计严谨，抽样规模大，在全国同类研究中居前。研究团队花了5年的时间，从中国内地某大都市圈中抽取了两个超过3000人的代表性样本，从中收集了大量关于青少年教养及结果的定性和定量数据，并对其中一个样本进行了长达两年的跟踪调查。然后，团队采用科学的分析和统计方法，对收集的数据进行分析，以探究当代中国青少年教养的主要模式。其次，本研究借鉴了多种青少年教养及发展的理论，从各种不同的视角探讨当代中国青少年教养模式与世界其他地区教养模式的相似性和独特性，并深入考察中国教养方式的民族性和多元性。通过对东西方理论的验证，本研究确定了当代中国社会最有效的家庭教养方式，并对其他方式的不足进行了批判性分析，提出了改进的建议。最后，本研究系统地评估了家庭教养方式在诸多方面对青少年发展的影响，包括心理健康、价值观念、学习成绩、日常活动、文化适应、同伴关系、父母子女关系、偏差行为以及欺凌受害经历等，其涵盖的领域之广是以前的研究所无法比拟的。从这个角度讲，本研究注重的是家庭教养方式的总体影响，而不只是片面的分析，对于父母对孩子教养方式的选择更具有参考价值。

社会科学研究不是象牙之塔，其最终目的还是服务社会。基于这个考虑，本研究从宏观和微观两个方面就改善中国家庭教养方式及效果进行探索。"宏观"指的是社会结构和社会政策，比如城镇化的加速、生育观念的变化，以及农民工子女返回原省参加高考的规定等。政府可以通过改善社会政策和社会服务促进有效的教养实践和青少年的健康发展。"微观"指的是个人特征及人际互动，比如青少年的心理特征与思想观念、父母和子女的关系、家长对子女的监督与鼓励等。在中国，很多父母仍然不能充分认识养育的重要性或者不知道如何有效地教养子女，本书综合考虑宏观

和微观因素，对改善中国父母的教养方式及效果提出一些切实可行的
建议。

　　本研究由澳门大学研究及发展事务办公室资助，研究团队包括澳门大
学社会学系的师生和国内的专家及学者，李德教授担任首席调查员（Prin-
cipal Investigator）。我们在此对参加研究的所有单位和个人，尤其是接受调
查和访谈的学校、老师、家长和学生，表示由衷的感谢，同时也十分感谢
黄开诚教授提供的大力支持，没有他们的奉献和帮助，我们无法完成这项
长达五年的实证研究。

　　本书由研究团队的主要成员执笔撰写，具体分工如下：序言：李德；
前言：李德；第一章：张小华（第一节至第三节）、马岩（第四节）、夏一
巍（第四节）；第二章：唐伟、梁敏；第三章：马岩（第一节）、张小华
（第一节和第三节）、刘子瑄（第二节和第四节）；第四章：夏一巍（第一
节）、张小华（第二节）、唐伟（第三节）；第五章：梁敏（第一节）、夏
一巍（第一节和第二节）；第六章：唐伟（第一节）、夏一巍（第二节）；
第七章：梁敏；第八章：夏一巍（第一节至第四节），马岩（第五节）；第
九章：李德；全书由李德统稿和定稿。

　　最后，我们诚挚地感谢社会科学文献出版社在本书出版过程中提供的
支持与帮助。

目 录

第一章
研究设计

本章包含四个部分，分别是研究背景及意义、研究目的、研究对象、研究方法。

第一节　研究背景及意义

家庭教育是人类社会的一个永恒话题，经久不息。但不同时代的家庭教育总会保留它所属时代的印记。在中国社会的现代化进程中，伴随着我国经济发展的腾飞，不但家庭教育被赋予了更多的责任和意义，家庭运作机制（family process）也随之发生了一系列变化（如家庭结构更复杂、子女数量更少、父母教养方式更多元等）。这些变化让中国家庭的教养方式再次成为大众关注的焦点。如今，我国当代家庭教育经历了由传统家庭教育向现代家庭教育转型的一个过程，且越来越多的人认为：中国传统家庭教养方式难以适应中国现代化发展的需要。相反，随着我国改革开放政策的实行，西方现代家庭教养方式涌入中国，逐渐被越来越多的中国父母接受。可是，基于文化背景滋生的不同家庭教养方式是否可以被中国父母所借鉴？借鉴的成效如何？这些变化对中国青少年的内在心理和外在行为的发展有何影响？这些都是当前国人们关注的重点。但是，纵观我国学术界，关于家庭教育和青少年发展的研究还比较少，也不够全面和系统，尚未能深入地理解家庭教养方式对青少年内外在成长的作用及影响，因此，这方面的研究亟待补充和完善。

近几十年来，随着中国城镇化的进步，为了寻求更好的工作机会和更舒适的生活，从农村涌入城市的流动人口越来越多。据统计，截至2015年，全国流动人口总量约为2.47亿人，预计到2020年，我国的流动人口仍将高达2亿人以上（魏佳羽、汪欢、陈梓曦、王会，2014）。截至2010年11月1日，全国流动儿童数量达3581万人，且城镇儿童中有四分之一是流动儿童（国务院第六次全国人口普查办公室，2011）。诚然，流动人口及其家庭是当前我国经济增长的有力支撑，但是也给城市带来了一系列问题。其中最难解决的城市问题之一就是如何预防和控制流动青少年的偏差及犯罪行为。有研究表明：流动青少年已经成为我国违法犯罪的高危人群，尤其是在家庭成员众多的流动家庭里成长的青少年（Xu，2013；吴鹏森、邓俊，2011）。

尽管影响青少年内在心理健康和外在行为发展的因素众多，但犯罪学家们普遍认为：家庭运作机制以及相关的青少年个体内在发展才是最能有效预防青少年犯罪与偏差行为的作用机制。但因为缺乏实证研究，人们对中国家庭的非正式社会控制（如父母教养行为、父母婚姻冲突等）与青少年的个体内在发展（如心理健康、自控力等）和外在行为发展（如偏差、犯罪等）方面的作用机制缺乏科学认知。本研究将通过对中国普通青少年家庭和流动青少年家庭进行问卷调查和深入访谈，弥补我国学术界在此类问题研究上的缺陷。这对探讨预防中国青少年的偏差或犯罪行为有重大的积极作用。同时，本研究将进一步确认哪些家庭和个人因素是导致青少年外在行为表现问题的决定性因素，这对改进父母的教养行为、预防青少年出现内在心理问题和外在行为问题具有积极的作用。

较之以往的研究，本研究采用的是混合研究方法，这是我国家庭教养方式和青少年个体内外在发展研究领域的一大亮点和进步。我国过去有关父母教养方式和青少年个体成长发展的研究大多建立在单一的定性研究或定量研究基础之上。诚然，定性研究方法可以让我们的研究更深入，但其结论的适用性却局限在研究背景之下。相反，定量研究通过采用有代表性的样本，能够很好地保障研究结论的普适性，但是它无法深入捕捉到研究对象的细节特点。因此，当前研究方法的最优选择是将定性和定量相结合，让定性与定量研究形成优势互补，这极大地保障了研究结论的可靠性。具体到本研究而言，混合研究方法的研究结论既能反映家庭教育和青少年发展关系的普遍特征，也能有效地展示家庭成员在家庭生活中扮演的特殊角色。

第二节　研究目的

本次研究的主要目的体现在如下五个方面。

一是通过定性和定量研究的方法，收集有关我国当代青少年（包括流动青少年）在家庭基本特点、家庭教育、青少年个性特征（如心理健康、自控力等）和青少年外在行为表现（包括学校表现、结交朋友、偏差行为等）方面的实证数据，包括定量调查和定性访谈的双重数据，为科学探索我国家庭教育对青少年成长发展的影响奠定基础。

二是通过上述方法收集的数据，重点分析如下问题：

（1）当代中国家庭教育的主要方式及特点；

（2）当代家庭运作机制对青少年心理健康、自控力、学校表现、社会适应和问题行为表现的直接作用效果；

（3）中国祖父母隔代教养的主要方式及特点。

三是由于迁徙和流动，流动青少年家庭会经历社会、经济和文化的变化，本研究的另一个目的是探讨这些变化对流动青少年家庭结构和运作机制的影响，及其对流动青少年成长发展的作用。

四是试图通过整合犯罪学领域的社会控制理论、一般犯罪理论、学习理论和心理学领域的父母教养方式理论，发展一套能解释中国家庭运作机制和青少年偏差行为之间关系的理论。

五是基于本次研究发现，在社会、教育和刑事司法等方面为促进我国青少年的健康发展和偏差行为的预防提供有针对性的政策建议。

第三节　研究对象

本研究的对象是青少年。但综观学术界对"青少年"的定义，我们发现：大家从不同的角度对"青少年"做出了不同的解释和定义。如有学者从生理学的角度出发，将"青少年"定义为"介于青春期开始到骨骼发育完成之间的一段生命时刻"。此为大多数生物学家经常采用的观点，即将处于性器官开始发育到完全成熟这个时间段的人定义为青少年。社会学家从社会学的角度来看，青少年时期是处于儿童和青年之间的成长期，在这期间，大多数年轻人都会经历性特征趋向成熟的身体及生理发育过程，认知及思辨能力得以增强和巩固，并逐渐获得成人身份及与之相应的权利。但心理学家的观点又不一样，他们更关注的是青少年在心理上的变化，他们认为：青少年时期是指从性生理成熟到心理成熟的一段时间。其中，心理成熟包括智力的发展趋于巅峰，情绪上能够自我控制，在社会上能够承担成人角色，履行公民义务等（张青方，1998）。本研究认为，不论采取何种观点，青少年时期总是这样一个阶段，即一系列生理事件到来标志着青春期的开端，到进一步进入成人的世界，承担社会和心理的事件为止。由于"青少年"这一段时间比较长，有学者将其分为"青少年早期"（12～16岁）和"青少年后期"（17～27岁）（Schiamberg，1988），但也有学者依据受教育的层次将其分为三个阶段，包括"青少年前期"（初中生阶段的12～14岁）、"青少年中期"（高中生阶段的15～17岁）和"青少年后期"（大学生阶段的18～22岁）（Archer和Lloyd，2002）。本次研究将采用这种三分法的概念，并将研究对象限定在12～19岁的初中生和高中生群体中。当然，个别学生有提前入学或留级的现象，故本次调查的学生年龄跨度为10～20岁。

本研究将结合当前我国青少年发展的身心特点以及中国社会转型的时代特色，以我国西部某大城市主城9区内12～18岁的中学生为主要研究对象。为了更好地达到研究目的，本次研究的对象有来自该城市主城区内普通全日制中学的学生，也有来自该城市主城区内指定接收农民工子女的全日制中学的学生；有初中生，也有高中生；有本地学生，也有来自其他城市或该城市非主城区的其他区、县的学生。这些学生在家庭教育、心理健康、偏差行为表现等方面差异颇多。

同时，为了多渠道地了解当代青少年在家庭教育等方面的信息，更全面地探索家庭、社会等因素对青少年成长发展的影响，本研究还将以部分被研究学生的家长为次要研究对象。与被调查或访谈的中学生相对应，这些被选择参与研究的家长有初中生家长，也有高中生家长；有本地学生的家长，也有外地学生（来自其他城市和本城市非主城区县）的家长；有农民工子女的家长，也有非农民工子女的家长。他们在很大程度上代表了拥有不同职业、年龄和文化背景的父母。

第四节 研究方法

为了保证结论的科学性及可靠性，本研究采用定性与定量相结合的混合式研究方式，通过科学的访谈提纲和调查问卷以及实地数据收集等方法来实现这个目标。本书涉及的研究共由三部分构成。

首先，2013 年首次调查中，由于资料和文献缺乏，我们首先对青少年、青少年的父母及班主任老师进行了深度访谈。在此基础上，我们制作了问卷并对该市所有学校名单中随机选取的 12 所学校的学生进行问卷调查。

其次，为了了解流动儿童的状况，我们在 2015 年重新定义抽样总体为该市的农民工子弟学校，使用与 2013 年类似的抽样方式，随机选取了 12 所农民工子弟学校，并对其学生进行问卷访谈。为了弥补定量研究的局限性，我们在每个班抽取了一名学生进行深度访谈。此外，我们也成功联系到部分学生的家长，并通过深入访谈补充学生单方面信息的不足。

最后，为了弥补截面数据对因果关系推论的局限性，我们对 2015 年的样本进行了追访，由于高三和初三年级已经毕业，我们仅能对 2015 年的非毕业年级进行追访。不仅如此，2016 年我们还对一所学校进行了全校普查，通过这一资料，我们可以对学生的社交网络特征进行描述。

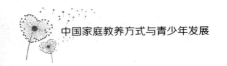

由于每次调研的样本均有其独特的抽样方式和研究设计，下文将一一进行介绍。

一　2013 年首次调研

（一）研究工具与特点

研究伊始，在相关研究文献较为匮乏的情况下，为初步了解我国父母教育子女的方式，我们在大量回顾西方家庭教养方式理论及相关实证研究的基础上，先设计了一份与父母家庭教育有关的、包含数个开放性问题的访谈提纲。接着，我们在中国西南某特大城市的主城区内选取了 30 名中学生及其家长和班主任老师作为访谈对象，并以采访提纲为基础，分别对他们进行了面对面的深入访谈。具体而言，我们先在该市主城区选取了 3 所中学，然后分别在每所学校内选定 10 名学生、这 10 名学生的 1 名家长代表和班主任老师，共计 30 名学生、30 名学生家长代表和 9 名班主任老师。为了避免让受访者感到紧张，我们在较为安静的环境中（如空旷的操场或无人的教室里）对上述受访者进行一对一的深入访谈，确保受访者可以在轻松的氛围中自由回答相关问题。同时，为了打消受访者担心访谈内容泄露的顾虑，我们还在访谈之前对受访者做了保密承诺。此外，为了避免受访者对访谈问题产生歧义，我们对全部访谈员进行了统一培训，并对每个访谈问题给予了详细、统一的解释。因调查地区的人们普遍使用当地方言进行日常交流，我们专门聘请了若干名熟知当地语言的访谈员，以便对那些不善于使用普通话进行沟通的中学生、家长代表和班主任老师进行访谈和访谈后的录音整理工作。

访谈提纲的一个重要用途，是作为后期大规模调查问卷设计的基础。因此，访谈问卷的结构也与后期问卷调查的内容类似，主要包括针对中学生、中学生家长代表及班主任老师分别设计的三种访谈提纲。具体而言，中学生访谈提纲主要包括人口学信息、社区环境、社会正面价值依附、人生哲学考量、人生目标考量、学校情况、时间管理、同伴情况、共同居住人教养方式、家庭关系、父母偏差行为、中学生被害与偏差行为共计 12 项内容、113 道开放性问题。中学生家长代表的访谈提纲除了包含中学生访谈提纲中的内容外，还涉及家庭关系、夫妻关系的内容。班主任老师的访谈提纲包括个人信息、中学生的性格与家庭背景、学习情况、人际交往情况、偏差行为共计 5 项内容、28 道问题。

访谈结束后，我们对这些访谈录音进行了系统整理，形成了书面的整理记录。在对访谈录音进行系统整理的基础上，我们发现了中国父母的家庭教养方式与西方国家家庭教养方式的异同之处。为了进一步探索中国父母的家庭教养方式对青少年成长发展的影响，我们根据访谈中发现的内容，结合西方的父母教养方式理论和涉及青少年成长发展的相关理论，制定了一份符合中国现实情况的调查问卷。问卷调查由经过系统培训的调查员到教室里发放问卷，监督学生们完成并全部回收。为了保证学生们的回答质量，调查员被要求在发放问卷之前必须完成三件事：一是向学生们强调本次调查系匿名调查，所有调查内容都会被保密；二是劝离在场的班主任老师或其他任课老师，排除他们对学生真实作答的干扰；三是宣读作答规则，方便学生们正确、规范地填答问卷。当然，在问卷作答过程中，调查员还需对学生们提出的各种疑问给予详细解释，尤其是对初中一年级的学生。调查问卷主要包括人口学信息、生理特征、心理特征、自我控制、社区环境、家庭状况、社会正面价值依附、人生哲学考量、人生目标考量、学校情况、时间管理、教养方式、家庭关系、同伴情况、班级关系、流行度（名望）、处事能力、心理健康、学校表现、儿童行为量表、被害与偏差行为情况共计 20 项内容、113 道问题，平均作答时间 45 分钟。

与以往相关调查研究所不同的是，我们的调查研究在设计上具有以下特点：首先，问卷内容中纳入详细的父母教养方式的问题，我们将父亲和母亲的教育行为分别进行了提问，从而发现父亲和母亲教育的差异。其次，我们的问卷调查对象是中学生，通过中学生对父母教养方式的主观感受去了解父母的家庭教育行为。作为教育行为的受体，中学生对家庭教育行为的主观感受才是影响其后来行为表现的关键，这与传统家庭教育研究中针对父母进行家庭教养方式调查有所不同。再次，我们的研究采用的是混合研究方法，能有力保障研究结论的可靠性。最后，本次研究建立在定性研究之上，增添了一些中国特色的父母教育行为，而非对西方家庭教养方式理论的生硬复制，具有对西方家庭教养方式理论进行本土化处理的优势。

（二）抽样情况

2013 年研究定义的总体是该市主城区内所有中学生，为了尽可能地获取具有代表性的样本，我们在保证随机抽样的前提下尽可能平衡不同类型的中学在样本中的比例。具体而言，我们在抽样的时候尽可能平衡了区域类型（城市区和混合区）和学校类型（初中学校、初高中混合学校，后者简称完中）。为了确定区域类型，我们首先收集了不同行政区内的中学学校数量和类型。表 1-1 罗列了该市每个行政区中农村学校和城市学校的数量与比例。基于此，我们对每个行政区的中学进行一个大致划分：如果该行政区内超过 70% 的学校是城市学校，我们则将该区域定义为城市区；否则就被定义为城市/农村混合区（以下简称混合区）。因此，根据表 1-1，我们可以发现该市的 9 个主城区，有 5 个区为混合区：A 区、B 区、E 区、G 区和 I 区；有 4 个区为城市区：C 区、D 区、F 区和 H 区。

表 1-1　2013 年各区城市及农村学校数量及占比

单位：所，%

区域	项目	缺失值	农村学校	城市学校	总和
A 区	数量	0	13	14	27
A 区	占比	0.0	48.1	51.9	100.0
B 区	数量	0	15	8	23
B 区	占比	0.0	65.2	34.8	100.0
C 区	数量	0	5	13	18
C 区	占比	0.0	27.8	72.2	100.0
D 区	数量	0	1	5	6
D 区	占比	0.0	16.7	83.3	100.0
E 区	数量	0	12	19	31
E 区	占比	0.0	38.7	61.3	100.0
F 区	数量	0	2	11	13
F 区	占比	0.0	15.4	84.6	100.0

区域	项目	缺失值	农村学校	城市学校	总和
G 区	数量	1	9	18	28
	占比	3.6	32.1	64.3	100.0
H 区	数量	1	0	15	16
	占比	6.3	0.0	93.8	100.0
I 区	数量	1	19	18	38
	占比	2.6	50.0	47.4	100.0
总和	数量	3	76	121	200
	占比	1.5	38.0	60.5	100.0

不同学校类型在城市区和混合区的分布也大致持平。根据该市的中学统计数据，所有的完中里面，62%的学校坐落在混合区，38%的学校坐落在城市区。而对于初中学校而言，69%的学校在混合区，31%的学校在城市区。因此，总体而言，混合区的中学学校比例为65%，而城市区的中学学校比例为35%。所以，混合区与城市区中学学校数量的比例大致为2∶1。

因此，我们以此比例为准选取区域，在该市9个主城区中随机抽取了3个区，分别为2个混合区（A区和G区）和1个城市区（F区）。针对每个区而言，我们从中随机抽取4个学校，分别为1个农村中学（含初中和完中）、1个农村初中、1个城市中学（含初中和完中）和1个城市初中。这样一来，我们所选取的12所学校既能保证随机抽样的前提，又能尽量平衡学校和区域的特征。接着，我们联系被选中的12所学校，在了解它们的在校生人数、每个年级的班级数量和每个班级的大致人数之后，以班级为单位，按照每个年级的人数比例，确定每个年级要抽取的班级数量，再随机抽取对应数量的班级。最终，我们从这12所学校中共收集了3047份有效问卷。

二　2015 年农民工子弟学校调研

（一）研究工具与特点

在2013年的调查项目中我们发现流动青少年在调查中存在一定的比

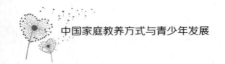

例，而且这一群体表现出与非流动青少年不同的特征。为了进一步研究这一群体，我们在 2015 年重新对该市的青少年进行抽样，但是为了尽可能地抽取到流动青少年，我们将总体定义为该市所有农民工子弟学校的学生。

根据 2013 年问卷的反馈信息，我们对 2013 年的问卷内容做了一些调整。我们基本保留了 2013 年问卷的主要内容，但对于冗余的问题进行了删减。此外，对于流动儿童而言，我们增加了部分问题询问其流动状态，感受歧视状况和适应状况。因此，问题数量达到了 153 题。但由于优化了问卷排版，平均作答时间仍然控制在 45 分钟左右。值得一提的是，为了收取历时样本（longitudinal sampling）我们鼓励被访青少年留下可供识别的联系方式以便在今后几年对被访青少年进行追访。当然，对于青少年留下的个人信息，研究团队也严格保密。研究员也仅在匹配样本的时候使用这些信息，进行统计检验时任何能联系到青少年的个人信息都会被排除。

在问卷的收集上，我们也聘用了当地高校的大学生和研究生作为访员，这样一方面能保证访员语言的适应性，另一方面由于访员年龄与被访学生相差不大，容易取得被访者的信任。对所有访员，我们进行了统一的培训，以消除访员行为的不同对问卷信息收集的偏误。具体来说：我们规范了访员对问卷信息的理解，统一了访员对项目的介绍，并尽可能地标准化访员收集问卷的行为。

最终，每个访员负责一个班级的问卷收集。为了排除任课老师或班主任的干扰，在收集问卷时，所有老师回避。同时为了问卷的保密性，问卷当场打开、发放、收集和密封。并且，访员会在班级内维持纪律，以防止青少年之间相互窥视影响问卷作答。此外，访员也被要求不能窥视青少年填写的问卷，以保证其隐私。

值得一提的是，为了保证数据录入的质量，我们在 2015 年引进了光学标记辨识系统（optical mark recognition，OMR），即在问卷设计之初将所有选项均编辑为 OMR 字体，有助于后期对文件信息进行录入，这样一方面大大提升了数据录入的效率，另一方面也能进一步保证数据录入的质量。最终收集样本数量为 3402 个。

除收集问卷外，每位访员还需要在每个班中抽取 1 位同学进行深度访谈。由于偏差行为在学生群体中出现可能比较罕见，我们让班主任老师推荐一位班上最调皮的学生进行访谈。所有问卷和访谈都基于自愿，如果被推荐学生拒绝访谈，访员将重新邀请另一位同学进行访谈。访谈内容主要有人口信息、父母教育、家庭关系、偏差行为及其原因。虽然我们有大致的访谈提纲，但在实际采访中访员应尽可能让被访者自由发挥，而不拘泥于访谈提纲。此外，我们还尝试联系被访学生的父母，并尽可能联系其中一位进行访谈。最后，我们将所有访谈进行转录并且输入 Nvivo10 中予以编码与分析。最终，我们收集到 57 名学生和 11 位父母的访谈数据。

（二）抽样情况

2013 年样本虽然具有代表性，但是由于每个学校的在校学生人数未知，我们无法计算出抽样概率，从而无法精确保证每个个体在总体中被抽中的概率相等。而 2015 年的抽样是该市所有的农民工子弟学校，数量有限（共 48 所），为了弥补这一缺陷，我们一一询问了所有学校的注册处，了解了大致的学生人数，这一信息将被用于进一步计算样本人数。我们虽然尝试联系所有学校并了解其学校规模，但由于各种原因，有些学校的规模信息并不知晓。我们对信息缺失的学校进行了热点插补法（Hot Deck Imputation）（Andridge 和 Little，2010）以近似估计该学校的学生人数。

与 2013 年的研究类似，我们首先仿照 2013 年的抽样方法根据区内学校类型对 "区" 进行定义。由于农民工子弟学校在每个区的分布比例并不一定相等，因此 2015 年定义的城市区和混合区与 2013 年的定义并不一致。但最终定义的城市区和混合区之比仍然为 2∶1。

表 1-2　2015 年农民工子弟学校分布

区域	城市	农村	最终定义类型
A 区	1（14.29%）	6（85.71%）	混合
B 区	8（50.00%）	8（50.00%）	混合
C 区	1（33.33%）	2（66.67%）	混合
D 区	1（100.00%）	0（0.00%）	城市

续表

区域	城市	农村	最终定义类型
E 区	6（100.00%）	0（0.00%）	城市
F 区	3（100.00%）	0（0.00%）	城市
G 区	4（100.00%）	0（0.00%）	城市
H 区	3（100.00%）	0（0.00%）	城市
I 区	5（100.00%）	0（0.00%）	城市
总计	32（66.67%）	16（33.33%）	—

类似的，我们从 9 个城区中抽取 2 个城市区和 1 个混合区，分别为 B 区、E 区和 G 区。由于我们知道所有学校的在校学生人数，在抽取这 3 个城区的时候使用了分层规模大小成比例的概率抽样（Stratified probability proportional to size）。这种抽样技术能保证每个城区被选中的可能与其规模呈正比，而抽取 3 个区的概率分别为 67.2%、56.5% 和 24.3%。每个城区被选中的概率记为 P_1。

与 2013 年类似，我们在选出的 3 个区进一步抽取一个城市初中、一个城市完中、一个农村初中和一个农村完中，但是由于有的区（如 G 区）仅有 4 所学校，我们不得不全部加以抽取，因此这些学校必然会被抽中（第二阶段抽样概率 P_2 为 1）。而对于某些城区，满足条件的学校多于 1 所，那么我们也将根据 PPS 技术将学校被抽取的概率调整到与其规模呈正比的大小。我们将第二个阶段中抽取学校的概率定义为 P_2。由于抽取学校和抽取城区是两个独立事件，因此最终获得 12 个学校的概率为 P_1 和 P_2 的乘积。

$$P = P_1 * P_2$$

为了保证每个学生被抽中的概率一样，我们可以通过适当调整从学校中抽取学生的概率（记为 P_3）来实现。换言之，我们为了保证最终每个学生被抽中的概率（$P_1 * P_2 * P_3$）相等，我们需要通过调整每个学校被抽取的人数来实现。通过计算，我们确定了每个学校被抽取的人数，根据每个学校大致的班级人数，确定了抽取的班级数目。表 1 - 3 中列举了最终抽样的结果，表中最后两列为最终每个学校抽取样本的估计人数和班级数。

表 1 - 3　2015 年抽样结果

学校 ID	区域	学校类型	城区类型	学校规模（人）	P_1	P_2	$P_1 * P_2$	估计人数（人）	估计班级数（个）
4	G 区	初中	城市	800	0.24	1.00	0.24	179	4
5	G 区	初中	城市	800	0.24	1.00	0.24	179	4
6	G 区	初中	城市	800	0.24	1.00	0.24	179	4
7	G 区	初中	城市	200	0.24	1.00	0.24	45	1
14	B 区	初高中混合	混合区	1700	0.67	0.33	0.21	380	9
15	B 区	初中	混合区	600	0.67	0.18	0.12	134	3
16	B 区	初中	混合区	300	0.67	0.09	0.06	67	2
25	B 区	初高中混合	混合区	3000	0.67	0.58	0.39	670	17
43	E 区	初中	城市	870	0.56	0.73	0.41	194	5
45	E 区	初高中混合	城市	3000	0.56	1.00	0.56	670	17
46	E 区	初高中混合	城市	660	0.56	1.00	0.56	147	4
48	E 区	初中	城市	700	0.56	0.59	0.33	156	4

　　当然，在实际走访每个学校抽样过程中，我们往往以班级为群体进行整群抽样（clustering sampling），因此为了满足表 1 - 3 中对每个学校抽样数量的估计，我们抽取班级数量为计划样本量除以班级平均人数并向上取整，如根据样本量计算出抽取班级为 3.2 个，实际操作中将取整为 4 个。对于每个学校，在平衡年级的基础上，对每个班级也是随机抽样。例如，在 ID 为 14 的学校内我们计划抽取 9 个班级，由于我们只抽取高中年级，我们在高一、高二和高三年级中随机抽取 3 个班级。最终我们得到了 3402 个有效样本。

　　由于实际抽取的数量大于计划抽样的数量（3000），我们也进一步计算在当前抽样方案下每个个体被抽中的实际权重，在进行分析时尽量根据这个抽样权重调整抽样结果。

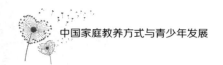
三　2016 年农民工子弟学校追访

由于 2015 年保留了被访青少年的联系方式，我们在 2016 年对 2015 年抽样的青少年进一步追访。具体而言，我们重新联系了被访学校并对 2015 年抽样进行追访。下面将介绍 2016 年调查的详细情况。

（一）问卷类型

对于 2016 年的问卷而言，我们使用与 2015 年类似的问题，但进行了大量简化。此外，由于我们在前两年的研究中发现青少年汇报的打架行为发生率非常高。我们据此进一步增加了对青少年暴力行为的进一步调查，包括使用暴力的态度、主动型和被动型暴力倾向，以及自我控制。

此外，由于取得了学校的支持，我们得以对样本中某一学校进行全校普查。全校普查样本能让全校社交网络调查成为可能。具体而言，我们增加了两个新问题，一个是询问青少年本校内最好的 5 个男性朋友的名字（包括年级和班级），另一个是询问青少年本校内最好的 5 个女性朋友的名字（包括年级和班级）。由于我们鼓励每位青少年填写自己的名字，因此我们可以通过青少年填写的朋友名字直接找到该被访者的问卷。

（二）匹配情况

由于时隔一年，2016 年我们在匹配时面临若干挑战。首先，我们没有 2015 年毕业年级的数据，由于这些学生已经毕业，我们无法继续跟踪到这些学生。其次，文理分班和毕业分班导致数据收集困难，根据表 1－4，我们发现 2015 年的初一和初二年级匹配比例较高，这是因为初一和初二年级的构成相对稳定，这两个年级变为初二和初三年级时，班级构成变化不大。但 2015 年的高一和高二年级，仅有一半的样本能够匹配。据学校领导介绍，高一年级在升学为高二年级的时候，出现了文理分班，这种分班打乱了原有的班级构成，高二年级变为高三年级的时候，某些学校也采取了分班的策略，如将目标为大学和目标为职高的学生分班，从而分配不同的教育资源，此外由于地区政策，有些非本地户口的青少年不得不返回原籍参加升学考试，这也导致了样本缺失。

表 1 - 4 2015 年与 2016 年数据匹配结果

| | 2015 年 | 2016 年 | | 匹配百分比（%） |
	N	无法匹配	自然匹配①	概率匹配②	
初一	525	104	421	0	80.2
初二	605	176	372	57	80.2
初三	621	—	—	—	
高一	688	386	302	0	43.9
高二	565	252	266	47	54.9
高三	398	—	—	—	
总数	3402	918	1361	104	43.1（总体） 61.5（除去初三、高三）

注：① 自然匹配是指两次问卷姓名填写一致；② 概率匹配是在 2015 年和 2016 年两次样本中如下变量一致的个体：学校、年级、班级、性别、出生年、民族、户口性质和户口所属地。

当然，2016 年样本学校由于完全来自 2015 年的抽样结果，因此，我们可以将 2016 年的调查当作一次独立的样本来分析。最终 2016 年一共收集了 2942 个样本。

（三）普查情况

上文提到，我们对其中一个学校进行普查，并且询问了每个学生最好的 10 个朋友的名字。基于此，我们试图根据名字、性别和班级来匹配到青少年朋友的问卷。但匹配过程中存在若干挑战。例如，有的学生写错了朋友的名字，这导致了匹配的困难。如有的学生知道同学姓名的发音，却写错了同学名字。针对这个问题，我们使用概率算法计算了两者为一个人的概率（根据姓名的汉字和拼音等计算），匹配概率大于 90% 的个体予以保留，对小于 90% 的个体进行人工查对。以下章节将对青少年社交网络做详细介绍。

第二章
在学青少年的家庭与个人特征

　　家庭是青少年成长过程中一切认知的第一来源，对青少年生活态度和学习习惯的养成、个人兴趣的培养以及对社会现象的认知等具有决定性的作用。青少年的个人特征不仅来源于家族基因遗传因素，同时很大程度上也受到后天家庭特征以及生活环境方面的影响，因此，家庭对青少年的启蒙成长具有相当大的影响力（Acock 和 Bengtson，1978；Gallatin 和 Adelson，1970；Lerner、Sparks 和 McCubbin，2013；Witztum 和 Steinberg，1991）。每个孩子的成长都与父母的养育、教育息息相关，父母的言传身教对孩子的行为养成至关重要。父母和孩子的沟通交流可以增加孩子在生活中对待不同人、事的同理心和爱心，父母与他人相处沟通的行为方式会培养孩子与人交往的能力，等等。可以说，家庭通过楷模以及社会和情感上的联系，创造出期望中的孩子，且通过培养其健全的人际关系、正向的社会行为和同理心，培育其行为能力和自我控制。可以说，家庭安宁则社会安宁，家庭和谐则社会和谐。

第一节　家庭特征

　　家庭是促进个体发展的主要机制，也是促进社会发展的重要单位。20世纪 80 年代以来，中国社会经历了一系列转型，社会转型给家庭变迁带了较为深刻的影响，本节主要讨论社会转型背景下中国家庭结构的变化情况。

改革开放以来中国社会的一系列变化说明中国当前正处于社会转轨和变革的重要时期，城乡二元体制向一元体制靠拢导致的城镇化进程加快，经济结构从劳动密集型逐渐向资本密集型发展，在市场经济越发占据主导地位的宏观背景下，我国大中型城市正面临着大规模的农村人口迁移到城市，务农家庭向私营业主和城市务工转变等现象。这一系列社会转型改变了我国的传统家庭结构。最为显著的特征是独生子女增加。20 世纪 70 年代前后，我国开始实行计划生育政策。无论是在农村还是在城市，大多数家庭都选择养育一个孩子。这种思想和行为的转变不仅是政策成功执行的表现，也是实践中家庭对机会成本的选择和社会思想观念的转变。从家庭经济学来看，生育行为可以看作对下一代生命进行生产的行为，将孩子抚养长大需要投入一定的资本、时间和精力等。古典经济学家认为当居民收入增加时，生育率也会随之增加；随后贝克尔的分析发现，决定人口增长的主要因素与家庭的收入水平正相关，但不能忽视另一个重要的影响因素，即抚养孩子的成本。换言之，父母抚养一个孩子的机会成本会直接影响父母是否决定抚养第二个孩子。当父母的收入逐渐增加，特别是作为母亲角色的收入增加时，机会成本也会随之上升。

中国自 1971 年开始第一次提出将控制人口增长的指标纳入国民经济发展计划中，到 1982 年，党的十二大将计划生育确定为基本国策，并写入宪法。因此，从 20 世纪 80 年代开始，中国展开从城市向农村发展的"少生、优生"的计划生育政策。越来越多的家庭从上一代的 4~5 个孩子逐渐向 1 个或 2 个孩子转变，这种变化和趋势逐渐被越来越多的家庭遵守和接纳。与上一代相比，在子女数量减少后，父母对每个孩子投入的时间和精力会随之增加，养育孩子的质量也逐渐提高。随着几十年间计划生育政策的普及和实施，父母的社会观念也在逐渐变化，越来越多的家庭不再强求一定要养育多个孩子，性别歧视也在减少，这使得女性的受教育程度有了显著提升。

将上述理论与当前我国社会转型结合起来，随着越来越多的家庭放弃原有的务农工作，在城市中从事与第二产业相关的工作，父母投入工作的时间和精力以及生活成本的增加会提高抚养孩子的机会成本，从而出现更多的独生子女家庭。为了提高经济收入，适当降低生活成本和抚养孩子的成本，父母一方外出务工而另一方在家的短期分开现象和父母均外出工作而孩子与祖父母或者外祖父母一起生活的现象逐渐增多。外出务工群体面临的一个新问题是户口政策的限制。中国城乡二元体制下的户口差异性使得很多进城务工的群体无法享受生活所在地的医疗保险福利等，同时其子女求学等问题也会受到较大阻碍。这些都是本章在家庭特征方面要重点分析的。

结合上述理论，以及中国社会转型、家庭结构变化的背景，本节用描述性统计分析来介绍青少年成长的不同家庭特征和生活环境。具体来说主要包含青少年的共同居住人情况、当前生活所在地特征、在当前城市生活的时间、父母职业、受教育程度、家庭收入等；同时了解在青少年当前成长阶段中承担较多教养责任和影响角色的人，若当前未与父亲（或者母亲）生活在一起，则会进一步分析没有共同居住的原因和分开时间，以及未生活在一起的沟通频率、见面次数等，对青少年的家庭特征进行全面的剖析和梳理。

一　三代同堂家庭和单亲家庭等现象同时并存

当代中学生的家庭结构可以划分为几个不同的类型：双亲家庭、重组家庭、单亲家庭、三代同堂家庭以及独居。老年社会的到来、社会养老体系的不健全，特别是欠发达地区有限的社会福利水平，再加上城市中高额房价的限制，使得隔代三代同堂家庭成为青年人在抚养子女和赡养父母问题上的主要解决方式。关于中国家庭结构变化的调查研究发现，不管是城市地区还是农村地区，核心家庭比例明显下降，单人户显著上升（Y. Wang，2014；童辉杰、宋丹，2016）。有关农村及流动人口家庭结构的研究进一步发现，在快速城镇化的发展背景下，单人家庭、隔代家庭比重有所上升（张雪霖，2015；周福林，2016）。同时，中国女性就业率提高，但是很多家庭即使居住在城市地区，家庭经济情况也较为紧张，居住条件有限，请保姆照顾子女支出较大，幼儿教育支出较高，收效有限，基于这些原因，很多家庭中祖辈的角色都是年幼孙辈的照看者。

　　从 2013 年的调查结果可以看出，中国青少年中独自居住的占 1.06%（约 32 人），有超过 41%（1245 人）的共同居住人有两位（详见表 2 - 1），这两位可能是亲生父母，也可能是祖父母或者外祖父母等。调查结果也发现，有超过 50% 的家庭共同居住人多于两位，即可能是有兄弟姐妹或者是与（外）祖父母共同居住，即父母需要花费较多的时间在工作上，（外）祖父母承担起照顾子孙的工作，使得他们有较多时间居住在一起，本节后面将会针对共同居住人的身份特征进行进一步分析。

表 2 - 1　共同居住人（2013 年）

单位：人，%

家庭共同居住人数量	被调查青少年数量	比例
0	32	1.06
1	164	5.41
2	1245	41.06
3	879	28.99
4	712	23.48

　　在上述推断和假设的前提下，我们进一步根据青少年工作日和周末共同居住人的调查结果将家庭结构进一步分类，即根据工作日以及周末共同居住人的身份角色将家庭分为双亲家庭（青少年与亲生父母或者养父母共同生活）、重组家庭（青少年与亲生父母或者养父母中的一位以及继父（母）共同生活）、单亲家庭（青少年与亲生父母或者养父母中的一位共同生活）、隔代家庭（青少年仅与（外）祖父母或者其中的一位共同生活）、三代家庭（青少年不仅与亲生父母、养父母或者继父母中的至少一位生活在一起，同时还有（外）祖父母或者其中的一位一起生活）、住校家庭（青少年未与自己亲属中的任何一位生活在一起，而是独自居住在学校），以及其他家庭（具体见表 2 - 2 和表 2 - 3）。从表 2 - 3 中可以看出，单亲家庭的比例较高（2015 年和 2016 年分别达到 10.12% 和 10.32%），在离婚率逐渐增加的背景下，尚有一部分父母为了避免重组家庭给孩子带来生活上的不适和心理的抗拒，会选择独自照顾孩子而出现单亲家庭。从表 2 - 3

中还可以发现，三代同堂的家庭和隔代家庭均存在，但是前者比后者多出较多。三代同堂的家庭比例在三次调查结果中均超过10%，在2013年更是高达16.3%，再次说明在越来越多的母亲选择工作后，（外）祖父母成为照顾祖孙的重要角色。但是，与过去或者传统家庭有所不同，传统家庭中，父母为了降低在城市中的生活成本，同时为了将更多的时间和精力用于工作中，会选择将孩子托付给自己或者配偶的父母，即（外）祖父母代为照顾，从而出现隔代家庭和隔代教育。近年来，越来越多的媒体、专家针对隔代教育给出了很多不同的看法（具体将在本书第三章详细分析）。此外，父母对教育日渐深入的了解和认知促使越来越多的家庭在双方均工作的前提下，仍然选择自己教育孩子，当工作的时间和精力越来越紧张时，请孩子的（外）祖父母一起居住和生活可以在一定程度上对家庭有所帮助。

表 2 - 2　工作日共同居住人类别

家庭类型	2013 年	2015 年	2016 年
双亲家庭	1137（37.36%）	939（27.88%）	987（33.73%）
重组家庭	62（2.04%）	54（1.6%）	59（2.02%）
单亲家庭	176（5.78%）	353（10.48%）	306（10.46%）
隔代家庭	97（3.19%）	66（1.96%）	91（3.11%）
三代家庭	498（16.37%）	397（11.79%）	394（13.47%）
住校家庭	1038（34.11%）	1426（42.34%）	978（33.42%）
其他家庭	35（1.15%）	133（3.95%）	111（3.79%）

表 2 - 3　周末共同居住人类别

家庭类型	2013 年	2015 年	2016 年
双亲家庭	1136（37.33%）	928（27.55%）	976（33.36%）
重组家庭	62（2.04%）	54（1.6%）	59（2.02%）
单亲家庭	173（5.69%）	341（10.12%）	302（10.32%）
隔代家庭	97（3.19%）	65（1.93%）	91（3.11%）
三代家庭	496（16.3%）	395（11.73%）	393（13.43%）
住校家庭	1038（34.11%）	1388（41.21%）	960（32.81%）
其他家庭	41（1.35%）	197（5.85%）	145（4.96%）

　　对祖父母或者外祖父母进行比较，从三年的调研数据来看，与祖父母居住在一起的青少年要多于与外祖父母同住的青少年，这和中国社会文化是一致的。其中，与祖母或者外祖母居住的比例均高于与祖父或者外祖父的共同居住比例。这种现象的形成主要是由于祖母或者外祖母在照顾孩子方面可以提供的力量多于祖父或者外祖父。从周末共同居住情况中还可以看到，有4%左右的青少年生活在重组家庭中，即与继父或者继母生活在一起（见表2-4）。

表 2 - 4　工作日及周末共同居住人

	2013 年		2015 年		2016 年	
	工作日共同居住人	周末共同居住人	工作日共同居住人	周末共同居住人	工作日共同居住人	周末共同居住人
生父	1642（53.89%）	2072（68%）	1414（41.56%）	2310（67.9%）	1475（50.14%）	2062（70.09%）
生母	1739（57.07%）	2160（70.89%）	1501（44.12%）	2488（73.13%）	1524（51.8%）	2143（72.84%）
祖父	259（8.5%）	302（9.91%）	193（5.67%）	370（10.88%）	218（7.41%）	334（11.35%）
祖母	369（12.11%）	429（14.08%）	259（7.61%）	515（15.14%）	292（9.93%）	456（15.5%）
外祖父	127（4.17%）	145（4.76%）	130（3.82%）	238（7%）	128（4.35%）	181（6.15%）
外祖母	165（5.42%）	201（6.6%）	158（4.64%）	317（9.32%）	158（5.37%）	247（8.4%）
继父	54（1.77%）	72（2.36%）	53（1.56%）	97（2.85%）	50（1.7%）	73（2.48%）
继母	47（1.54%）	58（1.9%）	51（1.5%）	92（2.7%）	55（1.87%）	72（2.45%）
兄弟姐妹	646（21.2%）	751（24.65%）	580（17.05%）	965（28.37%）	632（21.48%）	883（30.01%）
养父	14（0.46%）	15（0.49%）	117（3.44%）	81（2.38%）	18（0.61%）	18（0.61%）
养母	10（0.33%）	9（0.3%）	20（0.59%）	29（0.85%）	24（0.82%）	15（0.51%）
其他	130（4.27%）	1（0.03%）	188（5.53%）	177（5.2%）	166（5.64%）	129（4.38%）

二 独立双亲家庭的盛行以及兄弟姐妹的减少

从表 2 - 4 中可以看出，目前一半左右的青少年在工作日是和自己的亲生父亲或者母亲居住在一起的，但是这其中除了双亲家庭外，还包含单亲家庭和重组家庭。通过表 2 - 3 可以看出周末有 27% ~ 38% 的青少年是和亲生父母或者养父母在一起的，远远高出中国传统模式下的三代同堂以及隔代家庭，说明越来越多的家庭逐渐脱离传统模式的束缚，逐渐建立起夫妻和孩子的三口之家。在这样的家庭模式下，夫妻对于孩子的教育将很少或者不再受到（外）祖父母的干涉和参与，父母对孩子的教育模式将更加统一。

此外，从表 2 - 3 中可以看出，有 40% 左右的青少年没有与自己的父母生活在一起，本书对青少年与父母分开的时间以及原因进行了深入分析。从表 2 - 5 中可以看出，没有与父母生活在一起的时间主要集中在 0 ~ 6 个月，占与父母分开生活群体的 30% ~ 60%；其次是 6 个月到 1 年的区间，为 10% ~ 17% 的比例；仍有超过 20% 的受访青少年已经至少 1 年未与父亲或者母亲生活在一起（见表 2 - 5）。

表 2 - 5　与父母分别时长

分别时长	母亲			父亲		
	2013 年	2015 年	2016 年	2013 年	2015 年	2016 年
0	53 (6.38%)	49 (5.78%)	41 (4.85%)	40 (5.95%)	34 (5.86%)	40 (6.90%)
<6 个月	278 (33.45%)	422 (49.76%)	500 (59.17%)	251 (37.35%)	252 (43.45%)	293 (50.52%)
0.5（含）~ 1 年	135 (16.25%)	112 (13.21%)	105 (12.43%)	99 (14.73%)	70 (12.07%)	67 (11.55%)
1（含）~ 3 年	68 (8.18%)	66 (7.78%)	56 (6.63%)	52 (7.74%)	35 (6.03%)	36 (6.21%)
3（含）~ 4 年	63 (7.58%)	41 (4.83%)	32 (3.79%)	35 (5.21%)	52 (8.97%)	33 (5.69%)

续表

分别时长	母亲			父亲		
	2013 年	2015 年	2016 年	2013 年	2015 年	2016 年
4（含）~5 年	39 （4.69%）	25 （2.95%）	19 （2.25%）	37 （5.51%）	30 （5.17%）	16 （2.76%）
5（含）~6 年	35 （4.21%）	133 （15.68%）	92 （10.89%）	28 （4.17%）	107 （18.45%）	95 （16.38%）

表 2-6　与父母分别原因

分别原因	父亲			母亲		
	2013 年	2015 年	2016 年	2013 年	2015 年	2016 年
求学	393 （46.18%）	103 （11.09%）	98 （11.46%）	375 （55.07%）	80 （13.56%）	107 （18.51%）
已故	48 （5.64%）	69 （7.43%）	50 （5.85%）	33 （4.85%）	28 （4.75%）	28 （4.84%）
离婚或分居	181 （21.27%）	259 （27.88%）	196 （22.92%）	146 （21.44%）	235 （39.83%）	219 （37.89%）
外出务工	194 （22.8%）	415 （44.67%）	416 （48.65%）	99 （14.54%）	197 （33.39%）	177 （30.62%）
外出治病	0 （0.00%）	0 （0.00%）	0 （0.00%）	4 （0.59%）	4 （0.68%）	2 （0.35%）
被监禁	7 （0.82%）	10 （1.08%）	5 （0.58%）	0 （0%）	7 （1.19%）	1 （0.17%）
其他	25 （2.94%）	69 （7.43%）	90 （10.53%）	24 （3.52%）	39 （6.61%）	44 （7.61%）

从表 2-6 中可以看出，求学是青少年未与父母生活在一起的一个主要原因（2013 年数据显示因求学原因而未与父母生活在一起的比例分别是 46.18% 和 55.07%，但是 2015 年和 2016 年的调查主要针对接受农民工子女的中学，很多孩子是由于父母在城市务工而来到所在学校求学的，因此，这一原因所占比例与 2013 年相比显著降低）。父母离婚或分居以及外出务工则是青少年未与父母生活在一起的另外两个主要原因。

对于这部分未与亲生父母生活在一起的青少年来说，与父母联系的频率呈现出两极分化的趋势，即从不与父母联系或者经常与父母联系的占据大多数，经常联系的频率达到一周一次；从不与父母联系的比例分别是42.06%和34.62%，每周都与父母联系的比例分别是20.61%和25.21%（见表2-7）。针对这一现象，本节进一步分析了青少年与父母联系的频率与其分开的原因之间的关系（具体见表2-8）。从表2-8中可以看出，青少年未与自己父母居住在一起的原因主要包括求学、父亲（母亲）已故、父母离婚或者分居、父亲（母亲）外出务工、父亲（母亲）外出治病、父亲（母亲）被监禁以及其他原因。分析上述原因与青少年和父母联系之间的关系可以看出，在因求学而与父母分别的青少年中，与父母联系频率占比最高的是一周一次（占比为29%~33%），从不联系的位居其次（父亲和母亲分别是29.5%和25.9%），很多青少年每周工作日住在学校，周末回到父母身边，这些青少年在校期间没有通信工具，因此可能在校期间与父母联系较少。在因父母离婚而未与父母生活在一起的青少年中，从不联系的比例超过一半，父母离异后，孩子可能会进入一个新的重组家庭中，亲生父母之间的关系和相处模式，可能会导致孩子在成年之前，与未生活在一起的一方永久或者长时间地失去联系，或者说，孩子很小父母就分开的家庭结构下，联系更多地局限于父母之间，父亲或母亲与孩子的感情相对较弱。

表 2-7 每年与父母联系频率（2013 年）

频率	父亲		母亲	
从不	302	42.06%	206	34.62%
至今一两次	107	14.90%	65	10.92%
一个月不到一次	41	5.71%	43	7.23%
一个月一次	49	6.82%	53	8.91%
一个月两次	71	9.89%	78	13.11%
一周一次	148	20.61%	150	25.21%

表 2 - 8　青少年与父母联系频率与分开原因之间的关系（2013 年）

频率	父母	求学	已故	离婚或分居	外出务工	外出治病	被监禁	其他
从不	父	95 (29.5%)	11 (78.6%)	96 (62.7%)	83 (46.6%)	2 (100.0%)	0 (0.0%)	7 (43.8%)
	母	86 (25.9%)	5 (62.5%)	65 (53.7%)	40 (43.0%)	0 (0.0%)	—	7 (46.7%)
至少一两次	父	30 (9.3%)	2 (14.3%)	29 (18.9%)	36 (20.2%)	0 (0.0%)	0 (0.0%)	5 (31.2%)
	母	29 (8.7%)	0 (0.0%)	19 (15.7%)	12 (12.9%)	1 (33.0%)	—	1 (6.7%)
一个月不到一次	父	20 (6.2%)	0 (0.0%)	10 (6.5%)	10 (5.6%)	0 (0.0%)	0 (0.0%)	0 (0%)
	母	19 (5.7%)	1 (12.5%)	11 (9.1%)	11 (11.8%)	0 (0.0%)	—	1 (6.7%)
一个月一次	父	28 (8.7%)	0 (0.0%)	4 (2.6%)	17 (9.6%)	0 (0.0%)	0 (0.0%)	0 (0%)
	母	29 (8.7%)	0 (0.0%)	10 (8.3%)	13 (14.0%)	1 (33.0%)	—	0 (0%)
一个月两次	父	53 (16.5%)	0 (0.0%)	64 (2.6%)	9 (5.2%)	0 (0.0%)	1 (100%)	0 (0%)
	母	62 (18.7%)	0 (0.0%)	8 (6.6%)	3 (3.2%)	0 (0.0%)	—	1 (6.7%)
一周一次	父	96 (29.8%)	1 (0.0%)	10 (6.5%)	23 (12.9%)	0 (0.0%)	0 (0.0%)	4 (25%)
	母	107 (32.2%)	2 (25.0%)	8 (6.6%)	14 (15.1%)	1 (33.0%)	—	5 (33.3%)

独生子女政策自 20 世纪 80 年代初期开始在中国广泛推行，到 2015 年结束，目前已形成了规模庞大的独生子女家庭。从表 2 - 4 中可以看出，在周末和兄弟姐妹共同居住的青少年比例多为 20% ~ 30%。即可能有超过 70% 的家庭以独生子女为主，当然，这一数据中可能也包含部分年长的兄弟姐妹外出工作或者年幼的子女不在父母身边而导致的周末没有与兄弟姐妹住在一起。但是从整体比例仍旧可以看出当前独生子女家庭数量的上升。特别是 2015 年和 2016 年的样本中有一半是农民工子女，

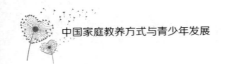
因此说明，独生子女政策不仅是城市地区的政策，在农村地区也得到了贯彻和实施。

三 寄宿制学校的普及

寄宿制学校是为了充分发挥教育资源、缩小城乡教学差距，在特定的地区、特定的自然环境和经济社会背景下发展而来的一种特殊的办学形式，最初多见于乡镇地区，而城市地区一般实行就近入学的原则，少有寄宿学校。但是，近年来，随着寄宿制学校的教学质量逐步提高，教育资源越来越充裕，越来越多的类似学校出现在城市地区（赵慧莉、陈思超，2016）。

与普通中学相比，寄宿制学校具有如下特点。

（1）在大多数寄宿制学校，无论是初中生还是高中生，都被要求参加晚自习，学生从而可以更加全身心地投入学习中，学习时间得到更多的保证。

（2）老师容易掌握学生的作息时间，从而便于教学老师采取具有针对性、临时性的个别学习和心理辅导。

（3）工作日时间学生都在学校有利于学校管理部门进行统一、高效的生活和学习方面的安排与管理。

（4）有助于青少年较早地适应集体生活，尽早学会如何与室友、同学以及老师等交流和沟通；帮助青少年更快地学习到合作、交往能力。

（5）较早离开父母的独立生活有助于培养青少年的自我管理能力、时间安排能力等独立生存的技能。

（6）中学期间是青少年很多行为习惯和学习习惯的重要养成阶段，离开原生家庭的溺爱，投入具有管理经验的寄宿学校有助于青少年养成良好的生活习惯和个人素质。

（7）减少与外界社会的接触，有利于青少年在一定程度上屏蔽社会不良因素的影响，如吸毒、玩游戏等偏差行为。

通过上述分析，寄宿制学校的兴起是其具有普通学校无法比拟的优势的证明。但与此同时，寄宿制学校也在一定程度上隔绝了学生与社会、与家人以及很多丰富的课外活动的联系，在某种程度上会使学生养成"两耳不闻窗外事"的习惯。在这样的情况下，学校的培养教育模式以及家庭在非工作日对青少年的教育就变得更加重要了，这些将在本书后面进行描述。

对当前中国的家庭结构进行分析发现，越来越多的家庭在子女数量减少的情况下，还是会选择送孩子去寄宿制学校进行中学阶段的学习和生活，三组样本中有41%～50%的学生在工作日会住在学校中（见表2-9）。通过比较表2-9可以看出，三年的数据均显示工作日居住在学校的青少年比例相比周末会有明显的降低（2013年，从43.58%降低到17.76%；2015年，从49.79%降低到4.33%；2016年，从41.18%降低到7.43%）；反之，周末居住在家里的学生比例会比工作日高出很多（2013年，从53.81%提高到79.75%；2015年，从48.75%提高到93.65%；2016年，从57.47%提高到90.03%）。上述数据的变化趋势表示很多住在学校的学生会在周末回到家中，体现出越来越多的青少年在中学时期就开始了独立生活的状态。

我们在调研过程中对部分学生进行了深度访谈，访谈过程中，有些学生阐述自己是周日在晚自习开始之前，坐公交车来到学校，每周五晚上或者周六上午自己回家。而受访学生表示已经在这个过程中适应了学校的住宿生活，逐渐知道如何与同学相处，与生活指导老师沟通等。

寄宿制学校的逐渐兴起也从侧面反映出越来越多的农村家庭转移到城市后，父母在都有工作的前提下，因受到时间、精力等方面的限制而将子女送去全寄宿制学校；还有一种现象是公办学校受到户口所在地的限制，很多家庭居住在城市，但是户口所在地的学校教育能力有限，为了让孩子接受更好的教育和更加科学化的管理，而将孩子送去其他地区的寄宿学校进行学习。由表2-9可以看出，有接近一半的青少年在寄宿制学校学习，也有约一半的学生在工作日居住在家里，即每天早出晚归的上学模式。这说明有接近一半的父母由于工作时间问题、孩子户口问题或者是相信寄宿制学校能提供专业化的教育和管理等原因选择将孩子送去寄宿制学校，且在2013年的调查中，发现周末仍然居住在学校宿舍的青少年明显高于

2015 年和 2016 年的调查，后者在周末有超过 90% 的青少年会回到家中，但是 2013 年的调研中即使是周末，居住在家里的青少年比例也不足 80%（见表 2 - 10）。初中阶段的青少年大约在 13 岁，这个年龄阶段的青少年中有一半是住在学校的，这一比例间接反映出独生子女政策下，让孩子早日独立是很多父母的教养方式之一。

表 2 - 9 工作日居住情况

居住地点	2013 年	2015 年	2016 年
家里	1630（53.81%）	1639（48.75%）	1665（57.47%）
学校宿舍	1320（43.58%）	1674（49.79%）	1193（41.18%）
老师家中	9（0.3%）	3（0.09%）	3（0.1%）
亲戚家中	31（1.02%）	31（0.92%）	25（0.86%）
其他	39（1.29%）	15（0.45%）	11（0.38%）

表 2 - 10 周末居住情况

居住地点	2013 年	2015 年	2016 年
家里	2367（79.75%）	3052（93.65%）	2520（90.03%）
学校宿舍	527（17.76%）	141（4.33%）	208（7.43%）
亲戚家中	49（1.65%）	45（1.38%）	47（1.68%）
其他	23（0.77%）	18（0.55%）	24（0.86%）

四　父母所受教育程度的提升

青少年父母的受教育水平会直接影响家庭的经济社会地位、家庭的收入水平，更加会影响对孩子的教育和与孩子的沟通。随着社会对教育重要性认识的提高，我国的教育发展获得了较大的进步。长期以来，我国教育遵循的是"国家—社会—家庭"三方共同投入的模式。教育事业的发展离不开近年来教育投入的大幅度提高，具体来说，2012 年以前，我国对教育的公共财政支出占 GDP 比重一直低于 4%，长期难以满足教育发展的需要，特别是在高等教育方面。2012 年以后，政府在教育支出方面进行了大幅度增加（甘宇，2015）。家庭作为社会的基本单元，在教育成本的分担方面承担着重要的支柱作用。而家庭的经济收入水平以及父母所受教育程度都在一定程度上影响着家庭对子女的教育投资。

　　本书发现，参与调查的学生家长中有95%以上的都是受过教育的，但受教育程度主要集中在初中阶段（见表2-11，占比为35%左右）。通过表中对父亲和母亲的受教育程度进行比较，不难发现，父母的受教育程度呈现出一定的差异性，具体表现为，对于从未受过教育的父母来说，三年数据均显示母亲没有受过教育的比例高于父亲，说明30多年前在对孩子的教育方面，女性尚处于劣势地位；母亲为小学教育程度的比例仍旧高于父亲，但是从受教育程度为初中开始，父亲的比例普遍高于母亲，且保持稳定。

表 2-11　父母受教育程度

	父亲			母亲		
	2013 年	2015 年	2016 年	2013 年	2015 年	2016 年
没上过学	84 (2.81%)	22 (0.67%)	13 (0.45%)	148 (4.95%)	50 (1.49%)	27 (0.93%)
小学	472 (15.81%)	533 (16.18%)	473 (16.28%)	583 (19.5%)	697 (20.83%)	605 (20.87%)
初中	1062 (35.57%)	1462 (44.38%)	1305 (44.92%)	1012 (33.85%)	1412 (42.2%)	1233 (42.53%)
中专	134 (4.49%)	686 (20.83%)	579 (19.93%)	142 (4.75%)	611 (18.26%)	500 (17.25%)
高中	498 (16.68%)	74 (2.25%)	49 (1.69%)	462 (15.45%)	81 (2.42%)	69 (2.38%)
大专	190 (6.36%)	103 (3.13%)	88 (3.03%)	165 (5.52%)	108 (3.23%)	61 (2.10%)
本科	222 (7.43%)	78 (2.37%)	55 (1.89%)	173 (5.79%)	59 (1.76%)	39 (1.35%)
硕士及以上	42 (1.41%)	19 (0.58%)	23 (0.79%)	29 (0.97%)	12 (0.36%)	17 (0.59%)
不知道	282 (9.44%)	317 (9.62%)	320 (11.02%)	276 (9.23%)	316 (9.44%)	348 (12.00%)

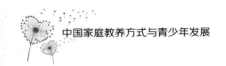
五 家庭收入有所增加

改革开放以来，我国经济发展迅速，人均收入水平也得到了显著提高（陈振环、杨海平和冯亚娟，2016），但是随之而来的是贫富差距的逐渐显现直至越发严重。表 2-12 中显示出本次调研获得的关于青少年家庭收入的状况，家庭月收入主要集中在 1001~7000 元，比例约为 50%。根据相关统计年鉴，2013 年我国城镇居民家庭人均年收入是 29547 元（国家统计局，2013）。一个有两位具有稳定收入成人的家庭月收入大约是 5000 元，从此次调查中发现，该市的收入高于国家平均水平。此外，比较不同年份相同区间的月收入可以发现，家庭收入为 5001~7000 元的比例逐年增加，2015 年和 2016 年的样本包含农民工和非农民工群体，因此从几乎没有降低反而稍有增加的收入来看，家庭收入在近年来具有显著的增加（具体见表 2-12）。

表 2-12　家庭月收入

收入区间	2013 年	2015 年	2016 年
1000 元及以下	97（3.24%）	111（3.31%）	103（3.54%）
1001~3000 元	529（17.66%）	710（21.15%）	544（18.69%）
3001~5000 元	513（17.12%）	745（22.19%）	699（24.01%）
5001~7000 元	347（11.58%）	428（12.75%）	396（13.6%）
7001~9000 元	220（7.34%）	158（4.71%）	190（6.53%）
9000 元以上	295（9.85%）	183（5.45%）	175（6.01%）
不知道	995（33.21%）	1022（30.44%）	804（27.62%）

1978 年我国的基尼系数是 0.317，2000 年达到 0.402，国际警戒线的标准是 0.4，我国首次突破了国际警戒线；至 2014 年，基尼系数上升至 0.469，再次标志着我国贫富差距的严重性（杨胜利、谢超和杨书华，2016）。从此次调查中可以看出，月收入在 1000 元以下的家庭占比超过 3%，月收入在 9000 元以上的占比超过 5%，在主城区之间也呈现出较大的贫富差距。

六　农村家庭向城市迁移

城镇化是一场席卷全球的社会变革，也是人类现代化的重要工程之一。从趋势上看，我国正在经历高速的城镇化进程。2015 年，我国城镇化率达到了 56.1%（赵文远，2007）。人是城镇化的根本，而人的观念则是城镇化的灵魂，城镇化不是土地城镇化，而是人口城镇化。当前新型城镇化的基本特征是人口从农村向城镇转移，使得城镇面积扩张。因此，农民工群体是中国实现城镇化最重要的因素之一。

在城镇化带来人口大规模流动的过程中，作为城镇化进程的主力军，农民工群体做出了重要贡献。国家统计局数据显示，2015 年全国农民工总数达到 27747 万人，这个庞大群体的家庭结构、生活模式对我国城镇化进程的推进速度和质量具有决定性作用。本书针对都市圈的调研也发现有较大规模的人口迁移，从表 2-13 中可以看出，本书调研发现，居住在城市和县城的家庭占全部样本的 70% 以上（2013 年居住在城市和县城的比例分别是 57.93% 和 12.67%，2015 年居住在城市和县城的比例分别是 67.07% 和 11.17%）；居住在农村的家庭比例为 20% 左右（2013 年为 26.34%，2015 年为 17.69%）。后文将进一步通过对样本中家庭的户口信息进行分析进而阐述人口迁移。

表 2-13　家庭居住地

	2013 年		2015 年	
城市	1746	57.93%	2263	67.07%
县城	382	12.67%	377	11.17%
农村	794	26.34%	597	17.69%
不知道	92	3.05%	137	4.06%

目前居住在城市地区的家庭大体由两部分组成，即原本生活在城市的家庭以及因父母在城市务工而迁移到城市的家庭，前者属于城市居民，后者属于前文所描述的农民工，两个群体之间最为显著的差异在于户口方面。本书 2013 年的调查中未包含户口信息，因此以 2015 年的调研数据为

基础，发现有城镇户口和临时城镇户口的家庭户约占35%（见表2-14），父亲和母亲的比例基本一致（父亲具有城镇户口和临时城镇户口的比例分别是33.77%和1.9%，母亲具有城镇户口和临时城镇户口的比例分别是34.91%和1.93%）。这也说明全部样本70%左右居住在城市或者县城的家庭中，有一半的家庭（表2-14显示约35%拥有城镇或者临时城镇户口）只是在城市务工，目前还没有获得所在城市的户口。全部样本中有接近一半的家庭中，父母还是农村户口（2015年数据显示父母具备农村户口的比例分别是47.61%和46.67%），说明这部分群体当前可能在城市工作，但是尚未获得居住地的居民身份。

表2-14 家庭户口情况

	父亲		母亲	
	2015 年	2016 年	2015 年	2016 年
城镇	1137（33.77%）	1088（37.43%）	1175（34.91%）	979（33.86%）
临时城镇	64（1.9%）	1292（44.44%）	65（1.93%）	62（2.14%）
农村	1603（47.61%）	237（8.15%）	1571（46.67%）	1330（46%）
其他	12（0.36%）	290（9.98%）	11（0.33%）	11（0.38%）
不知道	551（16.36%）		544（16.16%）	509（17.61%）

通过了解青少年家庭户口所在地情况，从而进一步分析流动人口的来源可以发现，在城市内不同区之间进行迁移的比例最高，达到45%左右。由于本书的样本选择地点是一个特大都市圈，因此不同区之间的迁移应用到全国层面相当于一个省内不同城市之间的迁移。而父亲或母亲户口位于学校所在地区的比例大多不足30%（2015年父/母的比例分别是27.53%和27.16%）。外省或市的迁移人口比例约10%（2015年父亲户口为外省的占11.83%，母亲占12.57%）。这一数据说明目前在中国大中型城市中，省内或者城市内的人口迁移比例较高，同一地区之间的迁移也包含两种情况，即可能是从本市农村迁移到城市地区的，也可能是从同一个城市的一个区迁移到另一个区或者同一个省份的一个城市迁移到另一个城市。从统计数据中可以看出，同一个城市或者省内的迁移明显高于农村向城市的迁

移（见表2-14和表2-15）。

表2-15　家庭户口所在地

	父亲		母亲	
	2015 年	2016 年	2015 年	2016 年
学校所在市	926（27.53%）	889（30.59%）	914（27.16%）	833（28.74%）
本市其他辖区	1568（46.61%）	1258（43.29%）	1530（45.47%）	1262（43.55%）
外省	398（11.83%）	310（10.67%）	423（12.57%）	330（11.39%）
不知道	472（14.03%）	449（15.45%）	498（14.8%）	473（16.32%）

七　社区邻里熟悉程度和社区安全

根据芝加哥学派对城市不同地区的分类，一个城市中社区环境、邻里之间熟悉程度会对整个社区的安全有显著的预测作用。本书根据青少年对自己家庭所在社区邻里之间熟悉程度和关系的了解，进一步分析家庭居住环境等方面的特征。在中国，所谓社区，就是聚居在一定地域范围内的居民组成的生活共同体，其构成一般包括一定的地域、居住地点接近的人群、居民群体具有的特定文化背景和生活方式、连接居民之间的社会组织或者关系，以及生活公共设施五个基本要素（伍先江，2009）。

随着科学技术的飞速发展，交通方式、通信技术等其他媒体传播手段在将人与人之间的距离拉得更近的同时，也将本该熟悉的群体变得陌生，城市社区邻居之间道德和情感的关联也在信息化和网络化的进程中逐渐瓦解（李瑞昌，2009）。社会成员逐渐从家族人转向单位人，直到社会人。对邻里之间的熟悉程度进行分析可以发现，邻居之间关系主要集中在"熟悉"和"一般"两个维度上（2013年"熟悉"和"一般"的比例分别是31.20%和32.59%），"非常熟悉"和"不熟悉"的相对较少（2013年"非常熟悉"和"不熟悉"的比例分别是18.57%和14.94%），"非常不熟悉"的比例最低（2013年和2015年这一比例分别是2.70%和4.45%）（见表2-16）。这一数据直接说明了当前青少年所居住社区邻里之间几乎都认识，但是交往的密切程度为中等；同时，也间接说明了当前无论是流动人口还是城镇居民，青少年的家庭居住情况均较为稳定。芝加哥学派的同心圆理论认为刚迁移到城市的人群会居住在市中心，随着收入水平的提高和工作技术的进步，会渐渐搬离治安较为混乱的中心区，逐渐向周围移动。中国的现状与芝加哥学派的发现既有相同之处也有不同之处，相同之处在于农民工进城务工初期，可能会选择居住在距离工厂较近的社区环境较差、房租较低的区域，随着工作的逐渐稳定和对城市环境的逐步熟悉，这些流动人口可能会将居住地点迁移到治安较好、环境更佳的社区，且逐渐将家人和孩子带到城市生活和接受教育。不同点在于，首先，中国的工业化密集区域可能不在城市的中心，而是由于城镇化进程中城市的扩张位于较为偏远的郊区，从而无法形成同心圆的模式；其次，中国的农村地区收入较低，农民工进城务工很多是受到家人亲戚或者朋友的介绍而来，往往进城初期就是夫妻带着孩子一起，因此会选择居住在孩子上学较为方便的社区。

表 2 - 16　邻里熟悉程度

	2013 年	2015 年
非常熟悉	563 （18.57%）	582 （17.16%）
熟悉	946 （31.20%）	966 （28.49%）
一般	988 （32.59%）	1213 （35.77%）
不熟悉	453 （14.94%）	479 （14.13%）
非常不熟悉	82 （2.70%）	151 （4.45%）

邻里熟悉程度往往可以反映大家见面的频率、在家时间的多少。在此基础上，青少年自我理解的邻里关系、与同社区孩子之间的关系可以进一步反映社区居民的交往程度。从表 2 - 17 和表 2 - 18 可以看出，邻里关系主要呈"非常好"（2013 年 24.81%，2015 年 24.15%）、"好"（2013 年 34.97%，2015 年 33.62%）和"一般"（2013 年 32.23%，2015 年 36.04%）的状态。总体来看，邻里之间关系较好。邻居孩子之间和邻居之间关系有所不同，具体表现为，青少年对自己与同社区其他青少年之间的关系定义大多集中在"一般"（2013 年 50.05%，2015 年 34.46%）上，"非常好"

和"好"的比例相对较低（"非常好"方面，2013 年 18.46% ，2015 年 14.77%；"好"方面，2013 年 24.56% ，2015 年 20.52%）。值得注意的是，2015 年的调查中加入了"不认识"和"没孩子"的选项，选择"不认识"的大约占 18.1%，可能是由于居住在同一个社区但是不在同一所学校上学，或者是青少年之间年龄相差较大，平时交流较少，加上很多青少年在寄宿学校学习，在家的时间较少，与邻居的熟悉程度自然较低。

表 2 – 17　邻里关系

	2013 年	2015 年
非常好	752（24.81%）	819（24.15%）
好	1060（34.97%）	1140（33.62%）
一般	977（32.23%）	1222（36.04%）
不好	24（0.79%）	36（1.06%）
非常不好	14（0.46%）	11（0.32%）
不知道	204（6.73%）	163（4.81%）

表 2 – 18　与邻居孩子关系

	2013 年	2015 年
非常好	554（18.46%）	501（14.77%）
好	737（24.56%）	696（20.52%）
一般	1502（50.05%）	1169（34.46%）
不好	156（5.2%）	69（2.03%）
非常不好	52（1.73%）	7（0.21%）
不认识	—	614（18.1%）
没孩子	—	336（9.91%）

在社会成员逐渐从家族人向单位人，直到社会人转变的过程中，社区所承载的功能日益丰富和强大，在诸多社区问题中，社区安全成为全体社区成员最关注和需求最大的问题。安全是指某一主体处于没有危险、不受威胁的状态。社区安全即社区内各个组成部分具有普遍性的安全利益的集

合。由于社区主体关注的利益主体具有差异，因此安全的内涵有所差异，普遍来说，可能造成人员伤亡、伤害、财产损失或者其他损失的根源或者状态就是广义上的社区安全。因此，本书将社区中的邻里犯罪情况作为衡量社区安全与否的标准。

从表2-19中可以看出，当前社区出现犯罪情况的比例达到近70%（没犯罪的比例是33.11%）。其中，社区出现的犯罪情况中，比例最高的是盗窃（38.04%），其次依次是打架斗殴（9.85%）、抢劫（3.15%）、杀人（2.59%）、放火（2.46%）、帮派（1.77%）以及中毒（1.58%）。

表 2 - 19　邻里犯罪情况（2013 年）

	选择样本数（N）	概率（P）
盗窃	1159	38.04%
打架斗殴	300	9.85%
中毒	48	1.58%
放火	75	2.46%
帮派	54	1.77%
抢劫	96	3.15%
杀人	79	2.59%
其他犯罪	83	2.72%
没犯罪	1009	33.11%
不知道	740	24.29%

第二节　个人特征

随着孩子数量的减少，父母投入在独生子女身上的时间、精力以及物质也会相应增加。此外，迁移到城市中的父母会受到城市居民对后代培养方式的影响，加之收入水平提高，都将促使其逐步改善原有对孩子的培养模式，且一直生活在城市的家庭父母也会努力为孩子选择和安排更加出色的学校、精英的辅导以及丰富的业余生活。这些家庭变化都将影响青少年个人特征的形成与发展。

个人特征包含先天性特征和后天养成两个部分，前者主要包括性别、年龄、民族等客观属性；而后天形成的特征指受家庭、生活环境以及学习环境的影响而形成的对社会和自我的认知，包含宗教信仰、学习成绩、学习习惯和态度、朋友交往等不同方面。

本节通过描述性分析对样本中青少年的个人特征进行介绍，旨在全面了解在社会转型和家庭结构发生变化的背景下，当前青少年的认知和自我发展是否也在逐渐发生变化以及是否受到其他方面因素的影响等。

一　青少年的个人基本特征

本书中的调查样本主要包含三次大调查的样本（本书第一章有详细描述）。三次调查所取得样本中性别比例保持一致，男女比例几乎都是1∶1，女生会比男生稍多（见表2－20）。

表 2 - 20　样本性别分布

性别	2013 年	2015 年	2016 年
男	1481（49.25%）	1648（49.16%）	1415（49.25%）
女	1526（50.75%）	1704（50.84%）	1458（50.75%）

从年龄分布上来看，三次调查的样本均是初中生和高中生，但是从样本分析来看，六个年级的学生跨越了一个较长的年龄段，从10岁到20岁。其中，10岁和20岁的青少年较少，分别只有不到0.3%的比例；年龄集中分布在12~18岁（这一区间在三年数据中的占比分别是2013年98.08%、2015年98.79%、2016年92.94%），与中学生的年龄分布是一致的（详见表2－21）。

表 2 - 21　样本年龄分布

年龄	2013 年	2015 年	2016 年
10 岁	1（0.03%）	2（0.06%）	7（0.25%）
11 岁	2（0.07%）	8（0.24%）	187（6.56%）

续表

年龄	2013 年	2015 年	2016 年
12 岁	257（8.55%）	319（9.49%）	530（18.60%）
13 岁	404（13.44%）	558（16.59%）	722（25.34%）
14 岁	391（13.01%）	573（17.04%）	292（10.25%）
15 岁	532（17.70%）	633（18.82%）	370（12.99%）
16 岁	541（18.00%）	578（17.19%）	481（16.88%）
17 岁	493（16.40%）	471（14.01%）	237（8.32%）
18 岁	330（10.98%）	190（5.65%）	16（0.56%）
19 岁	47（1.56%）	19（0.56%）	2（0.07%）
20 岁	8（0.27%）	8（0.24%）	5（0.18%）

为了全面获取青少年个人特征方面的信息，青少年的身高和体重也被列在调研中，从图 2-1 和图 2-2 可以看出，青少年的身高主要集中在 150~180cm，体重主要集中在 40~65kg。

前文提到本书的研究对象是中学生，不同年级的样本代表着不同的群体。从表 2-22 中可以看出，初中和高中的学生分别占据大约一半的比例，不同年级的分布也较为均匀，因此，本书的样本大致可以代表当前青少年的各项特征指标。

表 2-22　样本年级分布

年级	2013 年	2015 年	2016 年
初一	455（14.99%）	512（15.17%）	304（10.45%）
初二	419（13.80%）	605（17.93%）	717（24.64%）
初三	406（13.37%）	616（18.25%）	768（26.39%）
高一	696（22.92%）	690（20.44%）	6（0.21%）
高二	578（19.04%）	555（16.44%）	628（21.58%）
高三	480（15.81%）	396（11.73%）	484（16.63%）
其他	2（0.07%）	1（0.03%）	3（0.10%）

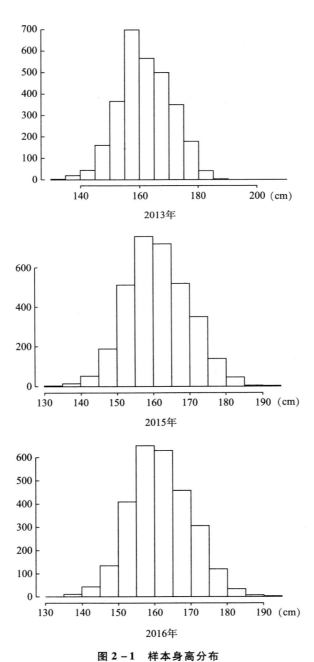

图 2-1 样本身高分布

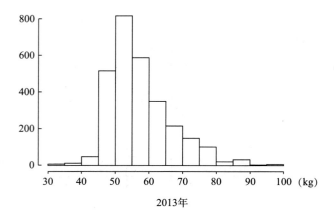

2013年

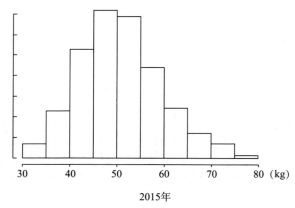

2015年

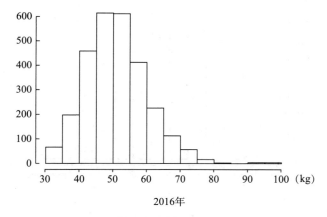

2016年

图 2 - 2 样本体重分布

中国是一个多民族国家，汉族是 56 个民族中人数最多的，不同民族之间的文化具有一定的差异，因此为了更加客观地分析不同民族青少年的各个方面，本书将汉族与少数民族分开叙述，具体可见表 2 - 23，即样本中汉族占据绝大多数，2013 年有少数民族样本 435 人（14.39%），2015 年有少数民族样本 53 人（1.57%），2016 年有少数民族样本 41 人（1.41%）。

表 2 - 23 样本民族分布

民族	2013 年	2015 年	2016 年
汉族	2588（85.61%）	3322（98.43%）	2866（98.59%）
少数民族	435（14.39%）	53（1.57%）	41（1.41%）

以户口登记和管理为中心的户籍制度，是我国的一项基本社会管理制度，也是一项与资源配置和利益分配密切联系的制度，影响着人民生活中的衣食住行、生老病死、入学就业以及社会福利等。我国的户籍制度将公民分为农业户口和非农业户口，同时对异地之间的户口迁移实行严格的行政控制，逐渐形成了我国目前的城乡二元体制。从本书研究出发，由于受到户口的限制，很多随同父母迁移到城市的青少年在面对上学时受到户口所在地的影响。而本研究 2015 年和 2016 年调查的学校都是在政府授权下，招收非本地户口学生的学校。从调查数据来看，在本研究所开展的省份，青少年中拥有农村户口（2015 年 44.52%，2016 年 44.80%）的数量仍然多于拥有城镇户口（2015 年 39%，2016 年 38.51%）和临时城镇户口（2015 年 1.99%，2016 年 2.59%）的数量。这一数据说明当前出生在农村但是希望到城市接受教育的农村子女较多。这些青少年的户口所在地为学校所在区域的仅仅不到 40%（2015 年 35.22%，2016 年 37.43%）；同时，在同一个城市（省份）但是在不同区（城市）的户口比例最大，2015 年达到 45.72%，2016 年达到 44.44%（见表 2 - 24 和表 2 - 25）。

表 2 – 24　青少年户口分布

户口性质	2015 年	2016 年
城镇	1313（39%）	1115（38.51%）
临时城镇	67（1.99%）	75（2.59%）
农村	1499（44.52%）	1297（44.80%）
其他	11（0.33%）	13（0.45%）
不知道	477（14.17%）	395（13.64%）

表 2 – 25　青少年户口所在地

户口所在地	2015 年	2016 年
学校所在地	1184（35.22%）	1088（37.43%）
其他辖区	1537（45.72%）	1292（44.44%）
外地	314（9.34%）	237（8.15%）
不知道	327（9.73%）	290（9.98%）

二　青少年在宗教信仰方面的个人特征

近年来，随着改革开放和经济全球化的不断深入发展，在不同思想文化的影响下，青少年群体的生活方式、价值观念等逐渐发生着变化，这也使得当代青少年群体中有宗教信仰的数量出现不断增加的趋势。以社会心理学为基础，Stern（2000）提出用"价值—信念—个人规范"这一理论来解释环境因素对于个人行为的塑造和影响。佛教、道教、基督教以及伊斯兰教等宗教文化的背后都蕴含着深刻的意义和价值观，但是这些宗教都强调人与自然的和谐相处。宗教信仰作为一种文化价值观念的体现，可以内化为人们对周边生活环境的态度。中国当前正在经历快速的城乡一体化变革，很多农村居民来到城市务工，与周围人群的不熟悉和对全新环境的陌生可能促使这些居民将自己的精神寄托在宗教信仰方面，希望自己对宗教的虔诚可以为自己和家人在城市中的生活增添一份安全感和寄托。

目前有宗教信仰的群体越来越大，很多青少年受到家庭的影响会定期出现在特定的宗教场合，但是我们发现很多青少年对宗教的信仰仅仅是出于父母的影响而非自己内在的信仰，因此，虽然很多青少年可能偶尔会参加一些宗教活动，但是内心缺乏对宗教的虔诚和信仰，对宗教的认知和理解往往会直接影响其行为，因此，仅仅调查青少年的宗教参与还不够，本书还将进一步分析其对宗教以及宗教活动的认知（万翀昊、司汉武，2015）。

本书调研结果发现，青少年中没有宗教信仰的占80%左右（2015年77.52%，2016年81.29%），剩下的大约20%有宗教信仰的群体中，绝大多数都是佛教信仰者（2015年14.27%，2016年11.55%），其次分别是基督教和道教（基督教：2015年4.34%，2016年3.29%；道教：2015年1.79%，2016年2.41%），天主教位列最后（2015年1.01%，2016年0.73%）（见表2-26）。

表2-26 样本宗教信仰分布

宗教信仰	2015年	2016年
天主教	32（1.01%）	20（0.73%）
基督教	138（4.34%）	90（3.29%）
佛教	454（14.27%）	316（11.55%）
道教	57（1.79%）	66（2.41%）
其他	34（1.07%）	20（0.73%）
无宗教	2466（77.52%）	2224（81.29%）

为了进一步了解青少年对宗教信仰的参与，我们询问其参加宗教活动的频率，发现接近68%的青少年从未参加过宗教活动（2015年67.19%，2016年67.70%），很少参加过宗教活动的占28%左右（2015年27.38%，2016年28.32%），约有5%不到的青少年参与宗教活动的频率达到一个月两次或者更多（见表2-27）。

表2-27 参加宗教活动频率分布

活动频率	2015年	2016年
从来没有	854（67.19%）	679（67.70%）
很少	348（27.38%）	284（28.32%）

续表

活动频率	2015 年	2016 年
一个月一两次	44（3.46%）	28（2.79%）
每周一次或更多	25（1.97%）	12（1.20%）

此外，在对宗教活动对自己生活重要性的认知中，超过一半的青少年认为宗教活动对自己的生活是不重要的（2015 年 50.12%，2016 年 52.30%），不到 20% 的青少年认为宗教活动对自己的生活有点重要（2015 年 17.71%，2016 年 18.63%），共有 10% 左右的青少年认为宗教活动比较重要和非常重要（比较重要，2015 年 7.10%，2016 年 6.35%；非常重要，2015 年 3.51%，2016 年 3.07%）。此外，还有 20% 左右的青少年对宗教活动是否重要持"不知道"的态度（见表 2-28）。

表 2-28　对宗教活动重要性

重要性	2015 年	2016 年
不重要	614（50.12%）	511（52.30%）
有点重要	217（17.71%）	182（18.63%）
比较重要	87（7.10%）	62（6.35%）
非常重要	43（3.51%）	30（3.07%）
不知道	264（21.55%）	192（19.65%）

人们对宗教旨意的认知会直接或者间接地影响其行为和对身边其他人或者事物的态度，因此，对于宗教存在的认知是会直接影响个体的行为选择的。在本书的调查中，对于四种不同的陈述，每题均给出了四个答案，即完全不同意、不同意、同意以及完全同意，对每个答案的赋值分别是从 1 到 4，通过调查结果发现，青少年对于"触犯神的旨意必受惩罚"以及"道德是个人的事情，社会不应当强迫个人遵循统一的道德标准"这两句陈述的观点介于"不同意"和"完全不同意"之间（第一句，2015 年 M = 1.69，SD = 0.71，2016 年 M = 1.66，SD = 0.7；第四句，2015 年 M = 1.89，SD = 0.81，2016 年 M = 1.92，SD = 0.83），这说明青少年普遍还是认为触犯旨意的人未必会受到惩罚，以及社会应该迫使每个人遵循统一的

道德标准。被调查青少年对第二句和第三句陈述没有对前面两句的反对程度深，第二句的均值在 2015 年和 2016 年分别是 2.94 和 2.79，标准误分别是 0.73 和 0.79。这说明大家对于"对与错的界限不像黑白那样清晰，还存在灰色地带"这一句话的认知有同意的，也有不同意的，有的青少年觉得是存在灰色地带的，也有部分青少年认为不存在灰色地带，对就是对，错就是错，但是从均值来看，明显同意这句话说法的人多于反对这句话的人。最后，第三句"个人的不道德行为会引导整个社会走向不道德"这句话在 2015 年和 2016 年的均值分别是 2.58（0.84）和 2.54（0.82），说明有的青少年认为个人的不道德是会引起整个社会走向不道德行为的，但是也有部分青少年不同意这种说法，认为个人的不道德行为不会对整个社会的行为产生任何影响，且从数值的大小来看，同意这种说法的稍微多于不同意的群体（见表 2-29）。

表 2-29　对宗教活动的认知

认知	2015 年	2016 年
触犯神的旨意必受惩罚	1.69（0.71）	1.66（0.70）
对与错的界限不像黑白那样清晰，还存在灰色地带	2.94（0.73）	2.79（0.79）
个人的不道德行为会引导整个社会走向不道德	2.58（0.84）	2.54（0.82）
道德是个人的事情，社会不应当强迫个人遵循统一的道德标准	1.89（0.81）	1.92（0.83）

在对宗教进行分析的最后，问卷提到，六种不同的描述中哪一句最符合被调查者对神的认知。在调查结果中，从上到下选择的比例依次降低，选择"不信神"的占全部样本的比例超过 40%（2015 年 40.88%，2016 年 47.40%），选择"不知道神是否存在，而且觉得无法查证此事"的占 20% 左右（2015 年 19.96%，2016 年 20.47%），选择"不相信人格化的神，但相信有更高的存在"的 2015 年占全部样本的 17.91%，2016 年这一比例是 12.73%；选择"有时候相信神的存在，有时不信"作为自己对神的认知的比例在 13% 左右（2015 年 13.92%，2016 年 13.23%）；选择"当我有疑惑的时候，我相信神是存在的"的比例大约是 4%（2015 年 4.57%，2016 年 3.84%）；具有"我深信神是存在的"这一认知的青少年

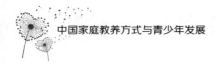

不足 3% （2015 年 2.76%，2016 年 2.33%）（见表 2 - 30）。

表 2 - 30　对神的认知

认知	2015 年	2016 年
不信神	1333 （40.88%）	1322 （47.40%）
不知道神是否存在，而且觉得无法查证此事	651 （19.96%）	571 （20.47%）
不相信人格化的神，但相信有更高的存在	584 （17.91%）	355 （12.73%）
有时候相信神的存在，有时不信	454 （13.92%）	369 （13.23%）
当我有疑惑的时候，我相信神是存在的	149 （4.57%）	107 （3.84%）
我深信神是存在的	90 （2.76%）	65 （2.33%）

第三章
家庭教养方式

　　家庭是因婚姻而产生、以血缘为纽带所形成的社会基本单元，是未成年人最初接触的生活空间。父母在未成年人的成长过程中，对每一个细微情绪的有效回应，对每一个点滴行为的精心雕琢，都会渗入未成年人的思想，寓于未成年人的行为之中。正如英国道德家 Samuel Smile 所言："儿时的品格构成成年时品格的核心，所有后来的教育都只不过是在儿时品格基础上的叠加，但是品格的形式却没有发生变化，那些持续最长、扎根最深的推动力，往往源于我们出生之时。"（关颖，2005）有学者通过将未成年罪犯和与他们年龄相仿的普通未成年人进行对比发现，家庭教育功能的不良与缺失比家庭结构不完整给孩子造成的不良影响更大，而且，即便是结构破裂的家庭，在很大程度上也是由于家庭教育功能的缺陷给孩子的健康成长制造了障碍，而不是父母离异本身（关颖，2004）。

　　在传统的文化中，抚养和训导儿童被视为家庭内部的私事，成为父母的自由利益（关颖，2004）。因此，家庭教育不像其他教育一样，具有全面计划和制度保障。这是一种寓于日常生活之中的教育活动，由父母或其他长辈个人决定其教育内容和期待结果，其表现形式既可以是家长有目的的教育行为，也可以是父母对未成年人的耳濡目染。一项来自全国 10 个省份的家庭教育调查结果展示了父母如何获得家庭教育的相关知识，首先，父母更倾向于求助专业途径，譬如，咨询教育专业人士（16.2%）、听取家庭教育讲座或培训（16.2%）；而部分父母则通过经验总结的方式获得育儿经验，譬如，传承家族养育经验（14.5%）、与其他家长的交流（9.6%）

（张琳和陈延斌，2016）。由此可见，现代社会的父母越来越趋向于不再将家庭教育视为一项自然而然的活动，而是带有主动的教育意识去学习如何教育子女、如何科学地选择教养方式、如何实践具体的教育行为，从而与孩子产生积极的互动行为，对孩子的要求保持高度的敏感，积极参与孩子的成长，与孩子保持强大的情感纽带（高夫、托马斯和切瓦特桑，2014）。

然而，我国对于家庭教育的科学研究成果相对匮乏，现有的实证研究结果因缺乏大规模数据支持和科学理论印证，而变得相对局限和偏颇。本章将对本书展开的核心概念——家庭教养予以清晰的阐释，帮助读者了解科学的家庭教养应该包含哪些内容，如何建立健康的家庭教养方式和和谐的亲子沟通途径。

第一节　家庭教养方式

N. Darling 和 Steinberg（1993）将家庭教育在未成年人发展过程中所体现的内容分为三个方面：第一，是父母对孩子进行社会化教育的目标，即教育目标；第二，是父母通过哪些具体实践去实现这些目标，即教育行为；第三，是父母对未成年人进行教育的过程中所形成的情感氛围或教育环境，即教养方式。Barberis 和 Petrakis（2013）将亲子教育的普遍价值目的概括为三个方面的主要内容，其一，确认孩子的生存和健康，通过回应和与孩子亲近的方式让孩子体会到支持与保护；其二，鼓励孩子去了解社会和帮助个人认知发展，唤醒孩子对社会的好奇心并创造机会让孩子接触社会；其三，通过帮助孩子建立规范意识从而适应社会，并提供足够的机会让其实践已掌握的社会准则。然而，教育目标是一种宏观的价值决定，受一个社会的文化背景所影响，身处其中的父母以自身的价值判断为基础，在大的价值追求框架下去具体化自己的教育目标。譬如，在我国，若将子女日后具有谋生的能力作为一个目标的话，那么，中国父母会更青睐让孩子谋求较高学历，将学历作为衡量教育成果的标准；在美国，父母则更加关注培养孩子独立的人格和适应社会的能力。

一 家庭教养方式

（一）支持要素

由前文所知，作为父母，对于未成年人提供保护和照顾是血缘关系得以存续的本能，让未成年人感受到亲情的支持从而具备传递和支持的能力；帮助未成年人学会基本的自我保护技能和规范标准，让未成年人了解社会生存的规则。此外，家庭是对未成年人进行社会化教育的初始场所，通过教育、训练和模仿等方式帮助未成年人具备生存技能、了解其所处文化的传统和价值，从而适应社会和文化。

因而，从教育行为的内容上讲，可以概括为支持和要求两大类行为，即以爱护为基础的支持因素和以社会化为原则的要求因素。前者让未成年人在一个感觉安全的亲情环境中成长，后者则帮助未成年人在社会规范之内健康成人。依据 Rollins 和 Thomas（1979）的研究，支持是指父母让未成年人感到舒适、被接受和被认可的行为。在这个过程中，父母通过理解的、支持的和默许的方式满足孩子的需要和要求，使其感觉到被关注和爱护，从而建立起父母与子女之间的亲密关系，也培养未成年人的良好个性和自信心。相反，若未成年人缺失情感关注和父母支持，即便对未成年人进行严格和强制性控制，也无法弥补对未成年人造成的伤害，也就是说，一旦父母不再关注未成年人的生活，那么，再严厉的身体惩罚都将对未成年人的偏差行为失去威慑力（Simons、Johnson 和 Conger，1994）。因而，父母对未成年人的支持要素是未成年人价值判断内化的基础，决定了父母对未成年人进行管制或控制的效果。

支持要素是一个概括性的表达，支持要素能否成立由如何提供支持决定。也就是说，支持要素的表达形式会影响支持要素的效果。研究证明，影响较为显著的表达形式是支持、互动、交流、对话和依恋，具体而言，支持是父母对未成年人爱护的情感表达，父母通过直抒胸臆或亲密的肢体动作去诠释自己对未成年子女的关心和保护，让未成年人感受到被呵护和安全感。但是，这种爱意的顺利表达取决于未成年人的行为表现。在面对过于顽皮或出现行为偏差的未成年人时，父母的愤怒或不满情绪会被激起，从而批评、否定甚至不理会未成年人。这种情况下，父母和未成年人之间的互动就变得尤为重要，若父母以长辈的身份去和未成年人进行沟通，用长辈的身份去逼迫未成年人妥协或遵守既定的行为准则，则往往未成年人所形成的是被要求遵守的意识；相反，若父母可以采取平等的身份去交流，让未成年人自由表达所思所想，则这种可协商机制带来的效果远远优于因长辈权威而强制输入的理念（Hoffman，1983）；同时，父母对行为的解释有助于未成年人自我价值观的内化。在这种亲子关系下，未成年人将父母视为亦亲亦友的角色，进而产生一种依附。从行为上讲，未成年人和父母会产生一种亲密的互动；从心理上讲，无论未成年人身处何处，都会对父母产生一种情感上的寄托和牵挂。此时的父母和未成年人的关系，便成为一种相互信任、相互依附的情感。

（二）要求要素

在父母训练未成年人逐步社会化的过程中，因未成年人行为偏差或受伤而导致的亲子冲突，发生频率为每小时 3～15 次，甚至更多（Lee 和 Bates，1985）。通过一次次的冲突升级或解决，父母将自己内化的价值观和期待传达给未成年人，辅助以监督和纪律约束，诱导孩子按照父母认为合适的方式做事，帮助他们融入家庭和社区，让孩子意识到有责任去遵守法律权威和尊重他人的权利（Diana Baumrind，1996）。在这一过程中，父母会对未成年人提出一些要求，并控制未成年人的一些行为，同理，如何提出要求，即提出要求的方式具有至关重要的作用。

Diana Baumrind（1996）认为在要求要素中，运用统一规则、直接面对和监督的方式可以提升它的使用效果。父母控制的目的是使未成年人达到父母预设的目标，调整不成熟、依赖的和敌意的行为，逐步提高未成年人行为与父母标准的契合度。因而，父母依据未成年人的行为是被期待的还是被禁止的，而对未成年人的行为立即给予对应的和一致的回应。这种一致性回应的好处在于，未成年人对自己行为所带来的后果有一定的预判，有助于未成年人慢慢将其内化成自己的行事标准。然而，在有了统一规则之后，父母和未成年人处理冲突的方式也是重要条件之一。所谓直面，顾名思义，就是直接面对，此处是指父母以一种非强迫性的方式，坚定地参与到与未成年人相关的具体冲突事件中来。若直面是以一种强迫力量出现在未成年人面前的，则会形成一种外在压迫感，未成年人的关注力会转移到父母的权威身份上来，而非行为本身所造成的危害，其对冲突的妥协是被动和暂时的。相反，父母以说理而非惩罚相威胁的态度，带着真诚，让未成年人参与到公开的辩论中来，则能让未成年人感觉到行为被关注和回应。此外，Patterson（1997）通过研究证明，紧密的监督对于男孩的偏差行为有威慑作用。监督是对父母既定规则的执行和督查，这需要父母投入大量的时间和精力去贯彻他们的理念，家庭经济情况和父母的性格会影响父母对未成年人行为的监督效果。

支持要素，如支持可能抑制未成年人偏差行为的发生，也可能增加偏差行为发生的可能性；同理，作为要求要素的监督既可能提高偏差行为发生的概率，也可能降低发生的可能性。这说明，支持要素和要求要素的实施方式不同会产生不同的效果，而父母在进行家庭教育时所实施的教育行为往往不是单独出现的，多数是支持和要求并存的局面，这就要求在研究教育行为时不能单独考虑某一个具体行为的影响，而应该将出现的教育行为整合在一起，实现类型化，比较类型间的差异，归纳出家庭教育的典型方式有哪些。

二 家庭教养类型

Darling 和 Steinberg 将家庭教养方式定义为："父母在与子女沟通过程中，对子女进行教育行为所形成的情感氛围，是父母对子女的一种方向性态度。"基于家长身份，父母拥有规范孩子道德、传统或者严重行为的权威，界定孩子的各种行为被允许与否的界限，进而形成父母对未成年人事宜干涉的程度。因而，家庭教育的整体氛围为父母教育未成年人的导向打下了基础。可以说，第一节所提及的家庭教育行为是家庭教育的表征，那么家庭教养方式就是家庭教育模型的源头。进而，对于科学教养的研究开始转到家庭方式上来。

Baumrind 最先提出依据父母对子女提出要求程度的不同，将家庭教养方式分为权威型、专制型和放纵型三种。随后，Maccoby 和 Martin 在其研究基础上，增加了父母对子女的支持这一类教育行为，形成了忽视型教养方式。因而，对家庭教养方式的剖析经历了从以要求变量为主导的单因素分析向支持、要求结合的双变量分析过渡的过程，最后形成的典型性教养方式是对支持要素和要求要素的程度进行综合打分、排列组合而成的。简单而言，权威型教养方式是指双高型教育行为，即父母对未成年人投入了较多的支持，同时也提出了较高的要求；与此对应的是双低型的忽视型教养方式，即父母对未成年人投入了较少的支持，也没有规则要求；最后，是一高一低组合的两种教养方式，前者是高支持、低要求的放纵型教养方式，后者是低支持、高要求的专制型教养方式（见表 3 − 1）。

表 3 − 1　教养方式类型

支持		要求	
		高	低
	高	权威型	放纵型
	低	专制型	忽视型

（一）权威型教养方式

权威型教养方式以父母给予孩子充分的支持和足够的要求为特征，换言之，他们在养育过程中寻找到对未成年人进行限制和给予自由的平衡点，在提供标准和纪律的同时，也给未成年人提供了建立自信心的机会（Rueter 和 Conger，1995）。相关研究表明，这些父母为未成年人提供支持、进行结构化管理和培养他们的自治性（Laurence Steinberg 和 Silk，2002）。其中，父母的支持传达了孩子被接纳的程度，结构化管理是未成年人被监管和行为被期待或规范的程度，培养自治性是父母鼓励和接纳未成年人发展个性的程度（Barber，1994）。采用这种教养方式的父母以一种理性的、问题导向型的态度去指导未成年人，他们既对教养过程中产生的分歧保持明确的立场，又通过了解孩子的个体特质而不会让他们感觉到太多的拘束。父母会尊重孩子的独立决定，同时父母的建议也能得到孩子的尊重。父母在制定规则的同时，也告知未成年人制定规则的理由，尊重孩子的个人兴趣和不同方式，鼓励未成年人提出反对理由，让未成年人在保持自主想法的情况下去遵守规矩。以往研究发现，权威型家庭教养方式有利于未成年人身心的健康发展。在权威型家庭教育环境下成长的未成年人与其他未成年人相比，具有较好的社会心理能力。譬如，他们更加地富有责任感、自信，更加具备适应能力和合作性。从学校表现上看，这些未成年人在学校的成果较为丰富，较少地压抑和产生焦虑感，从事偏差和药物滥用等反社会的行为也较少（Laurence Steinberg，2001）。

（二）专制型教养方式

采用专制型教养方式的父母在支持和要求的天平上，则更倾向于严格的权威。他们惯于用规矩去控制和影响未成年人的行为，并要求未成年人对行为的评价标准与他们完全一致，更倾向于采用惩罚的、绝对的和强制性的纪律措施去约束孩子，鼓励孩子独立，却没有给孩子提供独立判断的机会。这些父母对孩子的行为实行了严格的控制，任意地使用权力，却很少提供爱护和支持。在纪律的实施过程中，父母不鼓励采用讲道理的方式去说服孩子遵守规矩，也不鼓励孩子去表达他们的不满。相反，父母会将未成年人日益产生的情感独立视为一种叛逆和无礼，压抑未成年人日渐成长的独立需求。在这种氛围中，未成年人可能公然地明确反抗这些规矩，以确认他们的独立性（Hill 和 Holmbeck，1986）。研究发现，受此类家庭教养方式影响的未成年人，与在权威型家庭教养方式下成长的未成年人相比，具有更多的依赖性、消极性，缺少自信和社会适应能力。

（三）放纵型教养方式

放纵型教养方式是一种典型的宠溺型教育，采用这种家庭教养方式的父母对于孩子的行为没有什么规矩限制，赋予孩子无尽的自由，而使孩子可以按照自己的意愿行事。这种类型的父母较少参与到孩子的生活中来，也较少对孩子进行结构性训练，父母权威地位的树立往往是通过为孩子提供物质支持或者爱意的表达，而不是与孩子探讨事情和理性沟通。这种类型的父母不会给孩子提供充分的行为指导和规矩要求，因而，未成年人形成了毫无纪律性的行为习惯。Siegel 和 Kohn（1959）研究发现，孩子在实施攻击性行为时，若有成人在场却没有任何反对，那么这种行为在日后继续发生的概率会增大。也就是说，当一个孩子行为不轨时，若在场的父母没有表达不满，那么这种沉默被孩子视为一种默许，从而使同类事情再次发生的概率得以提升。反过来推理，父母的不允许或不满意会降低此类行为发生的可能性。所以，对未成年人适当地使用限制甚至惩罚是必要的，从而帮助未成年人的行为遵守自然规律和社会规则。研究发现，受到较多宠爱的未成年人通常较为不成熟，缺乏责任感，更倾向于与同伴的意见相一致。

（四）忽视型教养方式

当父母提供的支持和要求出现严重匮乏时，便会产生既没有支持也没有要求的忽视型教育。毫无疑问，家庭教育严重缺失对未成年人成长的伤害是巨大的。研究证明，这种家庭环境对于未成年人的精神发育具有伤害性，会造成未成年人抑郁和各种行为问题（Crittenden、Claussen 和 Sugarman，1994）。这些孩子通常比较冲动，更可能参与到偏差行为中，发生性行为、滥用药物和饮酒等行为的可能性也会增大。

为什么权威型教养方式有利于未成年人身心的健康发展呢？可以将其原因归结为两点，首先，采用权威型教养方式的父母在对未成年人的限制和自治之间提供了一个平衡点，使未成年人具有独立做出判断的自信和能力，也满足了未成年人发展的各种需求。他们为未成年人发展培养了能力，也帮助未成年人抵抗各种负面情绪、不受偏差同伴和社会的不良影响。其次，采用权威型教养方式的父母鼓励孩子进行更多的口头交换意见，用语言去理解并影响孩子。他们通过与孩子沟通，提升孩子的智力水平，从而为孩子心理的健康发展提供基础。譬如，这种父母与其他类型的父母相比，善于将孩子的个人决定转化为一种道德性的认知。父母将家庭集体讨论得出的决定、规矩和期待做出解释，有助于孩子理解其所处的社会环境和社会关系。这一过程帮助孩子建立起说理能力、个人责任、道德判断和怜悯心。在采用权威型教养方式的家庭中，父母与孩子交流的重要表现就是口头交换意见，从而形成认知和社会能力，提高孩子在家庭之外的社会能力。

三　家庭教养行为

除了两个维度、四种分类的父母教养方式之外，另一种探讨父母教养方式分类的视角是多维度的父母教养方式，即先将父母的多个教育行为进行聚类，再将聚类的教育行为群进行分类，将父母教养方式分为权威型、专制型、放纵型和忽视型。尽管学者们仍在讨论父母教养方式对青少年发展的影响，但更多的学者开始关注具体的父母教育行为对青少年后期发展的影响问题。鉴于此，本节将主要回顾那些探讨父母具体教育行为与青少年发展之间关系的研究。如上所述，学者们将父母教育行为进行聚类，分为父母支持（parental warmth）、父母监督（parental monitoring）和父母行为规范（parental discipline）这三个聚类（Sampson 和 Laub，2004）。但是，伴随着我国经济的发展、改革开放政策和独生子女政策的实施，当前我国父母的教育理念也发生了一些改变（X. Chen、Bian、Xin、Wang 和 Silbere-isen，2010）。尽管很多父母仍然受传统封建家长制教育理念的影响，较为注重在教育子女时维护家长的权威和对子女进行道德教育，但这种理念较以往而言已经松动了许多。换言之，父母在对子女行为进行管控时还保留了传统的、专制的、严厉的控制（restrictive control）。同时，随着我国改革开放政策的实施，中国父母受西方家庭教育理念的冲击，开始反思传统封建的家庭教育理念，认为传统教育理念已经无法满足当代青少年的心理需求。不仅如此，当代中国家庭受独生子女政策的影响，家庭结构发生变化，父母对子女教育的精力也较以往有很大的提高。综合而言，当前，中国的父母开始采取一些支持的、宽松的控制方式（supportive control），来教导子女的行为举止。所以，本节虽借鉴在西方文化背景下发源的父母教养理论，但结合了中国家庭教育的现实情况，从如下六个维度来探讨中国父母的教养行为。

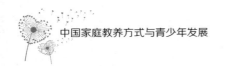

（一）父母亲密关系

此变量主要由以下问题测量，包括：他/她会夸奖你做得很好；他/她会在对你很重要的事情上给你提供帮助；你能通过他/她的言谈、表情感受到他/她很喜欢你；当遇到不顺心的事时，能感受到他/她在尽量鼓励你；如果你面临一项困难的任务，能感受到来自他/她的支持；觉得他/她很愿意跟你在一起；当你感到伤心时可以从他/她那儿得到安慰；你觉得与他/她之间有一种支持、体贴和亲热的感觉。这些问题的答案结构系五分结构，包括：1. 从不；2. 很少；3. 有时；4. 经常；5. 总是。本书将被调查者对这些问题的回答取均值，值越大表示被调查者与父母的关系越亲密。

在本次调查中，青少年与父亲、母亲的亲密关系值分别为 3.42 和 3.61，即青少年对母亲的亲密感要略高于对父亲的亲密感。整体而言，本次被调查青少年感受到父母温暖大多位于有时和经常之间，且他们普遍反映父母对自己的夸奖很少。比较父亲和母亲的亲密关系值，发现在所有项目上母亲的得分均高于父亲，这可能表明青少年与母亲的亲密程度比与父亲的亲密程度更高（见表3-2）。

表 3-2　父母温暖

表现	父亲 均值（标准差）	母亲 均值（标准差）
夸你做得好	2.88（1.06）	3.13（1.04）
重要事情给帮助	3.64（1.08）	3.77（1.04）
感到喜爱	3.54（1.23）	3.69（1.19）
鼓励你	3.27（1.28）	3.44（1.25）
困难时支持	3.41（1.25）	3.56（1.22）
愿意和你在一起	3.96（1.20）	4.08（1.14）
伤心得到安慰	3.07（1.32）	3.32（1.30）
支持、体贴和亲热	3.65（1.29）	3.80（1.24）
总和	3.42（0.94）	3.61（0.90）

进一步对父母总体亲密程度的 T 检验发现，二者之间的差异具有统计学上显著的意义（t = -7.07，p<0.01），即青少年与母亲的亲密程度高于与父亲的亲密程度（见表 3-3）。

表 3-3　父亲温暖与母亲温暖的 T 检验

感受到父母温暖	均值	t 值	p 值
父亲温暖	3.42	-7.07	0.00
母亲温暖	3.61		

（二）父母监督

本次调查询问了被调查者四个有关父母监督的问题，包括：父亲/母亲认识多少你的好朋友/你的好朋友的父母/你的老师？知道多少你在学校的表现？这四个问题的答案结构一致，均为：1. 完全不知道；2. 知道一些；3. 知道大部分；4. 完全知道。本次研究对被调查者的回答取均值，值越大表示被调查者被父母监督的力度就越大。

据表 3-4 所示，中国母亲对青少年监督的各个方面的值都大于父亲。这可能表明母亲对青少年日常行为的监督力度大于父亲。从均值来看，父亲和母亲对青少年的监督都处于较低水平，尤其是对青少年人际关系方面的监督。

表 3-4　父母监督

表现	父亲 均值（标准差）	母亲 均值（标准差）
认识好朋友	2.95（0.99）	3.26（0.97）
认识好朋友的父母	2.37（0.99）	2.59（1.00）
认识老师	3.36（1.16）	3.62（1.11）
知道学校表现	3.29（1.09）	3.51（1.04）
总和	2.99（0.81）	3.24（0.77）

此外，表 3-5 还显示，总体而言，父亲和母亲对青少年日常行为的监

督力度都处于较低水平，但二者的差异达到统计学显著水平，具体来说，母亲的监督力度大于父亲（t = − 11.01，p < 0.01）。

表 3 − 5　父亲监督和母亲监督的 T 检验

父母监督	均值	t 值	p 值
父亲监督	2.99	− 11.01	0.00
母亲监督	3.24		

（三）父母专制式控制

本次调查询问了被调查者五个有关父母专制式控制的教养问题，包括：你觉得他/她干涉你的事情；他/她无缘无故地惩罚你；他/她经常对你说他们不喜欢你在家的表现；你曾因做错事挨他/她的打；通常都是由他/她决定你可以做什么、不可以做什么。这五个问题的答案结构一致，均是：1. 从不；2. 很少；3. 有时；4. 经常；5. 总是。本次研究将被调查者的答案取均值，值越大表示被调查者的父母对其进行专制式控制的力度越大。

表 3 − 6 显示了被调查父母对青少年的专制式控制程度。母亲对子女的专制式控制程度略高于父亲，相应的值分别是 2.27 和 2.20。父母对子女的专制式控制位于很少和有时之间，这说明目前我国父母对孩子的专制式控制程度很低，父母并不经常干涉孩子的事情，更很少无缘无故地惩罚孩子。即使子女做错了事情，父母以体罚方式惩罚子女的情况也很少发生。因此，整体上看，中国父母对子女的专制式控制程度很低。

表 3 − 6　父母专制式控制

表现	父亲 均值（标准差）	母亲 均值（标准差）
干涉你的事情	2.42（1.10）	2.55（1.14）
无缘无故地惩罚	1.59（0.95）	1.60（0.95）
他/她经常说不喜欢你在家的表现	2.30（1.19）	2.38（1.21）

表现	父亲 均值（标准差）	母亲 均值（标准差）
你因做错事挨打	2.50（1.13）	2.53（1.12）
他/她决定你可以做什么和不可以做什么	2.22（1.17）	2.34（1.22）
总和	2.20（0.76）	2.27（0.77）

同时，本次调查还发现，中国父亲和母亲在对子女实施专制式控制方面的差异达到统计学显著水平（t = -3.25，p < 0.01）。具体而言，母亲的专制式控制程度略高于父亲（见表3-7）。

表3-7　父亲专制式控制与母亲专制式控制的 T 检验

父母专制式控制	均值	t 值	p 值
父亲专制式控制	2.20	-3.25	0.001
母亲专制式控制	2.27		

（四）父母支持式控制

本次调查询问了被调查者三个有关其父母采用支持式控制的教养问题，包括：他/她如果给你定规矩，会向你解释出发点及目的；在你做了一些很严重的错事时，他/她会和你谈话并帮助你了解为什么这样做是错的；他/她在定规矩的过程中，你有发言权。这三个问题的答案选项包括：1. 从不；2. 很少；3. 有时；4. 经常；5. 总是。本次研究将被调查者的答案取均值，值越大表示被调查者的父母对其采取支持式控制的程度越高。

从表3-8中可以看出，父母给予孩子支持式控制的值介于有时和经常之间，具体表现为母亲给孩子的支持式控制程度要高于父亲，相应的值分别是3.44和3.34。其中，在各个指标上母亲给予孩子的支持式控制均高于父亲，这从侧面反映出父亲和母亲在家庭角色中的分工。

表 3 - 8　父母支持式控制

表现	父亲	母亲
定规矩并解释原因	3.18 (1.34)	3.29 (1.30)
帮助你了解为什么这样做是错的	3.47 (1.26)	3.57 (1.22)
定规矩的过程中你有发言权	3.37 (1.32)	3.47 (1.30)
总和	3.34 (1.08)	3.44 (1.05)

同时，表 3 - 9 显示，母亲给予子女支持式控制的程度略高于父亲，T 检验显示父母在给予孩子支持式控制方面的差异达到统计学上的显著水平（t = - 3.27，p < 0.01）。

表 3 - 9　父亲支持式控制与母亲支持式控制的 T 检验

父母支持式控制	均值	t 值	p 值
父亲支持式控制	3.34	- 3.27	0.001
母亲支持式控制	3.44		

（五）父母赋予自主权

本次调查询问了被调查者五个有关父母赋予其自主权的教养问题，包括：你觉得他/她很尊重你的观点；他/她能容忍你与他们有不同见解；他/她认为你可以参与家庭的决策；他/她鼓励你独立；他/她鼓励你有自己的观点和想法。这五个问题的答案选项包括：1. 从不；2. 很少；3. 有时；4. 经常；5. 总是。本次研究将被调查者的答案取均值，值越大表示被调查者的父母赋予其自主权越多。

从表 3 - 10 中可以看出，当前父母对青少年赋予自主权位于有时和经常之间，整体处于较高水平。与父母的支持式控制行为的分析结果一致，母亲赋予子女自主权的程度略高于父亲，相应的值分别是 3.47 和 3.40。具体而言，母亲在赋予孩子自主权的各个方面均高于父亲。

表 3 - 10　父母赋予自主权

表现	父亲	母亲
尊重你的观点	3.42（1.19）	3.48（1.17）
容忍不同见解	3.32（1.22）	3.37（1.20）
允许参与家庭决策	2.94（1.34）	3.01（1.33）
鼓励你独立	3.75（1.22）	3.83（1.17）
鼓励你有自己的观点和想法	3.56（1.25）	3.63（1.23）
总和	3.40（0.95）	3.47（0.93）

此外，表 3 - 11 显示，父亲和母亲在赋予子女自主权方面的差异达到统计学显著水平（t = - 2.34，p < 0.05）：母亲赋予子女自主权的程度略高于父亲。

表 3 - 11　父亲赋予自主权与母亲赋予自主权的 T 检验

父母赋予自主权	均值	t 值	p 值
父亲赋予自主权	3.40	- 2.34	0.02
母亲赋予自主权	3.47		

（六）道德教育

对于父母的道德教育而言，本次调查询问了被调查者如下几个问题，包括他/她是否教育你做以下事情：不抽烟、不喝酒、不吸毒、不行贿、不偷东西、不打架、不毁坏他人的财物。这些问题的答案包括：1. 从不；2. 很少；3. 有时；4. 经常；5. 总是。取均值后，值越大表示父母对青少年开展的道德教育越多。为了进一步区分不同类型的道德教育，我们将其简单分为对物质滥用的道德教育和对偏差行为的道德教育。

据表 3 - 12 所示，我们发现中国父母对其青少年子女进行道德教育的频率很高，均值分别高达父亲 4.18、母亲 4.27。父母在对其青少年子女进行道德教育时有一些一致的地方，如他们在吸毒、偷窃和毁坏他人财物这三类行为上对其子女进行道德教育是最频繁的。此外，母亲对孩子的道德教育在各个项目上都高于父亲。总体而言，受中国传统文化的影响，中国父母在对子女进行道德教育方面仍保持较高水平。

表 3 – 12　父母道德教育

表现		父亲	母亲
物质滥用	不抽烟	4.16（1.34）	4.29（1.30）
	不喝酒	3.95（1.39）	4.09（1.37）
	不吸毒	4.25（1.38）	4.33（1.32）
偏差行为	不行贿	4.10（1.38）	4.18（1.35）
	不偷东西	4.28（1.34）	4.34（1.29）
	不打架	4.19（1.36）	4.26（1.33）
	不毁坏他人的财物	4.22（1.36）	4.28（1.31）
总和		4.18（1.21）	4.27（1.21）

表 3 – 13 显示，中国父亲和母亲都十分重视对子女进行道德教育，母亲比父亲对子女实施的道德教育更频繁，二者在此方面的差异达到统计学显著水平（$t = -2.59$，$p < 0.05$）。

表 3 – 13　父亲道德教育与母亲道德教育的 T 检验

父母道德教育	均值	t 值	p 值
父亲道德教育	4.18	−2.59	0.01
母亲道德教育	4.27		

第二节　父母角色与冲突

一　前言

根据家庭系统理论（family system theory），家庭是一个有组织的系统，由相互依赖的子系统组成，如夫妻系统和亲子系统，这些子系统相互依赖，其行为和情绪会直接从一个子系统（如夫妻系统）转移到另一个子系统（如亲子系统）；反之亦然（Davies、Sturge - Apple 和 Cummings，2004）。

迄今为止，越来越多的研究发现，婚姻冲突对父母教养方式以及孩子的发展有负面影响，如婚姻冲突可能会导致父母教养方式的不一致，而父母教养方式的不一致又与亲子冲突和儿童行为问题密切相关。这种现象即所谓的溢出效应（spillover effect）（Kwok、Cheng、Chow 和 Ling，2015；J. A. Nelson、O'Brien、Blankson、Calkins 和 Keane，2009）。

婚姻冲突、父母教养方式不一致使家人关系陷入不断恶化的恶性循环。近年来，研究发现，婚姻冲突和父母教养方式的不一致会导致充满敌意的家庭环境，在这种家庭环境中长大的孩童，比在和谐家庭中长大的孩童，更容易实施侵略行为或患有抑郁、焦虑或其他精神障碍疾病（Doyle 和 Markiewicz，2005；Fletcher、Steinberg 和 Sellers，1999）。同样，父母教养方式不一致可能增加婚姻冲突，并最终导致儿童的问题行为（Diana Baumrind 和 Black，1967；Teubert 和 Pinquart，2010）。其他研究工作报告了类似的发现。据此，笔者将在以往研究基础上，在此节中探讨婚姻冲突、父母教养方式不一致对孩子外在行为发展造成的影响。

二　父母角色

《2016 年中国女性职场现状调查报告》结果显示，我国自有女性就业情况统计以来，女性就业率已经从 1982 年的 46.6% 上升到 2016 年的 73%，而世界上大多数国家的女性就业率在 60% 以下，我国的这一数据高于世界上大部分国家。进入 21 世纪以后，女性俨然已经成为我国社会生产的重要力量。然而，女性就业率的提高是否意味着女性的社会地位超越了男性？而这种社会地位的微妙变化是否也影响着男性和女性在家庭中的教养方式？带着这些疑问，本节以受访者的父母职业类型为基础，了解我国当代社会中男性和女性的社会地位状况，结合哈根（Hagan）的权力控制理论，探究社会地位因素与男性和女性家庭教养方式的关系，及对未成年人发展所产生的影响。

（一）女性地位的变化

我国古代社会深受男权主义的影响，作为"第二性"的女性，缺乏独立的社会角色地位，被视为男性的附庸。被封建社会所推崇的"三从四德"，正是封建社会赋予女性的责任和义务。所谓"未嫁从父，既嫁从夫，夫死从子"，规定了女性一生所应遵从的不同男性角色，在"从之"文化的熏染下，她们逐渐失去了独立的人格和自主性。另一方面，所谓"四德"，即妇德、妇言、妇容和妇功。东汉班昭的《女诫》一书对其进行了详细的描述，"清闲贞静，守节整齐，行己有耻，动静有法，是谓妇德。择辞而说，不道恶语，时然后言，不厌于人，是谓妇言。盥浣尘秽，服饰鲜洁，沐浴以时，身不垢辱，是谓妇容。专心纺织，不好戏笑，洁齐酒食，以奉宾客，是谓妇功"。封建社会对女性设立了区别于男性的更加严格的道德和言行标准，将女子的生活范围固定在操持家务和女红之内。因女性附属于男性，即便女性以家庭生活为主，却不能掌管家庭事务，教育子女等重大家庭事宜皆由男性决定。因而，封建社会的家庭教育实则只有半边天，缺少母亲参与的家庭教育是存在缺失的。

目前，我国女性越来越多地参与到社会劳动中来，获得了工作的权利和经济收入。然而，社会将女性视为与男性一样的劳动力，又忽视了她们作为母亲的角色。基于母性与孩子的天然联系，女性必须承担超越男性的更多的照顾孩子的工作，她们常常奔波在家庭和社会工作之间。近年来，许多在经济领域和社会职场中游刃有余的女性，在家庭里却成为失败者，问题少年、青少年犯罪者大都来自经济条件好而没有母亲陪伴的家庭（张晓宁，2006）。

（二）性别与社会分工

Weber 提出现代资本主义发展的一个重要衍生现象就是，工作场所和生活场所形成各自独立的空间。前者以男性居多，进行直接生产；后者则以女性为主，关注于家庭事务和消费活动。Hagan 认为，人们在工作场所建立的权威会转变成主导家庭事务的权力，这种权力会影响父母对于男孩或女孩教养方式的差异性、危险承担能力和偏差行为的容忍能力。以父母参与社会生产的程度为基础，Weber 将家庭类型分为父权型家庭和平等型家庭。

第一种家庭的主要特点在于，消费和生产的空间因性别不同而进行了严格的区分，它被学者定义为父权型家庭。所谓父权型家庭是指，一个家庭中，父亲具有权威地位，在家庭之外从事社会生产活动，而母亲则主要从事家务活动。父母性别差异导致社会分工不同，并直接导致对于女孩的教育集中在对她们家务活动和消费方面的培养；相反，男孩则被鼓励参与更多的直接生产活动，与社会接触的机会也多于女孩。第二种家庭是平等型家庭，这种家庭没有对生产和消费区域进行明显的划分，家庭中的父亲和母亲均被雇佣，参与到家庭之外的生产活动之中，在家庭中均享有权威地位。因而，这种家庭培养的女孩和男孩一样，也被鼓励在日后加入社会生产活动中。此外，Weber也将不同阶层的家庭进行了对比，他发现，在雇主阶层的家庭中，父母给予子女的自由度要大于普通阶层的孩子。也就是说，家庭的社会地位越高，子女从事偏差行为的可能性也会越大。

综上所述，依据哈根（Hagan，1979）的权力控制理论（powercontrol theory）可知，若男性的社会地位高于女性，则男性在家庭事务中相比女性拥有更多的控制力，这种性别之间的权力较量也渗透在给予儿子和女儿的自由度之中，男孩被赋予更多的自由、冒险机会甚至从事偏差与犯罪行为，而女孩则被限制、禁止和过度保护。因而，这种社会控制依男女不同形成了不同的家庭关系和子女教养方式，譬如，女性主要是家庭这种非正式社会控制的目标，而男性主要是社会生活这种正式社会控制的主体。继而，母亲和女儿被更多地期待参与家庭事务，而父亲和儿子则被鼓励参与社会生活甚至去冒险。

三　家庭系统理论与溢出效应

根据家庭系统理论，家庭由不同的子系统组成，包括夫妻系统、亲子系统、手足系统和其他子系统（Minuchin，1988）。家庭为一个动态且开放式的系统，因此家庭氛围会受内部子系统和外部环境影响。此外，Minuchin（1988）认为每个家庭成员和每个子系统都会在家庭系统中相互影响，而家庭成员的行为和情绪也会相互联系。因此，家庭成员的行为和情绪，会直接从一个子系统（如夫妻系统）转移到另一个子系统（如亲子系统），此种效应被称为溢出效应。根据溢出效应，在婚姻系统中发生的夫妻冲突，会影响父母的教养方式，进而对儿童及青少年发展产生负面影响。笔者整理近年来有关婚姻冲突、父母教养方式差异和青少年问题行为的研究，得出以下两个结论。

第一，婚姻冲突会对父母的教养方式产生负面影响。Davies 等（2004）的纵向研究以及 Krishnakumar 和 Buehler（2000）的相关分析发现，婚姻冲突是父母教养方式不一致的危险因子，而婚姻冲突和父母教养方式不一致会对亲子关系产生负面影响。此外，父母教养方式不一致也是婚姻冲突的危险因子。Kwok 等（2015）的研究发现，相较于教养方式不一致的夫妻，教养方式相同的夫妻，其婚姻的满意度较高。父母教养方式不一致可能导致父母之间的婚姻冲突，并进一步导致儿童的问题行为。

使用本研究数据，在控制了性别、年龄、民族之后，检验父母教养方式一致性与婚姻冲突的回归分析发现，父母教养方式一致与否同婚姻冲突呈现显著相关，意即父母教养方式一致性越低，婚姻冲突越多；同时，婚姻冲突越多，父母教养方式一致性越低；婚姻冲突越少，父母教养方式一致性越高，婚姻冲突也就越少（见表 3-14）。

表 3-14　父母教养方式的一致性与婚姻冲突的回归分析

变量	婚姻冲突	
性别	-13.10***	-9.58**
	(3.70)	(3.34)
年龄	0.50	0.73
	(1.06)	(0.95)
民族	43.34***	25.38***
	(5.88)	(5.48)
父母教养方式一致性		-34.10***
		(5.67)
截距	15.48	35.91*
	(15.98)	(14.88)
N	280	263
R^2	0.03	0.03
调整后 R^2	0.03	0.02

注：* $p < 0.05$，** $p < 0.01$，*** $p < 0.001$；本研究使用 Intra-class correlations（ICCs）来衡量父母教养方式的一致性，ICCs 的范围为 -1~1，得分越低代表父母教养方式的一致性越低。

第二，婚姻冲突和父母教养方式不一致，会使家人关系陷入冲突的恶性循环。例如，父母教养方式不一致可能导致婚姻冲突（Diana Baumrind 和 Black，1967；Teubert 和 Pinquart，2010）。这种负面的溢出效应可能导致儿童的偏差行为。反之，儿童的偏差行为也会对父母教养方式产生负面影响，导致父母的教养方式更严厉、一致性更低，进而增加婚姻冲突（Patterson 和 Yoerger，2002）。Baril、Crouter 和 McHale（2007）在其长期跟踪调查研究中提出，青少年的问题行为会对父母的婚姻产生不利影响，因为家庭子系统是相互依存的。而且，亲子系统中发生的负面行为与负面情绪会对夫妻系统造成负面影响，反之亦然。

笔者在与参与本研究的青少年进行访谈时也有类似发现。以下节录部分访谈内容。

> 我爸妈教育我的方式不一样，我妈给我买电脑和手机，两个人会吵架。后来我的成绩不好的时候，我爸会怪我妈，说怎么教育的，我有点反感。——少年 A
>
> 我爸爸很少管我，除非是大事，我妈就是打得多，结果就是越打越叛逆……大多数时候他们吵架都是因为我。我妈总说我爸太放纵我了，作业都没做完就开始玩。他们吵架，我就去外面找朋友，接触了外面的混混，心就野了——少年 B

根据这两段访谈内容，我们可以看出：婚姻冲突和父母教养方式不一致将导致家人陷入不断冲突的恶性循环。这种家庭冲突不仅会破坏亲子关系，还会增加青少年与不良朋辈的接触机会。

尤其在青春期时，青少年的身体、心理和社会方面皆会产生快速的变化。这些变化会给青少年造成一定的压力，导致他们无所适从，情绪波动起伏较大。此时，家庭的支持与帮助十分重要。若父母教养方式不一致，或家人间充满冲突与敌意，这些都会对青少年的成长发展产生负面影响。以下将讨论父母教养方式不一致和婚姻冲突对儿童与青少年成长发展的负面影响。

四 婚姻冲突、父母教养方式不一致对青少年发展的负面影响

慢性的、未解决的和反复发生的婚姻冲突会对家庭、夫妻和孩子造成极大的伤害。许多研究指出，婚姻冲突是父母教养方式不一致和青少年发展的危险因子。婚姻冲突会降低家庭中温暖的感觉，增加亲子间的冲突。同时，婚姻冲突还会促使父母在孩子教养方式上产生分歧。当然，这些矛盾与差异反过来会加剧夫妻间的冲突，并直接破坏父母对孩子的照顾能力，促使整个家庭冲突的恶性循环，对青少年的发展产生长远的负面影响。

（一）对心理健康的影响

婚姻冲突和父母教养方式不一致通常被视为儿童发展过程中的压力事件。不断累积的负面事件终会导致儿童和青少年的发展出现问题。Krishna-kumar 和 Buehler（2000）通过对 39 件婚姻冲突、育儿与儿童及青少年发展进行元分析发现，婚姻冲突、父母教养方式不一致与儿童问题行为相互影响，且婚姻冲突容易使父母过度严格教育孩子。一些研究表明，虽然母亲和父亲同样容易受到婚姻冲突的负面影响，而进一步对他们的教养行为造成负面影响（Cummings、Merrilees 和 George，2010），但父亲可能更难区分他们作为丈夫和父亲的角色，导致父亲在受到婚姻冲突的负面情绪影响后，更容易将这种不良情绪直接转移到其他家庭子系统中。当父母将因婚姻冲突而产生的负面情绪转嫁到孩子身上时，儿童与青少年会因其身心尚未发展健全，难以调解内心产生的负面情绪，进而出现心理疾病或外显的偏差行为。据此，许多研究指出婚姻冲突是儿童与青少年心理疾病的危险因子，在充满婚姻矛盾与争端的环境中长大的孩子，更容易出现行为与心理失调的问题。研究发现，婚姻冲突（尤其是破坏性的夫妻沟通行为，如暴力和充满敌意的辱骂等）会导致幼童和青少年自尊心低下、易怒、焦虑、抑郁、睡眠问题以及攻击行为。

除此之外，研究发现反复遭受充满敌意和暴力的父母冲突会破坏儿童与青少年情感上的安全依附关系，导致孩子对父母的安全依附较少，在情感上的表达会较在一般家庭成长的儿童与青少年差一些。长期生活在负面

环境中的儿童与青少年容易将自己视为个体之间冲突的潜在标的，且父母情绪的不稳定性使得儿童与青少年在与父母沟通和互动时更加谨慎，因为他们担心个体冲突带来的后果（Zimet 和 Jacob，2001）。因此，这类青少年的内心充斥着不安、恐惧和痛苦，甚至对自己产生负面评价。正值青春期的青少年，因身体与心理的变化，在面对家庭里父母冲突和教养方式不一致的情况时，其孤独感、焦虑、抑郁和压力感会逐渐增加。婚姻冲突中常伴有言语的恶意、威胁、侮辱，甚至家庭暴力，无论是言语所产生的心理虐待，或身体上的家庭暴力都会对发展中的儿童与青少年产生巨大的影响。有些经历过婚姻冲突的儿童或青少年甚至患有创伤后压力症候群（posttraumatic stress disorder，PTSD）。当家庭冲突升级时，青少年经常在身体和情感上分离自己，以逃避家中的消极情绪（Cummings 等，2010；El‐Sheikh 和 Buckhalt，2003）。有时父母会因教养问题而发生冲突，这会让青少年对家庭里的冲突产生愧疚。这些愧疚可以压倒青少年，使他们进一步孤立自己，并使得他们越来越难以应付冲突与他们所经历的日常压力（Cummings 等，2010）。许多长期经历冲突的青少年会将大部分分歧内部化，应对冲突已经变成他们日常生活中的一部分，青少年常常会误解冲突发生的情况，有时候甚至会自我归因，这种情形会增加青少年的压力与焦虑程度。在青少年缺乏调节情绪的能力时，这些冲突会增加青少年罹患焦虑和抑郁症的风险。

在性别差异方面，相较于在一般家庭成长的儿童及青少年，经历家庭冲突的男孩往往会通过外显行为发泄在家庭中承受的压力，因此有较多的侵略行为。但因他们欠缺解决冲突的技能，因此当他们面对问题时可能会以愤怒的方式回应。而女孩则是有较多的心理症状，如焦虑和抑郁，并因此变得较为内向（El‐Sheikh 和 Buckhalt，2003；Zimet 和 Jacob，2001）。在生物因素方面，研究指出，婚姻和教养冲突对正常大脑发育的特定神经会产生影响，反过来又影响到儿童的情绪和认知发展（Van Goozen 和 Fairchild，2008）。换言之，特定的遗传因子、高敏感性和早期的大脑发育会使某些儿童与青少年对父母间的冲突更敏感，且更容易受到影响。

笔者在与研究参与者访谈时发现：经历过婚姻冲突的青少年会有睡眠

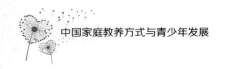
以及心理方面的问题，并且婚姻冲突会破坏亲子关系。以下节录部分访谈内容将被用来印证此观点。

> 我觉得他们（父母）吵架对我的影响很大啊。第一，他们吵得我睡不着觉了；第二，他们吵架对我产生心理的阴影……因为家里的一些事情，我对我爸爸的感觉就不太好，然后我爸爸每次都要挑事……嗯……他说我妈妈有外遇……然后他们就因为这个吵起来……他们吵架的事情会让我心里不舒服。经常做作业的时候，他们吵起来了，我就不愿意继续做了……可能我的自控力也不够。——少年 C

> 他们以前在一起的时候打架嘛，我的心情就是无助，我坐在椅子上看他们打，我都不知道该帮谁。我妈哭了。他们吵得我没有心情上学。——少女 A

综上所述，本研究结果与其他研究结果有相同发现，父母冲突对孩子心理的负面影响极大，容易造成孩子的低自我控制以及降低孩子的专注力，使孩子的学习能力下降并容易产生其他反社会行为。

（二）对学习能力和生活技能的影响

除了心理问题之外，婚姻冲突和父母教养方式不一致也会导致儿童与青少年的学习困难问题。相较于在一般家庭成长的青少年，经历婚姻冲突和父母教养方式不一致的青少年更容易出现学习注意力不集中的问题。对于高风险家庭的青少年，家长监督及教养可能会因父母之间的冲突加剧而下降。此外，在此种家庭环境中成长的儿童与青少年可能需要承受因婚姻冲突而带来的一些压力与负担，如照顾弟妹、调解父母之间的冲突等。这些责任和情绪上的负担使得这些儿童及青少年在学习上的专注力下降、学习成绩下降（Davies 等，2004）。

长期处于不安全感的环境中可能会破坏幼童和青少年的心理调节能力与人际关系的处理能力，毕竟家庭是孩子学习人际关系技能和社交互动模式的第一个场所。许多研究发现，长期面对婚姻冲突的儿童和青少年缺乏冲突解决技能且在与人相处时容易冒犯他人。在和谐婚姻家庭中成长的儿童和青少年会观察父母对彼此的关心和冲突解决技巧，进而内化这些技能，并在自己的生活中使用这些技能。但在充满冲突和教养方式不一致的家庭中成长的儿童和青少年却无法学习解决冲突的技能，在与人相处时不会妥协，也不会调节自我的压力。因此，在这些家庭中成长的儿童和青少年没有处理冲突的模仿对象，导致其难以融入社会的其他团体。根据M. Chen 和 Johnston（2012）的研究，因婚姻冲突和父母教养矛盾而患有心理疾病的青少年无法与一般朋辈保持长久的关系，因为这些青少年的情绪调节与社会适应能力在发展过程中受到阻碍（Davies 等，2004）。若此时学校内的一般同伴以及师长未能给予协助，这些青少年极易感到孤立，并转向偏差同伴群体寻求归属感，进而发展犯罪行为（Moffitt、Caspi、Harrington 和 Milne，2002）。

（三）增加青少年与不良同伴接触的机会

除了婚姻冲突之外，父母教养方式的矛盾还可能混淆青少年的价值观，并破坏亲子关系。在家庭中得不到温暖与教育的青少年容易向朋辈团体寻求认同与协助。朋辈团体在青春期时是青少年学习社会化的主要来源之一。当青少年无法从父母身上获得指导，且父母的婚姻冲突对其造成内在紧张情绪时，青少年会转向朋辈寻求支持。朋辈除了能给青少年提供支持之外，更重要的是，同伴团体为长期处于充满敌意的家庭环境中的青少年提供了归属感（Lansford、Criss、Pettit、Dodge 和 Bates，2003）。朋辈可以是青少年发展的助力，也可能为阻力。正向朋辈可以帮助青少年往正确的道路上发展，但偏差朋辈则灌输给青少年错误的价值观，进而导致青少年的偏差行为（Ackard、Neumark – Sztainer、Story 和 Perry，2006）。

Bronfenbrenner 和 Morris（1998）的研究发现，溢出效应机制会将行为和情绪直接或间接地从一个社会系统（如家庭系统）转移到另一个社会系统（如对等系统）。随着孩子进入青春期，他们在不同的社会系统中发展出更为复杂的人际关系。研究发现，婚姻冲突对青少年的社会互动有负面影响。在充满冲突环境中长大的青少年较正常家庭的青少年，冲突解决能力较低，如无法沟通、无法妥协、自我调节困难和易冒犯他人。在充满冲突的家庭环境中成长的青少年表示，因无法衡量父母的情绪而感觉无所适从。青少年因家庭矛盾与冲突发展的负面行为和情绪容易转移到学校和同伴关系中，导致其无法融入主流朋辈群体。为提高归属感，被朋辈拒绝的青少年可能会加入偏差同伴团体，强化其反社会行为。在婚姻冲突、父母教养方式不一致与偏差朋辈的相互影响之下，青少年强化了他们在家里学习到的负面行为，加上偏差朋辈的影响，他们会实施更严重的犯罪行为（Stuart、Fondacaro、Miller、Brown 和 Brank，2008）。Cesar J. Rebellon（2002）在青少年研究中发现，父母教养方式不一致会增加青少年和偏差朋辈接触的机会，进而导致他们的偏差或犯罪行为。

根据访谈以及相关研究结果，夫妻冲突以及父母教养方式不一致会对青少年的心理产生负面影响，为寻求支持以及归属感，青少年会转而向朋辈或男女朋友寻求帮助，当青少年寻求协助的人不是能指引正确方向的正向朋辈时，青少年容易走上偏差的道路。以下即为本研究中一个相关案例，节录部分受访者的谈话如下。

> 爸爸和妈妈的关系不好，影响我性格上吧，可能有时候我会很懦弱，有时候会很暴躁（受访哭泣）……因为父母关系不好，我一个人去网吧交友，然后初中的时候和老师顶嘴……因为父母关系不好，毕业之后的暑假，我出去过，没有和家里人说，……我觉得很多时候朋友并不是真的朋友、对的朋友。——少年 D

在充满冲突的家庭环境中，儿童与青少年容易学习父母吵架时的负面行为，在接触偏差朋辈后，进而强化自身原本在家中学习到的偏差行为，导致犯罪行为。以下为本研究中另一个相关案例，节录受访者部分谈话如下。

> 我爸就开骂或打我，家里很多事情不让我参与，我妈完全没有，她只是喜欢唠叨……我妈有时候平白无故地就骂我爸，吵架的原因都是一些小事情……我比较叛逆，比其他人叛逆早很多，差点去拿板凳

打班主任。有时候，我看到一些玩具，父母也不给我买，他们那个年代的人很容易受骗，我就想各种方法要来钱。在财力方面，我就会想办法，欺诈出一点钱，找学校的借口去找我妈要钱……之前，我找朋友打了一个人，因为那个人说了几句话，侮辱我的朋友，他们下手很重，后来我悄悄从家里拿了2000元钱赔给那个人……一些事情，就是从小养成的。——少年E

五　结语

本研究的结果证实了溢出效应对家庭系统的影响：在婚姻系统中发生的夫妻冲突，会影响父母的教养方式，进而对亲子关系以及儿童及青少年发展产生负面影响；除此之外，父母的教养方式差异会引发夫妻冲突，进而对亲子关系以及儿童及青少年发展产生负面影响。婚姻冲突和父母教养方式不同是每个家庭正常发生的事情，但是，当父母之间发生冲突时，若父母以破坏性而非建设性的方式处理他们之间的冲突，则会对儿童与青少年的发展产生一系列负面影响，包括情绪调节困难、问题行为、人际关系处理能力低下、学业成绩下降、睡眠困难和精神状态欠佳等，影响儿童与青少年的情感和认知发展。反之，若父母能处理好婚姻和教养孩子的冲突，儿童与青少年通过观察家长解决冲突的方式来学习解决冲突及问题的技能，这都有助于培养儿童与青少年的人际关系和冲突解决能力。

因此，针对婚姻冲突和父母教养方式不同，需要早期干预的措施，教导父母如何表达和管理家庭冲突，改善父母间互动和沟通的模式。同时，必须让家长了解婚姻以及教养方式冲突如何影响儿童的安全感和与父母之间的关系，以及儿童与青少年会如何应对父母冲突所带来的压力以及焦虑，降低溢出效应带来的恶性循环，以改善夫妻及亲子关系。除此之外，对长期处于婚姻冲突和父母教养方式高度不一致家庭中的儿童及青少年，应采取早期干预的措施，教导孩子如何理解父母间的冲突，并协助调解他们对冲突的情绪反应，如恐惧、愤怒或悲伤等。对于患有心理疾病的儿童与青少年，要开展早期治疗，协助其心理与认知的健全发展。

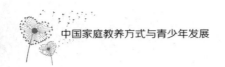
第三节　祖父母角色

一　隔代教养的定义

随着我国社会经济的发展与变迁，我国的家庭结构正在不断发生变化。其中，最主要的一个变化表现是：越来越多的父母因工作太过忙碌、工作地点经常变换、子女异地就学等原因无法亲自照顾其子女。此时，他们不得已委托其他人代为抚养其子女，而他们最信任的委托人就是自己的父母，即孩子的祖父母或外祖父母。如此一来，隔代教养已成为我国近年来十分常见的一种家庭教养方式，是伴随我国经济发展的社会变化的产物。同时，它也逐渐成为当前学者们的重要研究对象（简才永、植凤英和叶静，2010）。

隔代教养是相对于亲子教养而言的另一种家庭教养模式。它在现时社会中普遍存在，有其优点，但同时也给人们带来了很多不尽如人意的结果，弊端凸显。近年来，有关隔代教养的研究众多，且研究内容多集中在隔代教养的成因、类型、利弊和影响等方面（段飞艳、李静，2012）。本节的主要目的就是探讨我国隔代教养的现状、特点、对青少年行为发展的影响（包括积极影响和消极影响），并与西方国家的隔代教养行为相比较。

综观中西方有关隔代教养的研究可发现：第一，隔代教养是一种特殊的家庭教育形式，其主要内容是父母把本应归属于自己的养育后代的责任推到（外）祖父母身上，由（外）祖父母承担养育孙子女的主要责任，甚至全部责任。第二，根据（外）祖父母与（外）孙子女相处的时间、空间等因素和（外）祖父母承担（外）孙子女教养责任的多少，"隔代教养"有广义和狭义之分。其中，狭义的隔代教养是指亲生父母完全放弃教育孩子的责任，由（外）祖父母与（外）孙子女共同居住，并承担主要或全部抚养责任（包括供其吃穿、上学等）（郑杨，2008）。相较狭义的隔代教养而言，广义的隔代教养泛指（外）祖父母的一方或双方与（外）孙子女共同居住、一起生活，承担（外）孙子女的养育、教育责任（段飞艳、李静，2012；李晴霞，2001）。不论是广义上的隔代教养还是狭义上的隔代教养，二者都是当前学术界的研究重点和热点，前者是没有父母参与的隔代教养，而后者是有父母参与的隔代教养。这两种方式的隔代教养在我国都是十分常见的。近年来，虽然国内学者对隔代教养的成因、类型、利弊及其对青少年发展的影响等方面的研究已然十分丰富（叶美玲，2014），但随着时代的变迁和研究的深入，隔代教养的研究内容、范围、主题等都应该有所变化。本节将对近期收集的代表性样本进行分析，以期对此领域的研究文献做出补充。

二 国内外隔代教养的现状

（一）美英隔代教养的现状

据统计，2010 年有超过 700 万美国（外）祖父母至少与一名年龄低于 18 岁的（外）孙子女生活在同一屋檐下。这也意味着平均每十个美国孩子中就有一个孩子是同至少一名（外）祖父母住在一起的。这样的儿童总人数约为 750 万。当然，在这样的隔代教养家庭中，家庭成员的代际跨度很大，有些家庭甚至是好几代人住在同一栋房子里，且都是由寡居的（外）祖母来抚养（外）孙子女。不仅如此，在这些（外）祖父母与（外）孙子女共同居住的家庭中，有 270 万（约 40%）名（外）祖父母对其（外）孙子女承担主要的抚养责任，他们要负责满足（外）孙子女们的基本生活需要。在美国，由（外）祖父母承担主要养育责任的家庭被称为"祖父母家庭"，并且这种现象在亲属照管家庭中（即由亲戚从亲生父母处接管主要抚养义务的家庭）十分普遍（Gebeke，2009）。

在英国，因为父母滥用药物而由（外）祖父母抚养的孩子的数量正在不断增长。根据 2003 年英国官方统计，20 万～30 万英格兰和威尔士的孩子因为父母一方或双方滥药而转由（外）祖父母抚养。在这些孩子中，只有 37% 的与父亲生活在一起，有 63% 的与母亲生活在一起。据不完全统计，全英国范围内有超过 20 万的亲属照管家庭，且绝大多数这样的家庭都是（外）祖父母抚养（外）孙子女的家庭。当然，这些（外）祖父母都是基于正式（如收养等）或非正式（政府安排）的方式来承担抚养（外）孙子女的责任（Saunders、Selwyn，2008）。

（二）隔代教养在中国的现状

随着中国年轻父母工作压力的不断加大，隔代教养在我国已成为一种发展趋势。上海的一项实证调查显示：我国0~3岁幼儿接受隔代教养的人数比例目前已达90.5%（王海燕，2012）。另据中国老龄科学研究中心的调查数据，在我国老年群体中，有66.47%的老人在帮助子女照顾（外）孙子女。其中，60%~70%小于2岁半的儿童主要由（外）祖父母照顾，其中又有30%的儿童甚至被完全放在（外）祖父母家里抚养照顾。大部分儿童会在3岁以后进入幼儿园，此时，（外）祖父母直接抚养他们的比例会下降至40%左右，但这仍然是一个很值得关注的数据。近年来，随着我国社会经济的发展、人口迁移的加剧以及传统家庭模式的变迁，隔代教养已逐渐成为我国最主要的家庭教养方式之一（简才永等，2010）。另据中国老龄科学研究中心对我国城乡20083位老人的调查，照看孙辈的老人占66.47%（张璐斐、吴培冠，2001）。有关部门对全国30多个省市的3080个老人家庭进行抽样调查表明：有58%的家庭的老人在帮助照看孙辈（黄祥祥，2006）。

隔代教养在当今中国已成为一种不争的事实，且这种现象在我国广大农村地区更为突出。实际上，不仅在中国，隔代教养在国外的华人社区中也十分常见，且近年来有不断增加的趋势。全球儿童安全组织发布的2012年报告中，与2005年相比较，美国隔代教养家庭在华人社区家庭中的占比增加了23个百分点，过去这一比例不到10%（罗桦琳，2014）。

为了更准确地了解我国隔代教养的真实情况，本次调查问卷询问了被调查者"谁在你的日常生活中扮演父亲的角色？"答案选项包括没有人、亲生父亲、继父、养父、祖父、外祖父、兄长、其他亲属和其他成年人、社会机构的工作人员。调查数据显示，由（外）祖父担任父亲角色的孩子有48名，占被调查人口的比例为1.60%（0.97%+0.63%）（见表3-15）。这个比例是较低的。

表 3 – 15 担任父亲角色的比例分布

角色	样本数	占比（%）
没有人	94	3.14
亲生父亲	2659	88.81
继父	97	3.24
养父	29	0.97
祖父	29	0.97
外祖父	19	0.63
兄长	20	0.67
其他亲属	35	1.17
其他成年人	8	0.27
社会机构的工作人员	4	0.13

同时，本次调查还询问了被调查者"谁在你的日常生活中扮演母亲角色？"答案选项同样包括没有人、亲生母亲、继母、养母、祖母、外祖母、姐姐、其他亲属和其他成年人、社会机构的工作人员。调查结果显示，在中国西部地区，由（外）祖母担任母亲角色的孩子有 46 人，占调查人口的比例为 1.54%（1.04% + 0.5%）（见表 3 – 16）。这个比例也是较低的。

表 3 – 16 担任母亲角色的比例分布

角色	样本数	占比（%）
没有人	62	2.07
亲生母亲	2758	92.09
继母	65	2.17
养母	17	0.57
祖母	31	1.04
外祖母	15	0.50
姐姐	9	0.30
其他亲属	31	1.04
其他成年人	3	0.10
社会机构的工作人员	4	0.13

有趣的是，虽然国内外文献均表明了隔代教育的普遍性，研究结果却表明：（外）祖父母扮演父母角色的比例较低。潜在原因有：首先，国内文献表明隔代教育大多发生在幼年时期（幼儿园之前），当孩子成长为青少年时，家庭教养角色将会逐渐由隔代教育变为亲子教育；其次，即使（外）祖父母在实质上扮演了父母的角色，但是被访青少年自己却无法将（外）祖父母的角色与父母角色等同；再次，多数国外的祖父母（如英美国家）是在其子女犯罪或吸毒入狱后承担起养育孙子女的责任的，实属无奈之举。这种情景下的隔代教养在中国是较少发生的，因为中国的祖父母多是为了享受天伦之乐而主动承担养育孙子女责任的。

（三）中国隔代教养的主要方式

美国学者 Diana Baumrind（1991）在提出父母教养方式理论时，将父母的教养方式分为放纵型、专制型、权威型和忽视型。但在中国的家庭教育研究文献中发现，中国的（外）祖父母在隔代教育其（外）孙子女时有如下特点：宽容有余，约束不足；溺爱有余，严格不足；包办有余，训练不足；喂养有余，引导不足（刘玉春、邓美娇，2005）。换言之，（外）祖父母的隔代教养问题主要表现为管不了、舍不得管、不愿管、不好管。概言之，我国隔代教养背景下的（外）祖父母教养方式主要是放纵型和忽视型（李成才，2016）。

研究家庭教养的文献不仅将父母教养方式分为四类，还有研究将父母的教育行为分为多个维度，包括父母温暖（parenting warmth）、父母监督（parenting monitoring）和父母规制（parenting discipline）等方面（Sampson、Laub，1995）。虽然我国近年来绝大多数有关父母教养行为与青少年发展领域的研究都是以瑞典学者 Perris 等于 1980 年编制的 EMBU 问卷来探讨父母教养行为与青少年心理健康发展之间关系的（岳冬梅、李鸣杲、金魁和、丁宝坤，1993），但截至目前，较少研究从犯罪学的角度来探讨父母教养方式的每一个维度与青少年偏差行为之间的关系。据此，本研究只能在众多经验研究的文献中，总结出我国祖父母隔代教养方式在多个维度上的表现。

首先，祖父母在时间和经验方面较为有优势，可以在青少年日常照顾、身体发育、营养补给等方面给予足够的关怀。同时，祖父母们也担心没照顾好孙子女而对不起自己的子女，他们常常一味地按照孙子女的情绪去抚养他们。因此，他们经常与青少年保持很好的亲密关系，尤其是祖母或外祖母。

其次，祖父母在青少年心智发育等方面缺乏科学知识，无法与青少年就心理健康发展方面的问题进行有效沟通，不能为青少年提供成长阶段的心理帮助，更无法对青少年成长期出现的一些心理健康问题（如自私、压抑等）和行为表现问题（如沉迷网络、小偷小摸、结交社会小混混等）提供有效的监管和帮助（李成才，2016），毕竟亲子沟通是孩子智力和人格发展不可缺少的因素。有研究表明，在青少年发展时期，如果青少年得不到足够的言语刺激，缺乏人际交往，其心理会出现问题，人格发展会出现障碍。如果青少年长期与祖父母生活在一起，生活单调、缺乏刺激，极易对他们早期的人格发展造成不良影响（李成才，2016）。

再次，（外）祖父母对（外）孙子女的监督容易形成"空档"，缺乏有力的监督。正如有些研究中提到的那样，在青少年发展时期，青少年个体既需要心理自主方面的发展，也需要对其行为进行监控，家庭教育给予其过度的自主权而不给予或较少给予其行为监控的话，会使青少年处于"脱管"的状态，这会使他们面临外部行为问题的危机（Patterson，1986；范兴华、方晓义，2010）。

最后，（外）祖父母会因为认知的缺陷而采用错误的标准评判（外）孙子女的行为表现，进而对其采取错误的行为规范。例如，有研究表明，（外）祖父母在评价（外）孙子女时，多以成人的眼光来教育他们要听话、乖巧。而且他们在教育（外）孙子女时，常采用恐吓、欺骗的做法，重说教但不重身教。同时，中国人最欣赏的是稳重、沉着、不慌不忙、喜怒不形于色，最讨厌的是毛躁鲁莽、气急败坏和喜形于色。受这种传统文化的影响，祖父母也在教育孙子女时着重培养他们沉稳、安静的性格，而不是发展他们活泼、好动的天性（刘玉春、邓美娇，2005）。

综上所述，尽管隔代教养的（外）祖父母对（外）孙子女的成长和发展寄予了厚望，但由于受其自身认知水平和能力的限制，他们常常不知道该如何科学地教养（外）孙子女，尤其是处于青少年时期的（外）孙子

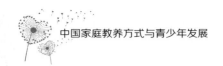
女。因此，他们经常在教育的时候感到迷茫、困惑并束手无策。

三　中国隔代教养方式对青少年成长发展的影响

就隔代教养对孩子成长发展的影响而言，学术界对此有批评和赞同两种截然不同的观点。

一种观点是：隔代教养对孙子女的成长发展有积极作用。例如，有研究表明，隔代教养对孙子女的发展来讲是非常有益的，尤其是在经济相对困难的家庭，隔代教养是父母最便捷的选择（Mooney、Statham 和 Simon，2002）。同时，（外）祖父母在传统文化的传承、家庭教育和观念的继承方面都扮演着十分重要的角色、发挥着积极的作用。此外，还有研究表明，（外）祖父母更尊重（外）孙子女和重视与其合作，（外）祖父母与（外）孙子女之间的亲密关系更浓厚，这些都是有效规范儿童行为的必备要素（Drew、Silverstein，2007；Nesteruk、Marks，2009）。事实上，有很多研究都揭示了祖父母教养对孙子女成长的积极作用。如有研究发现，孙子女与祖父母之间的亲密关系有助于加强其对学校的依附，促进其结识有追求的同伴、形成更积极的自我认知（Liu，2016）。同时，也有研究表明，在控制其他家庭问题（如母亲抑郁及亲子关系障碍）的情况下，与祖父母情感越亲近的孙子女，有情感调节问题（如抑郁、焦躁、攻击性或学习困难等）的可能性越小（Dunn、Deater - Deckard，2001）。还有研究表明，孙子女与祖父母的亲密程度和祖父母对孙子女的投入程度是减少孙子女情绪调节问题和行为表现问题的显著预测因素（Griggs、Tan、Buchanan、Attar - Schwartz 和 Flouri，2010；Lussier、Deater - Deckard、Dunn 和 Davies，2002；Ruiz、Silverstein，2007）。英国一项关于青少年和祖父母关系的全国性调查显示，祖父母参与家庭教育是有利于儿童的健康成长的。调查显示，祖父母有更多的时间抚养孩子，可以给孙子女讲述他们所遇到的问题，也能很好地解决孙子女在成长过程中遇到的各种问题，并对孙子女的未来给予指导（超然，2009）。另一项联合研究也表明，祖父母和儿童之间的亲密关系是生活中不利事件的良好缓冲。当家庭完整性出现问题时，祖父母在稳定儿童情绪方面扮演了重要角色；当家庭遇到困境时，祖父母也会帮助家庭渡过难关（超然，2009）。美国国家青少年长期跟踪调查项目研究发现，与那些由姑姑、舅舅或其他亲戚带大的孩子相比，跟随祖父母长大的孩子有更少的心理健康问题（King、Stamps Mitchell 和 Hawkins，2010）。中国的一些研究也发现，多数祖父母在抚养儿童时会努力改善儿童的生活环境，同那些与不合格的亲生父母生活在一起的儿童相比，与祖父母生活在一起的儿童会有更多的机会获得更大程度的成功体验。而且，与祖父母的亲密关系也有助于改善儿童与父母之间的关系。如果儿童不再继续由虐待型的父母抚养，而是转由祖父母抚养，那么他们在情绪及人格等方面的发展可能会更好。这些承担起父母角色的祖父母会对儿童的情感适应性以及教育机能的发展产生积极的影响（孔屏、王玉香，2013）。从这些角度来看，隔代教养的存在是必要的，有其积极的作用。

但另一种观点认为：隔代教养不利于孩子的成长发展。近年来，提出警惕隔代教养给孩子带来负面影响的报告和研究很多（李径宇，2004b；孙宏艳，2002）。有的对隔代教养中的祖辈家长的素质提出质疑，认为"远远落后于时代发展对孩子的成长要求"（吴学安，2004）。有的认为，隔代教养"会带给被代养孩子身心发展的许多不利"（李炎，2003）。于是社会上流传着一种论调，认为隔代教养是误人子弟、毁人前途的一种教养方式，认为中国60%以上的失足少年与隔代老人育孙不当有关，甚至认为有些犯罪少年就是在隔代老人宠溺、呵护的情况下，一步步走向深渊的。近年来媒体经常将问题少年的出事原因和隔代教养联系起来（李径宇，2004a）。有的研究把隔代教养看作"未成年人犯罪不可忽视的家庭因素"（童春旺，2004）。甚至有父母宁愿花高价请保姆，也不愿让老人带孩子，并有意阻止孩子与老人过多接触。

综观这些批判隔代教养的研究，我们发现这些研究将祖父母教养的弊端总结为心理和行为两个方面。

首先，隔代教养对孙子女的心理健康发展不利。研究显示，隔代教养的儿童存在更多内在发展方面的问题，如智力发展缓慢（汪萍等，2009），出现厌学、内向、暴躁、懒惰、冷漠等心理健康问题（邓长明、陈光虎和石淑华，2003；万翼，2004），存在负面情绪和人格等方面的问题（范方、桑标，2005；任银霞，2008；万翼，2004；吴倩岚，2009），以及在社交中表现出行为相对幼稚、过分依赖大人、不合群、对同学缺乏信任等交往人格障碍的问题（石志道、缪绍疆和赵旭东，2009）。不仅如此，国外的研究也得出了相同的结论。如 G. C. Smith 和 Palmieri（2007）认为，与普通人群相比，隔代教养青少年在社会情感发展方面处于显著的劣势地位。Bramlett和 Blumberg（2007）认为，相较于父母教养的孩子而言，隔代教养的孩子更容易出现抑郁或焦躁等心理问题和中等程度的行为问题。隔代教养的青少年之所以会有这样的内在发展问题，原因可能是作为社会支持系统中最重要的安全基地——父母的缺位，导致青少年面临困难时不能及时得到关心、支持和帮助，安全感低，容易焦虑。如有些研究发现，在部分家庭中，隔代教养与共同教养两种模式中都有祖辈的参与，但父母离家的初中生总均分及各因子得分更高，心理健康程度更低，这表明与父母一起生活是儿童心理健康的重要保障（古吉慧、伍文杰，2012）。

其次，隔代教养对青少年问题行为也存在影响。有研究发现，中国祖父母的教养行为对儿童外化问题行为具有独特影响，并表示，在控制了母亲教养对儿童外化问题行为的影响后，祖父母对孙子女较少的要求和管教与儿童较高水平的外化问题行为相联系（孔屏、郭秀红和邢晓沛，2013）。

综上所述，随着社会的发展，隔代教养成为一个非常广泛而且普遍存在的现象，它是社会发展的一个必然结果。总结中国的隔代教养，我们发现以下几点。

第一，在中国的社会背景下，祖辈在家庭教养中投入的时间和参与的内容都很多。比如我们的访谈数据显示，祖辈和孙子女辈相处时间长，除了（外）孙子女上学的时间，其他时间几乎都在一起。即使青少年是由父母和（外）祖父母共同教养的，通常也只在周末或节假日才会有更多的时间跟父母一起活动。

第二，祖父母一辈参与的教养内容涉及面很广。当孩子行为表现不好时（如上课迟到、打架、吸烟等），很多老人按照传统的方式进行处理：先以哄为主，再辅以讲道理和训斥。他们不太理解青少年时期的孩子需要什么样的帮助，不知道青少年行为问题的症结在哪里，更不知道如何才能使他们恢复正常的心理状态。从积极的方面来看，中国的（外）祖父母虽然疼爱孩子，但也不是一味地溺爱和护短，只是他们在原则控制方面不够灵活。大多数（外）祖父母都能意识到要培养（外）孙子女的独立性（比如让他们参与家务劳动等），但同时（外）祖父母又比较矛盾，生怕（外）孙子女做不好或者受伤害，因此他们在教养（外）孙子女的过程中，包办代替的情况比较多，（外）孙子女的独立生活能力较难得到锻炼（薛云，2011）。

以往的研究更加偏重于隔代教养对青少年成长的消极影响，且研究对象多集中在幼儿群体，较少研究揭示了隔代教养对孙子女行为发展的积极作用或将研究对象集中在青少年群体。鉴于此，本研究认为，既然隔代教养在某种程度上已经是必然存在的，那么学者们应该在承认隔代教养存在必然性的基础上，积极探寻隔代教养可能产生的积极影响，而非一味地批判隔代教养可能带来的危害，这才是研究者更为合理的选择，也是当前隔代教养研究的新重点。同时，我们的研究对象也应该扩展到青少年群体，而不是一味地集中在幼儿群体。毕竟这两个群体分别对应不同的人生发展阶段，对（外）祖父母有不同的教养需求。毋庸置疑，在父母们的确无法亲自照顾、教养子女的情况下，（外）祖父母是他们最坚实的后盾（尤其是在中国的农村地区）。他们对家庭的贡献是非常有价值的，他们不仅可靠，值得信任，关键是他们基于血缘关系对（外）孙子女充满感情，能够最大限度地接近父母亲的养育（Henderson 和 Shore，2003）。

概言之，本研究认为隔代教养有三个方面的积极效应：第一，对于（外）祖父母而言，他们已经退出了工作岗位或繁重的劳动，抚养孙辈可以为他们的晚年生活带来新的意义，满足他们的心理需求；第二，对于父母而言，在确实没有能力亲自教养孩子的情况下，祖父母辈是最值得信赖的选择，他们最有可能以接近父母亲自教养的方式来教养儿童；第三，就儿童而言，祖父母一辈的爱及其人生阅历和经验，会是他们成长过程中非常宝贵的财富。同时，（外）祖父母养育子女的经验也是隔代教养中值得关注的积极方面。

尽管综观国内外有关祖父母教养与孙子女成长发展之间关系的探索，发现人们对其褒贬不一，但面对我国的现实国情，隔代教养有其存在的必

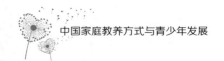

要和价值，如何扬长避短才是我们日后研究的重点。

四　中国隔代教养行为的特点

在学习教育子女的专业知识方面，"中国科学院心理学研究所博士生导师王极盛对数万人做了一项调查，调查显示，对于如何教育子女这门学问有95%以上的家长是没有专门地去学习过的，而隔代监护人所占比例更是接近100%"（王极盛、李焰和赫尔实，1997）。而在调查中发现，很多隔代监护人表示在隔代教育中，存在诸多困惑，如不知道怎么教育孩子，不懂得应如何培养孩子的独立性，没有教育孩子的好方法等。同时，大众对我国隔代教养的行为特点也不甚了解。因此，本节将对我国隔代教养的行为特点进行探索。

（一）祖父母亲密关系的突出特点

本次研究中，被调查者汇报了其父母和（外）祖父母这两种父母角色的人与被调查者的亲密关系，测量问题包括：会夸奖你做得很好；会在对你很重要的事情上给你提供帮助；你能通过他/她的言谈、表情感受到他/她很喜欢你；当遇到不顺心的事时，能感受他/她在尽量鼓励你；如果你面临一项困难的任务，能感到来自他/她的支持；觉得他/她很愿意跟你在一起；当你感到伤心的时候可以从他/她那儿得到安慰；你觉得和他/她之间有一种温暖、体贴和亲热的感觉。答案结构是五分法，包括：1. 从不；2. 很少；3. 有时；4. 经常；5. 总是。无论从总体上还是从每一个具体项目上看，青少年与父母的亲密程度都明显高于与祖父母的亲密程度。同时，青少年与（外）祖母的亲密程度高于与（外）祖父的亲密程度（详见表3-17）。

表3-17　青少年与祖父母亲密关系度分布

表现	父亲均值（标准差）	母亲均值（标准差）	（外）祖父均值（标准差）	（外）祖母均值（标准差）
夸你做得好	2.88（1.06）	3.13（1.04）	2.38（1.04）	2.65（1.32）
重要事情提供帮助	3.64（1.08）	3.77（1.04）	3.09（1.31）	3.22（1.48）

表现	父亲 均值 （标准差）	母亲 均值 （标准差）	（外）祖父 均值 （标准差）	（外）祖母 均值 （标准差）
感到喜爱	3.54（1.23）	3.69（1.19）	2.85（1.40）	3.33（1.41）
鼓励你	3.27（1.28）	3.44（1.25）	2.47（1.24）	3.00（1.41）
困难时支持	3.41（1.25）	3.56（1.22）	2.56（1.31）	3.11（1.60）
愿意和你在一起	3.96（1.20）	4.08（1.14）	2.94（1.43）	3.33（1.41）
伤心时得到安慰	3.07（1.32）	3.32（1.30）	2.58（1.41）	2.76（1.52）
感受到温暖、体贴和亲热	3.65（1.29）	3.80（1.24）	2.88（1.56）	3.12（1.62）
总和	3.42（0.94）	3.61（0.90）	2.67（1.14）	2.98（1.35）

　　表 3 - 18 从整体上对父亲、母亲、（外）祖父和（外）祖母的亲密关系度进行了 ANOVA 检验，结果表明青少年与四类父母角色的亲密关系度差异达到统计学显著水平（$F = 26.96$，$P < 0.001$）。进一步使用 Tukey's HSD 比较两两间差异，表明除（外）祖母与父亲、（外）祖父的亲密关系度的差异未达到统计学显著外，其余的差异均至少达到 $P < 0.05$ 的水平。造成这种结果一方面是由于（外）祖父母作为监护人角色的青少年数量比较少，统计检验的功效不够；另一方面我们可以观察到与（外）祖母的亲密关系度和与父亲、（外）祖父的亲密关系度相比差异比较小。因此，通过 ANOVA 的结果，我们可以发现与青少年的亲密度顺序依次是：母亲大于父亲，父亲大于（外）祖母，（外）祖母大于（外）祖父。这一结果表明充当父母角色的大多数还是青少年的亲生父母，（外）祖父母在扮演父母角色中的亲密关系无法与青少年亲生父母相媲美。因此，我们可以看到亲生父母对于青少年的教养依然有不可取代的地位。

表 3 - 18　青少年与父母、（外）祖父母亲密关系度 ANOVA 检验

	均值	标准差	Tukey's HSD			
			父亲	母亲	（外）祖父	（外）祖母
父亲	3.42	0.94	—	—	—	—
母亲	3.61	0.90	***	—	—	—

续表

	均值	标准差	Tukey's HSD			
			父亲	母亲	（外）祖父	（外）祖母
（外）祖父	2.67	1.14	***	***	—	
（外）祖母	2.98	1.35	n. s.	*	n. s.	—
ANOVA			F = 26.96，p < 0.001			

注：n. s.，p > 0.5；+，p < 0.1；* p < 0.05；** p < 0.01；*** p < 0.001。

（二）祖父母监督的突出特点

本次调查询问了被调查者的父母和（外）祖父母对其进行家庭监督的四个问题，包括：认识多少你的好朋友/好朋友的父母/老师？知道多少你在学校的表现？如果被调查者之前选择的"父亲角色的人"和"母亲角色的人"分别是"祖父/外祖父"和"祖母/外祖母"的话，则上述四个问题分别针对他/她（外）祖父母的家庭监督行为。这四个问题的答案结构包括：1. 完全不知道；2. 知道一些；3. 知道大部分；4. 完全不知道。本次研究不仅分析了（外）祖父母的每一种监督行为，还探讨了他们总体的监督行为。如表 3 – 19 所示，无论从总体而言，还是从每一项具体的行为而言，父母的监督力度均大于（外）祖父母的监督力度。

表 3 – 19　父母与（外）祖父母的家庭监督情况

表现	父亲 均值（标准差）	母亲 均值（标准差）	（外）祖父 均值（标准差）	（外）祖母 均值（标准差）
认识好朋友	2.95（0.99）	3.26（0.97）	2.35（1.23）	2.45（1.34）
认识好朋友父母	2.37（0.99）	2.59（1.00）	1.91（1.13）	2.00（1.14）
认识老师	3.36（1.16）	3.62（1.11）	2.61（1.12）	2.64（1.22）
知道学校表现	3.29（1.09）	3.51（1.04）	2.55（1.15）	2.50（1.37）
总和	2.99（0.81）	3.24（0.77）	2.34（0.92）	2.93（1.08）

表 3 – 20 进一步显示了父母、（外）祖父母家庭监督行为的 ANOVA 检验结果。从中我们可以发现，来自父母和（外）祖父母四个方面的监

督行为的差异达到统计学显著水平（F = 50.72，p < 0.001）。进一步观察四类监督行为两两比较的结果，发现除（外）祖母与父亲、母亲的监督行为的差异未达到统计学显著外，其余的差异均至少达到 P < 0.10 的水平。类似的，通过 ANOVA 的结果，我们可以发现对青少年监督行为的顺序依次是：母亲大于父亲，父亲大于（外）祖母，（外）祖母大于（外）祖父。

表 3 - 20　父母、（外）祖父母家庭监督行为 ANOVA 检验

	均值	标准差	Tukey's HSD			
			父亲	母亲	（外）祖父	（外）祖母
父亲	2.99	0.81	—	—	—	—
母亲	3.24	0.77	***	—	—	—
（外）祖父	2.34	0.92	***	***	—	—
（外）祖母	2.93	1.08	n. s.	n. s.	+	—
ANOVA			F = 50.72，p < 0.001			

注：n. s.，p > 0.5；+，p < 0.1；* p < 0.05；** p < 0.01；*** p < 0.001。

（三）祖父母专制式控制的突出特点

本次调查询问了被调查者五个有关其父母和（外）祖父母这两种父母角色的人对其采用专制式控制方式教养的问题，包括：觉得他/她干涉你的事情；他/她无缘无故地惩罚你；他/她经常对你说他们不喜欢你在家的表现；你曾因做错事挨他/她的打；通常都是由他/她决定你可以做什么、不可以做什么。这五个问题的答案结构包括：1. 从不；2. 很少；3. 有时；4. 经常；5. 总是。

如表 3 - 21 所示，父亲、母亲、（外）祖父和（外）祖母采用专制式控制的频率存在差异。与之前两个方面的因素不同，我们并没有观察到（外）祖父和（外）祖母在采用专制式控制方式上系统性地高于或者低于父母。反而，（外）祖父在采用专制式控制方式上低于父母，但（外）祖母却在使用专制式控制方式上高于父母。

表 3 - 21　父母和（外）祖父母对青少年的专制式控制情况

表现	父亲 均值（标准差）	母亲 均值（标准差）	（外）祖父 均值（标准差）	（外）祖母 均值（标准差）
干涉你的事情	2.42（1.1）	2.55（1.14）	2.12（0.98）	2.83（1.38）
无缘无故惩罚你	1.59（0.95）	1.60（0.95）	1.48（0.83）	1.65（1.11）
不喜欢你在家的表现	2.30（1.19）	2.38（1.21）	2.03（1.21）	2.59（1.50）
你因做错事挨打	2.50（1.13）	2.53（1.12）	2.30（1.21）	2.88（1.32）
决定你可以做什么、不可以做什么	2.22（1.17）	2.34（1.22）	1.82（1.10）	2.53（1.50）
总和	2.20（0.76）	2.27（0.77）	1.95（0.82）	2.51（0.99）

　　虽然表 3 - 21 能够给我们一个直观的对比，但我们仍需要通过 ANOVA 检验对四种父母角色使用专制式控制的差异进行系统性检验，结果如表 3 - 22 所示，除父母间专制式控制的差异达到 $p < 0.05$，以及（外）祖母与（外）祖父、与母亲间的专制式控制差异达到 $p < 0.1$ 外，其余的专制式控制差异并未达到统计学显著。这与之前的研究也相一致的，因为（外）祖父母受其认知水平和传统文化的影响，更偏向采用传统的专制式控制方式来教育（外）孙子女，并以此达到规范他们行为表现的目的。但是我们的结果似乎表明，（外）祖母而非（外）祖父更偏向于采用这种方式。因此，在专制式控制这个指标上，我们不仅发现父母之间存在差异，而且发现（外）祖父母之间也存在差异，并且这种差异比父母之间的差异更加剧烈。

表 3 - 22　父母、（外）祖父母专制式控制的 ANOVA 检验

	均值	标准差	Tukey's HSD			
			父亲	母亲	（外）祖父	（外）祖母
父亲	2.20	0.76	—	—	—	—
母亲	2.27	0.77	**	—	—	—
（外）祖父	1.95	0.82	n. s.	n. s.	—	—
（外）祖母	2.51	0.99	n. s.	+	+	—
ANOVA			F = 5.80, p < 0.001			

　　注：n. s. , $p > 0.5$；+，$p < 0.1$；* $p < 0.05$；** $p < 0.01$；*** $p < 0.001$。

（四）祖父母支持式控制的突出特点

本次调查询问了被调查者三个关于父母和（外）祖父母对其采用支持式控制方式教养的问题，包括：他/她如果给你定规矩，会向你解释出发点及目的；在你做了一些很严重的错事时，他/她会和你谈话并帮助你了解为什么这样做是错的；他/她在定规矩的过程中，你有发言权。这三个问题的答案结构包括：1. 从不；2. 很少；3. 有时；4. 经常；5. 总是。

表 3－23 显示，第一，从均值上看，（外）祖父母和父母在青少年身上实施的支持式控制都处于中等偏上的水平（均值都大于 2.50），这表明现代家庭整体上更倾向于对家中的青少年采取支持式控制的教养方式；第二，与父母相比，（外）祖父母对青少年实施支持式控制家庭教育的频率更低，这可能与前面文献回顾中提到祖父母的教养方式更加保守有关；第三，横向对比发现，母亲角色的支持式控制一般而言都大于父亲角色。具体而言，父亲的支持式控制小于母亲的支持式控制，（外）祖父的支持式控制小于（外）祖母的支持式控制。

表 3－23　父母和（外）祖父母对青少年的支持式控制情况

表现	父亲 均值（标准差）	母亲 均值（标准差）	（外）祖父 均值（标准差）	（外）祖母 均值（标准差）
定规矩并解释原因	3.18（1.34）	3.29（1.30）	2.85（1.58）	2.88（1.69）
帮助你了解为什么错	3.47（1.26）	3.57（1.22）	2.75（1.37）	2.94（1.44）
定规矩过程中你有发言权	3.37（1.32）	3.44（1.30）	3.00（1.48）	3.19（1.56）
总和	3.34（1.08）	3.44（1.05）	2.84（1.36）	2.96（1.24）

表 3－24 则进一步使用 ANOVA 检验对比了四种不同父母角色使用支持式控制的差异是否具有统计学意义。由表 3－24 可知，除（外）祖母与其他各类父母角色的支持式控制差异外，其他几类父母角色的支持式控制差异均达到 $p < 0.05$ 的程度。其原因与前面的亲密关系和监督行为类似。因此，我们在支持式控制上也发现如下规律：母亲大于父亲，父亲大于（外）祖母，（外）祖母大于（外）祖父。

表 3 - 24　父母、（外）祖父母支持式控制 ANOVA 检验

	均值	标准差	Tukey's HSD			
			父亲	母亲	（外）祖父	（外）祖母
父亲	3.34	1.08	—	—	—	—
母亲	3.44	1.05	**	—	—	—
（外）祖父	2.84	1.36	*	**	—	—
（外）祖母	2.96	1.24	n. s.	n. s	n. s	—
ANOVA			F = 7.17, p < 0.001			

注：n. s., p > 0.5；+，p < 0.1；* p < 0.05；** p < 0.01；*** p < 0.001。

（五）祖父母赋予自主权

本次调查询问了被调查者五个关于父母和（外）祖父母赋予其自主权的教养问题，包括：你觉得他/她很尊重你的观点；他/她能容忍你与他们有不同见解；他/她认为你可以参与家庭的决策；他/她鼓励你独立；他/她鼓励你有自己的观点和想法。这五个问题的答案选项包括：1. 从不；2. 很少；3. 有时；4. 经常；5. 总是。本次研究将被调查者的答案取均值，值越大表示被调查者的（外）祖父母赋予其自主权越多。

表 3 - 25 显示，首先，整体上（外）祖父母赋予（外）孙子女的自主权处于中等偏上的水平（所有均值大于 2.50）。其次，相较于父母而言，（外）祖父母赋予（外）孙子女的自主权较低。最后，与父母一样，（外）祖父母在众多自主权赋予方面的家庭教育行为上最愿意采取的方式也是鼓励（外）孙子女独立，且最不愿意在参与家庭决策方面赋予（外）孙子女自主权。

表 3 - 25　父母和（外）祖父母对青少年的自主权赋予情况

表现	父亲 均值（标准差）	母亲 均值（标准差）	（外）祖父 均值（标准差）	（外）祖母 均值（标准差）
尊重观点	3.42（1.19）	3.48（1.17）	2.82（1.31）	2.72（1.13）
容忍不同见解	3.32（1.22）	3.37（1.2）	3.03（1.4）	3.12（1.36）
允许参与家庭决策	2.94（1.34）	3.01（1.33）	2.55（1.42）	2.59（1.66）

表现	父亲 均值（标准差）	母亲 均值（标准差）	（外）祖父 均值（标准差）	（外）祖母 均值（标准差）
鼓励独立	3.75（1.22）	3.83（1.17）	3.09（1.51）	3.53（1.64）
鼓励你有自己的想法	3.56（1.25）	3.63（1.23）	3.10（1.51）	3.21（1.63）
总和	3.40（0.95）	3.47（0.93）	2.88（1.21）	2.94（1.27）

相较于父母而言，（外）祖父母整体上赋予（外）孙子女的自主权更少，但是仅（外）祖父与父母在赋予自主权上的差异达到 $p < 0.05$ 的水平。值得一提的是，与前面几种教养类型不同，父母在赋予孩子自主权上的差异仅达到了 $p < 0.1$ 的显著水平，可见父母之间在赋予孩子自主权上的差异可能很微弱（见表 3 - 26）。

表 3 - 26 父母、（外）祖父母自主权赋予 ANOVA 检验

	均值	标准差	Tukey's HSD			
			父亲	母亲	（外）祖父	（外）祖母
父亲	3.40	0.95	—	—	—	—
母亲	3.47	0.93	+	—	—	—
（外）祖父	2.88	1.21	*	**	—	—
（外）祖母	2.94	1.27	n.s	n.s	n.s	—
ANOVA			$F = 6.62, p < 0.001$			

注：n.s., $p > 0.5$；+，$p < 0.1$；* $p < 0.05$；** $p < 0.01$；*** $p < 0.001$

（六）祖父母道德教育的突出特点

本次调查询问了被调查者如下几个有关父母和（外）祖父母对其进行道德教育的问题，包括：请回答他/她是否教育你做以下事情，包括不行贿、不抽烟、不喝酒、不吸毒、不偷东西、不打架、不毁坏他人的财物。这些问题的答案结构包括：1. 从不；2. 很少；3. 有时；4. 经常；5. 总是。

如表 3 - 27 所示，一是（外）祖父母对其（外）孙子女的道德教育水平处于较高水平，均值分别是（外）祖父 3.54、（外）祖母 4.18，这也是受我国传统道德文化的影响。二是与父母对子女的道德教育相比，（外）

祖父母开展道德教育的水平也不低。三是在对青少年进行道德教育方面，母亲角色比父亲角色实施的频率略高，如（外）祖母实施的道德教育频率高于（外）祖父实施的道德教育频率，母亲的道德教育频率高于父亲的道德教育频率。这可能是受我国传统文化的影响，因为在我国传统文化中，担任母亲角色的人是家庭的主要照顾者，对青少年进行道德教育的任务自然也是落在担任母亲角色的人身上，如（外）祖母和母亲。

表 3-27　父母和（外）祖父母对青少年的道德教育情况

表现	父亲 均值（标准差）	母亲 均值（标准差）	（外）祖父 均值（标准差）	（外）祖母 均值（标准差）
不行贿	4.1（1.38）	4.18（1.35）	3.22（1.68）	3.82（1.51）
不抽烟	3.95（1.39）	4.09（1.37）	3.19（1.64）	4.24（1.25）
不喝酒	3.95（1.39）	4.09（1.37）	3.09（1.57）	3.88（1.54）
不吸毒	4.25（1.38）	4.33（1.32）	3.77（1.65）	4.47（1.18）
不偷东西	4.28（1.34）	4.34（1.29）	3.84（1.61）	4.35（1.22）
不打架	4.19（1.36）	4.26（1.33）	3.65（1.52）	4.29（1.21）
不毁坏他人的财物	4.22（1.36）	4.28（1.31）	3.84（1.51）	4.24（1.25）
总和	4.18（1.21）	4.27（1.21）	3.54（1.33）	4.18（1.10）

类似的，我们在祖父母道德教育上观察到与前述绝大多数教育行为类似的规律。即母亲的道德教育频率最高，其次依次是父亲、（外）祖母、外祖父（见表 3-28）。

表 3-28　父母、（外）祖父母道德教育 ANOVA 检验

	均值	标准差	Tukey's HSD			
			父亲	母亲	（外）祖父	（外）祖母
父亲	4.18	0.95	—	—	—	—
母亲	4.27	0.93	*	—	—	—
（外）祖父	3.54	1.21	*	n.s	—	—
（外）祖母	4.18	1.27	n.s	**	n.s	—
ANOVA			F = 6.62, p < 0.001			

注：n.s.，p > 0.5；+，p < 0.1；* p < 0.05；** p < 0.01；*** p < 0.001。

综上所述，（外）祖父母在教育（外）孙子女时与青少年父母教育存在差异，他们在与（外）孙子女保持良好的亲密关系、监督（外）孙子女的日常行为表现、采用支持式控制方式、赋予自主权和道德教育方面均不及父母。这一结果表明青少年的父母在其教育方面依然具有不可取代的地位。

与以往的研究结论相似，本次研究也发现隔代教养很大程度上无法弥补父母对青少年的教养，主要表现为：中国的（外）祖父母深受传统家庭教育文化的影响，把个人曾受到的专制家庭式教养方式延续到（外）孙子女身上。相较于父母而言，（外）祖父母的教养方式仍显保守。受中国传统文化的影响，他们对其（外）孙子女不仅使用较高的专制式控制和较低的支持式控制，而且赋予的自主权也相对较低。这些都是十分不利于青少年后期成长和发展的。因此，中国的（外）祖父母还应该接受新文化、新思想，在保留传统教育优势的同时，也应积极引入适合当前实情的其他具备优势的教育模式或方法，改善自己的家庭教育理念和方式，促进子孙后代的健康、全面发展。尤其是（外）祖母，她们在对其（外）孙子女进行专制式控制方面的程度显著高于该青少年父母的专制式控制程度。从长远的角度而言，这是不利于青少年成长和发展的，应该予以改进。

五　与西方国家相比，中国隔代教养的独特之处

（一）产生原因的独特之处

中西方国家都存在隔代教养的现象，但二者发生的原因是截然不同的。在西方国家，隔代教养多发生在如下家庭：①父母滥用药物；②父母遗弃；③父母有情感和体罚的暴力；④父母死亡；⑤父母有精神疾病或身体残疾；⑥父母被监禁；⑦父母本身系青少年；⑧父母要工作或服从学校安排。概言之，在西方社会，隔代教养主要发生在一些不幸家庭里。在这种情况下，祖父母不得已才承担孙子女的抚养义务（Gebeke，2009）。但在中国，隔代教养发生的主要原因如下。①祖父母主动参与。受中国传统文化的影响，中国父母十分重视血缘关系和儒家文化的传承。从古至今，祖

辈带孙辈的行为在中国都是较为普遍的，一则祖辈认为孙辈是自己血脉的延续，照看（外）孙子女成长是自己的义务之一；二则祖辈可以在此过程中享受天伦之乐，是对儒家文化的传承。②父母工作的原因。当前，为了给子女创造更好的生活条件，年轻父母都在努力拼搏、加班加点干工作。工作占据了他们生活的绝大部分时间，这也给他们照看孩子带来了十分严峻的挑战。此时，年老退休或无事可做的祖辈成为养育下一代的最佳人选。正因为中西方隔代教养发生的原因不同，所以祖父母对待孙子女的教育行为、态度和参与程度都有所不同。

（二）参与程度不同

中西方祖父母对孙子女的隔代教养参与方式有很大的不同。在西方社会，祖父母参与孙子女的隔代教养方式主要有三种：①Day‑care grandparents（日常照顾祖父母），即主要为孙子女提供一段时间的日常生活照顾；②Living‑with grandparents（共同居住祖父母），即和孙子女一起居住但没有合法监护权的隔代教养，通常是孙子女住在祖父母家里；③Custodial grandparents（监护祖父母），即祖父母获得合法监护权对孙子女进行教养。因此，有学者认为，在一些发达国家（如北欧国家），孩子的养育责任很大一部分转交给了公共支持系统，从这个层面来说，隔代教养的数量及规模都不大，父母亲对隔代教养的需求也不高，隔代教养只是祖父母帮助父母的一种方式而已；而在经济相对落后的国家（如环地中海国家），因缺乏公共的儿童看护机构和资源，这些国家的祖父母在儿童教养方面就扮演了非常重要的角色（Hank 和 Buber，2009）。同时就隔代教养的态度这一问题，Drew 和 Silverstein（2004）的研究表明，在富足的发达国家，隔代教养更多地被祖父母认为是一种礼物，感谢子女让他们享受天伦之乐；而在物质相对匮乏、社会保障系统不够完善的国家，隔代教养更多地被看作一种互惠互利的行为。

但在中国，隔代教养最主要的表现是上述第二种，即（外）祖父母和（外）孙子女住在一起，照顾其日常生活起居和承担教养等义务。中国这种隔代教养方式的形成主要受两个方面因素的影响。第一，受儒家文化的影响，中国家庭很注重孝道，所以有很多祖父母与其子女、孙子女住在一起的。基于这样的现实，祖父母参与教养孙子女的程度很高。第二，受经济条件的影响，一些年轻父母承担不起独自养育孩子的重担，需要（外）祖父母帮助，以缓解教养子女的压力。因此，在经济较为发达的国家，（外）祖父母只是扮演父母的帮手；但在经济相对落后的国家，（外）祖父母扮演的是孙辈的帮手。

（三）关注重点不一样

中西方学术界对隔代教养的关注重点不同。西方社会关注的重点是祖父母的健康问题，包括经济压力、心理压力等；而中国社会关注的却是孙子女的健康成长问题，如心理健康的发展、社会适应能力的培养、行为问题的发生等。已有的研究主要关注西方文化背景下的隔代教养问题，且多数集中在单亲以及破碎家庭中，即由父母去世、离婚或父母生理/心理缺陷所导致的祖父母代替父母教养儿童的家庭。所以，国外的祖父母一辈参与孙子女的教养程度很高，基本上与儿童一直生活在一起。但由于国情不同，西方隔代教养的研究成果不能完全照搬用于指导我国的隔代教养实践。这是因为在我国当前社会中，由于经济压力的增加，母亲就业比例提高，（外）祖父母部分替代父母教养（外）孙子女的现象存在于许多幸福完整的家庭中。在这种情况下，有的（外）祖父母会在一段时间内跟儿女和（外）孙子女生活在一起；有的（外）祖父母仅仅是在某一时间段参与（外）孙子女的教养（孔屏、周丽娜和刘娟，2010）。此时，（外）祖父母在参与教养（外）孙子女的程度上可能比西方的（外）祖父母低，对（外）孙子女所采取的教养方式及其功能也可能与西方存在不同（孔屏、王玉香，2013）。

第四节　跨文化比较

一　前言

根据美国心理学家 Bronfenbrenner 的生态系统理论（ecological system

theory），影响父母教养方式的因素主要分为微观（micro – level）以及宏观（macro – level）两大层面。微观层面的影响因子多为家庭系统内部因素，包括父母的受教育程度、职业、性别以及父母与孩子的互动模式。本节将以宏观的视角探讨家庭系统的外部因素（如家庭所处的社会文化背景、地域特点、民族等因素）对父母教养方式的影响（Bronfenbrenner 和 Morris，1998）。

本节的第一部分以宏观的视角回顾相关研究，探讨东西方文化下父母的教养方式差异，以及对子女成长发展的影响。第二部分则探讨中国居住于不同地域的父母对孩子教养方式的差异特点，及其教养方式对子女的影响。在此部分，笔者整理相关研究探讨中国农村与城市父母教养方式的差异，中国留守儿童、流动儿童与一般儿童父母教养方式的差异，以及中国内地与港澳地区父母教养方式的差异。本节的最后一部分将比较中国不同民族文化对父母教养方式的影响。中国是一个多民族国家，每个民族都有属于自己的文化特色。民族文化差异也是影响父母教养方式的重要因素之一。据此，笔者将在以往研究的基础上，比较中国不同民族之间父母教养方式的异同。

二　中西方文化差异及其对于父母教养方式的影响

东西方文化的差异，使得西方家庭的父母教养方式与华人家庭的父母教养方式有很大的不同，从而使得在不同文化背景下成长的儿童与青少年有不同的性格与成长过程。同时，因教养文化不同，各国儿童与青少年也有着不同的问题行为。

（一）相较于西方父母，中国父母给予孩子的保护与控制程度较高

研究发现，相较于美国母亲，中国母亲对孩子的保护程度较高，教养方式偏向专制式教养方式。在中国文化中，父母认为家是孩子永远的避风港，因此父母保护并指导孩子被视为理所当然的事。但在美国文化中，个人主义盛行，因此培养孩子的独立与自主才是美国父母的教养重点。在西方社会中，害羞与压抑情感被视为"无法适应社会"的表现。因此，受西

方文化熏陶的父母不会强调保护子女，相反，他们鼓励孩子养成独立探索的能力。因此，相较于中国父母对孩子的指导与保护，西方父母会放任孩子并鼓励孩子自由选择想做的事，培养其自主性。

Supple、Ghazarian、Peterson 和 Bush（2009）调查美国、中国、墨西哥和印度青少年发现，在给予儿童与青少年自主权方面，美国父母得分最高，中国父母得分最低。Xu 等（2005）的研究也有类似发现，中国文化中的集体主义、符合社会规范、情感自我控制和谦逊与专制型、权威型育儿风格高度相关。儒家文化强调孩子对父母尊敬且不违背父母的意见。因此，在教养孩子时，东方文化下的父母强调自己的权威与孩子的顺服。相反的，西方文化下的父母认为以父母为中心的专制式教养风格是缺乏弹性的象征。由此可见，不同文化下父母的教养风格有不同的文化意义。父母通常同化国家的文化要求，将其作为对孩子的期望，进而合并成一套教养孩子的模式，影响儿童和青少年的行为（Porter 等，2005）。

东方与西方的父母均重视与孩子的相处和参与孩子的生活。但西方父母和东方父母参与孩子生活的性质与程度有本质上的差异。西方父母参与孩子的生活是为了支持孩子的决定，并培养孩子的自主性。在孩子进入青春期后，为了培养孩子的独立生活能力，西方父母的参与程度会渐渐降低。相反，中国父母多以掌控的方式参与孩子的生活。中国父母参与孩子的生活是为了孩子能符合自己的期望以及取得更高的成就。中国父母大都期望自己孩子的行为能符合社会规则，成为一个高度情绪成熟、能自我控制、能与他人和谐相处的人。因此，父母使用纪律（包括责骂和体罚）来约束孩子。

Barber（1996）证实了中美两国的父母在参与儿童生活上的本质差异：美国父母参与孩子的生活是为了提升孩子的自主权，让孩子享受生活并强化积极的情绪；中国父母参与孩子的生活是为了增强对孩子的控制。比起陪伴，这种参与对于孩子来说较具有侵略性。中国很多父母会结合心理控制、行为控制和支持，确保儿童与青少年认真执行父母的期望。心理控制是指父母控制孩子的想法和情绪，使孩子的表现能与父母设定的目标保持一致。父母的心理控制有时会以情绪勒索的方式呈现。例如，父母为了引起儿童与青少年的罪恶感，威胁收回父母的爱（love withdral），或约束他们的自我表达。心理控制会对儿童与青少年造成负面影响，如增加儿童与青少年的情绪困扰和减低他们的自尊感（Barber，1996）。一些中国父母通常会以爱为名，传达他们对孩子的期望，并让孩子做出达到这些期望的决定。例如，父母跟孩子说："因为我爱你，所以希望你考上好的学校，鞭策你读书都是为了你好。"或是跟孩子说："如果你爱父母，就应该刻苦读书，报答父母的养育之恩。"而行为控制是对儿童与青少年在实际世界中的活动和行为提供必要的指导。行为控制（即父母的监督行为与制定规则）对儿童与青少年有积极作用，例如，可以防止儿童与青少年的偏差行为或增加成就等（Fletcher 等，1999）。值得注意的是，某些形式的心理控制也可能是有益的（如激发儿童与青少年的羞耻心），而某些形式的行为控制也可能是有害的（如剥夺他们的决策权）（Hasebe、Nucci 和 Nucci，2004）。

给予儿童与青少年心理自主权，是指允许儿童与青少年自己做出选择，并鼓励他们与父母交换意见，培养其独立的个性与决策能力。中国父母受集体主义文化的影响，在给予儿童与青少年自主权时希望儿童与青少年做出的决策与父母的期望有关。但美国父母多受个人主义文化的影响，他们给予儿童与青少年自主权是希望儿童与青少年做出的决策与孩子自己的期望有关，并鼓励孩子独立。但是无论在何种文化背景下，父母给予儿童与青少年自主权都会让孩子感受到父母的温暖。例如，在俄罗斯和美国青少年的比较研究中，Chirkov 和 Ryan（2001）发现：教师和家长的自主支持行为与青少年心理健康呈正相关关系（Valery I. Chirkov 和 Ryan，2001）。

在美国，父母给予孩子的自主权支持比中国父母强。研究发现，父母给予孩子自主权会增强儿童与青少年的情绪功能、社会技能和学术能力。相较于美国父母，中国父母比较重视心理控制与行为控制，并较少给予孩子自主权。Q. Wang、Pomerantz 和 Chen（2007）的纵向研究表明：无论是在中国还是在美国，父母对儿童的心理控制会增加儿童沮丧的情绪；当父母增强对儿童与青少年的心理控制时，儿童与青少年会有较多的心理问题和外在的问题行为。但父母给予孩子的自主权和心理支持会增强儿童的情感和学习能力，且父母的行为控制对儿童的学习能力有增强作用。简言之，无论在何种文化下，父母对孩子的心理控制都会对其产生负面影响，而父母给予孩子自主权和行为控制会对其发展产生积极影响。例如，包括改善学业成绩、提高学习努力程度、增强工作导向、赋予积极的自我概念、拥有更高的心理成熟度、加强情绪调节功能，以及减少问题行为（Barber、Stolz、Olsen、Collins 和 Burchinal，2005）。但在美国文化下，父母给予儿童与青少年自主权所产生的积极作用更高，原因可能在于美国人对自主权的要求更高，美国的儿童与青少年认为父母赋予自主权是爱的表现。

Cheung 与 Pomerantz（2015）的研究发现，在儿童与青少年学习方面，中国父母比美国父母参与更多、陪伴更多。父母高度参与儿童与青少年的学习过程表明父母重视学业成绩，并重视儿童与青少年在学习中所犯的错误。此种参与和儿童与青少年在学校取得的成就高度相关。此外，父母参与儿童与青少年的生活会加强儿童与青少年对父母价值观的认同。但值得注意的是，父母过度控制、专制与威权式的控制可能会让孩子的社会适应力低下、社交能力较差（C. S.－S. Cheung 和 Pomerantz，2015）。

虽然多数研究指出，无论是西方还是东方国家，父母的参与程度越高，孩子的学习成绩越好，但父母必须注意尺度，当父母参与孩子的生活时，他们对孩子的控制越多，孩子的自主权就越少，孩子所承受的压力就越大，学习成绩自然会有所下降。简言之，无论青少年在何种文化背景下成长，其认知、行为与心理健康的发展都与父母的支持、行为控制和自主权高度相关。

（二）因父母教养方式的差异，相较于西方儿童与青少年，中国儿童与青少年情感表达程度较低

Porter 等（2005）的研究发现，由于情感表达的文化差异，中国儿童的愤怒表达程度低于美国儿童的愤怒表达程度。在中国，儒家文化强调中庸与情感控制（如平静和放松），所以激动的情绪（如愤怒或狂喜等情绪）

必须加以抑制，因为激动的情绪表达可能会破坏团体和谐（Pomerantz 和 Wang，2009）。因此当孩子表达激动情绪时，父母会倾向于制止。且在中国，经常表现愤怒的儿童容易受到朋辈和老师的拒绝，从而出现问题行为。

但 Leersnyder 等（2013）的研究发现，积极的情绪表达能帮助个人的思想与行动，并有助于生理、智力、心理和社会能力的健康发展。因此，西方社会的父母和教师鼓励儿童勇于表达自己内心的感受，尤其是分享重要和快乐的感觉（De Leersnyder、Boiger 和 Mesquita，2013）。相比之下，在中国文化背景下，父母除了对孩子强调控制情感表达（特别是在公众场合）之外，中国儿童与青少年分享热情和兴奋经验的经历也比西方儿童与青少年更少（Tsai、Knutson 和 Fung，2006）。虽然中国父母同意奖励孩子的观点，但他们通常会比较谨慎，以避免孩子骄傲。中国父母希望自己的孩子奉行《礼记》所言："傲不可长，欲不可纵，志不可满，乐不可极。"在中国文化中，高度情绪化的儿童可能被认为是冲动的、情绪失调的、具有问题行为的风险。努力控制自身情绪是维护和谐人际关系的重要技能。相关研究发现，控制力较弱的中国儿童问题行为比朋辈高（Tsai、Knutson 和 Fung，2006）。与西方的育儿模式相反，中国的教养模式主要关注儿童的情绪调节，且在专制式控制上的得分高于西方父母。

三 中国地域差异及其对父母教养方式的影响

自改革开放以来，中国面临经济、社会和文化的快速转型，伴随着独生子女政策的实施以及城镇化的推进，家庭结构以及父母教养方式也发生变化。笔者为了解现行中国父母教养方式的差异，在整理现有研究后发现，中国不同城市的父母教养方式差异不大。例如，在上海与北京这两个城市内，受独生子女政策以及以孩子为中心的教养理念的影响，父母的教养方式皆从以父母为主的专制型教养模式转变为以孩子为中心的开明权威型教养模式（刘静，2012；刘宁等，2005；王春莉、廖凤林，2005）。虽然中国南北方父母的教养方式差异不大，但中国农村与城市、内地与港澳地区的父母教养方式有较大差异。

（一）中国农村与城市父母教养方式的差异

我国在经济起飞的同时，教育改革也与时俱进。较农村父母而言，城市父母拥有较多的子女教育知识且家庭气氛更融洽，父母与其子女交流得更多。虽然政府也致力于农村的改革，但由于有些农村地处偏远地区，经济与教育改革并非一蹴而就（杨云云、畲翠花和张利萍，2005）。城市父母与农村父母教养方式的差异与家庭经济收入、父母文化水平、各地区的生活水平、独生子女政策的贯彻有关。因"二孩"政策实施前城市严格贯彻独生子女政策，很多家庭中只有一个孩子，所以父母的关爱与期望多会落在独生子女身上，多数城市父母采取以孩子为中心的教养方式，教养方式多为支持理解，但会过分干涉和保护。甚至许多城市父母也会采取纵容的教养方式。除此之外，城市父母较少有重男轻女的思想，男孩与女孩都能得到父母良好的照顾和教育（马利军、樊金燕，2012）。

相较于城市家庭，农村家庭多为多子女家庭，经济上的窘迫加上父母文化水平不高，教养方式多以父母为中心。除此之外，农村父母将希望都放在子女的身上，且大多抱有"孩子不打不成器"的思想，因此对其子女的教养方式趋于严厉。同时，经济压力迫使父母无法时刻陪伴在子女身边，加上家中有多个孩子，父母无暇顾及每个子女的感受。因此，农村父母对子女的支持和理解会低于城市父母。除此之外，在一些农村地区，重男轻女的观念使得父母对男孩的态度更为积极。

马利军与樊金燕（2012）在研究河南农村父母教养方式时发现，大多数农村家庭有一名以上的子女，且父母多有重男轻女的思想。相较于男孩，女孩更容易在家庭中遭遇挫折及受到忽视。在农村家庭中，父母的教养方式偏向专制型教养方式，父母皆有过分干涉孩子、过度保护孩子以及对孩子惩罚严厉的行为。在性别差异方面，比起女孩，父母对男孩的干涉、严厉教养和保护会更多。除此之外，男孩会遭遇更多来自父亲的惩罚，而女孩则会遭遇到更多来自母亲的惩罚。在农村家庭中，男孩肩负着父母更高的期望，感受到较大的压力；而女孩则会遭遇较多不公平的待遇，如教育机会较少，较容易被父母冷落等。在这样的环境中，农村女孩通常

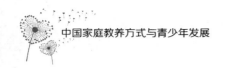

更为顺从，而因女孩的家庭地位较低，她们的焦虑与忧郁水平更高（李丽菊、贾翌皎，2012；杨梅菊，2007；易高峰、易连云，2005）。

除此之外，在学业的自我效能感方面，李颖与邢小云（2015）的研究发现，相较于在城市家庭中成长的青少年，农村学生对于学业的自我效能感明显较低（李颖、邢小云，2015）。原因在于，城市家庭的父母文化水平较高且父母学业的自我效能感较高，但农村父母一般文化水平较低，父母学业的自我效能感也较低，这无形中影响了子女学业的自我效能感。且大部分农村家长较不关心孩子的学习，这进一步降低了学生们对学业的自我效能感（徐靖雯，2009）。

（二）中国留守儿童、流动儿童与一般儿童父母教养方式的差异

近年来，中国农村地区人口因寻求就业机会而大举迁入都市，造成农村人口外流。这些外移到城市就业的农村劳动力主要从事劳动强度大、报酬低且社会地位低的工作。在经济水平以及教育水平不如城市家庭的情况下，到城市工作的农民工父母承受着许多负担与压力，使其无法有多余的精力照顾子女，因此农民工父母往往采取以父母为中心的教养方式，有些父母甚至会将自己的压力发泄到子女身上，而对子女严厉惩罚。

有些农民工父母会将子女留在户籍所在地，使其成为留守儿童。有些农民工父母会将子女带在身边，让子女一同迁徙至打工的城市，成为流动儿童。马妮娜等（2015）针对北京市流动儿童父母教养方式分析发现，因家庭经济水平低，流动家庭的父母在面对孩子的要求时多为拒绝和否认。在情感支持与理解方面，流动家庭的父母因自身受教育水平较低，缺乏学习正确教养方式的机会，因此相较于城市家庭的父母，他们较少给予孩子支持与理解。在父亲教养方式方面，相较于城市家庭的父亲，流动家庭的父亲倾向于采取严厉惩罚与过度保护的教养方式；在母亲教养方式方面，相较于城市家庭的母亲，流动家庭的母亲对子女较缺乏支持与理解，且教养方式倾向于拒绝（马妮娜、张曼华、刘婷和张巧玲，2015）。

在留守儿童的方面，姚鲲鹏（2010）针对广西 448 位青少年进行调查，研究结果发现，相较于与家人一起生活的普通青少年，留守青少年在

父母外出打工之后感受到父母的情感支持、保护、监控、理解和关爱减少了。在焦虑水平差异方面，与非留守青少年相比，留守青少年的焦虑水平与情绪障碍程度较高。其原因可能在于留守青少年多与祖父母或其他亲戚居住，或住在学校，他们缺乏父母及重要家人的支持和关爱。同时，留守青少年因了解父母在外打工的辛苦，自我期许较高，这给他们在学业与日常生活中造成了许多无形的压力，再加上缺乏父母的支持，他们的焦虑水平与情绪障碍会与日俱增，进而影响其心理健康发展（姚鲲鹏，2010）。

（三）中国内地与港澳地区父母教养方式的差异

中国香港、澳门地区和内地虽同为华人社会，但因其特殊的历史背景，香港和澳门已成为东西方文化交汇的城市，在很多方面都与内地城市有较大的差别。为比较香港和内地城市的父母教养方式，石丹理等（2006）对香港和上海的各 3000 多名中学生进行调查后发现，香港父母的教养方式偏向心理控制，而上海父母的教养方式偏向行为控制。相较于香港父母，上海父母对子女的期望较高、监控较强、管教较严格且要求较多。在青少年认知方面，相较于上海的青少年，香港青少年认为自己与父母的关系较差，较少主动与父亲沟通，且他们还认为父母对他们的信任感较低（石丹理、韩晓燕和李美羚，2006）。

服务性产业为澳门的支柱产业，因此，许多澳门的父母需轮值工作。研究发现，即使澳门青少年的父母皆需要轮班工作，他们还是会腾出时间与其子女相处。2016 年澳门青年研究协会调查近 900 名初一至高三学生发现，半数以上的受访青少年表示，偶尔会与父母一起外出，且每天与父母相处和沟通的时间超过一小时。虽然澳门青少年与父母发生冲突的情况不多，但青少年不会主动关心父母。虽然澳门父母会抽出时间参与子女的生活，且花时间与其子女沟通，但其沟通的深度不够。近七成的青少年受访者表示很少会与父母有深度的心灵交流，也很少向父母倾诉心事。当其遭遇挫折时，父母也不会给予安慰和帮助。除此之外，约七成青少年受访者很少与父母有肢体接触。澳门父母给予子女高度自主权，在子女的日常活动项目安排上会让子女自己做决定或与子女一起做决定（澳门青年研究协会，2016；澳门明爱协会，2015）。黄绮婷与梁梓峰（2011）的研究中发现，澳门依旧维持中国传统的父母教养模式，母亲为子女主要的照顾者与教育者，而父亲则与子女的关系较为疏远。因此，相较于父亲，澳门母亲的教养方式会对青少年的偏差行为产生显著影响。研究发现，只在日间时段上班的母亲，对其子女的支持、生活参与度及情感支持高于在夜间工作或日夜皆需轮班的母亲。其原因在于，日间工作的母亲与其子女的生活作息相似，下班后有更多时间和放学回家的子女相处，子女同时也能感受到母亲的照顾。反之，在夜间工作或日夜皆须轮班的母亲，因工作时间与子女作息时间冲突，照顾孩子的时间较少，较难参与孩子的生活并在孩子需要时给予支持的协助（洪瑜嫣等，2007）。

四　结语

本节第一部分以宏观的视角探讨东西方文化背景下父母教养方式的差异，以及对子女的影响。综合国内外相关研究发现，中国父母与西方父母的教养方式因社会文化背景与社会政策的不同而存在较大差异。整体而言，相较于西方文化背景下的父母，中国父母给予孩子的支持与赞美程度较低，但给予孩子的保护与控制程度较高。与西方父母相比，中国父母较常使用专制式教养方式来教育孩子，且有些父母较常使用体罚的方式来教导孩子遵守行为规范；而西方父母的教养方式则偏向开明权威，尊重孩子个人观点并注重培养孩子自主能力。

本节第二部分则探讨中国居住于不同地域之间父母教养方式的差异，及其对子女的影响。中国幅员辽阔，各地文化差异较大。受地方文化传统的影响，各地父母对孩子的教养方式也存在较大的地域差异。各地拥有自己的地域文化，其地域文化是影响各地父母教养方式的主要因素。除此之外，因中国经济快速发展，都市化进程、农村人口外流以及独生子女政策都会影响不同地域的父母教养方式。例如，城市家庭的父母教养理念多以孩子为中心，教养方式倾向于支持理解与干涉保护。但早年一些农村并未像城市一样严格执行独生子女政策，且农村父母的经济水平与文化水平大都不高，他们的教养理念多以父母为中心，教养方式倾向于拒绝与惩罚，且重男轻女的观念更深厚。

综上所述，宗教、文化、社会政策、经济以及教育水平皆会影响父母的教养方式，并进一步影响其子女的身心发展。但无论在哪种文化背景下，父母若给予子女较多的支持、关爱与自主权，且不过分保护、干涉孩子的生活，其子女就会获得较好的身心发展。据此，本研究建议：现代家长应遵循开明权威型的教养方式，让孩子在合理的范围内发展独立自主的能力，且使用讲道理以及行为控制的方式，引导孩子行为，纠正孩子的错误行为。最重要的是，中国传统的棍棒式教育只会徒增孩子的压力，必须舍弃；并且身教重于言教，唯有父母做孩子的榜样才能让孩子有所依循。

第四章
青少年教养方式与心理健康发展

家庭是未成年人的第一生活环境，在未成年人偏差行为的形成过程中，家庭教养的影响占有重要地位。本章在第三章对父母以及家庭教养方式进行定义和分析的基础上，进一步分析当前中国父母对孩子所采取教养方式的成效。其中，为反映家庭教养方式的成效，本书会通过不同方面和层面进行效果分析，并在此基础上分析这些效果产生的原因，以及提出相关建议等。具体来说，本次研究将涉及孩子的价值观念，孩子的自我控制和约束能力，对新环境的适应能力，心理健康，父母关系以及父母和子女的关系，孩子在学校的表现、成绩、社交以及课外活动；最后，针对社会各个群体最关注的青少年偏差行为，本章分别对普通的校园欺凌、毒品使用以及犯罪行为进行阐述。

第一节　价值观

一　价值观简介

价值观通常指一种处理事情时判断对错、做选择时做出取舍的标准。虽然不同的学者对价值观的定义有所不同，根据刘文亮（2008）的研究，国内文献主要使用两种方式来定义价值观，第一种是根据 Kluckhohn 和 Strodtbeck（1961）提出的价值取向理论将价值取向定义为"复杂但确定的模式化原则，与解决普通的人类问题相联系，对人类行为和思想起着指示与导向作用"，其中包括人性取向、人与自然的关系取向、时间取向、活动取向和关系取向。第二种则是根据国内学者的看法，将其定义为一种对特定类型事物持久性的偏好和稳定的看法，并为人的行为提供理由（黄希庭，2005；杨国枢，2013）。另一个与价值观关系密切的概念则是人生目标，人生目标很大程度上受到人生观的影响，而人生观也会随着对人生目标的追求而不断修正。由于青少年处于"完成学业"和准备"成家立业"这一特殊时期（刘文亮，2008），因此青少年的人生目标集中体现在如下三个方面：财富和身份类目标、利他目标和关系类目标（Wilding 和 Andrews，2006）。财富和身份类目标主要指的是青少年对经济利益和社会地位方面的追求；利他目标则是青少年对贡献社会和他人目标方面的重视程度；关系类目标则是青少年对恋爱和社交关系的重视和努力程度。

值得一提的是，无论是价值观还是人生目标都与青少年偏差行为的两个理论相关：首先，根据 Travis Hirschi 提出的社会控制理论，信念（belief）是强化个人的自我控制力和减少偏差行为的重要因素，而青少年对各类偏差行为的认知集中反映了该理论的内容。青少年对偏差行为认知越清晰，那么其偏差的可能性就越低；反之越高。其次，Robert Agnew 的一般紧张理论（general strain theory）也表明对经济利益的盲目追求和不正确的价值观会导致青少年由于现实和理想的差距而产生负面情绪，而这种负面情绪会进一步引发偏差行为。因此，对青少年价值观念的研究不仅有助于制定合适的策略措施保障青少年的健康成长，而且对青少年偏差行为的防控也有积极的作用。

由于价值观和人生目标内涵丰富，很难有研究综合性地将价值观的各个方面都加以描述和研究，加之青少年所处的时期特殊，因此绝大多数有关青少年价值观的国内研究集中在青少年的婚恋和职业价值观领域，对其人生价值观的介绍反而较少（刘文亮，2008）。此外，虽然许多文献对各类价值观有比较详尽的研究，但对偏差行为态度的研究依然屈指可数。从研究对象而言，关于国内青少年研究的对象大多为大学生，如刘文亮（2008）指出近 859 篇有关青少年价值观研究的对象为大学生、48 篇为高中生，仅有 1 篇为初中生。虽然不同研究对青少年年龄划分的标准不一，但无一例外，初高中生为青少年群体中占比最大的群体，这种不均衡的现象表明对初高中群体价值观研究的缺乏。综上，国内青少年价值观的研究尚存在若干缺陷，本节我们将弥补这些缺陷：一方面将对偏差行为的态度进行详尽的描述；另一方面尽可能多地包含不同类型的人生价值观，并对其一一描述。

对于影响青少年价值观的因素而言，Massey、Gebhardt 和 Garnefski（2008）对 16 年间 94 项研究进行了综述，结果发现青少年价值观不仅受到社会人口学和文化因素如性别、年龄、家庭特征和社会政治环境等的影响，而且极大程度受到家庭决策过程（family process）特别是父母教养方式的影响。其中，父母的温暖、参与和期许是影响青少年人生目标形成和落实的重要因素。因此，本节也将使用多元回归分析探讨各类教养方式对人生目标和偏差行为态度的影响。

具体而言，对于偏差行为的认知，我们询问了被访青少年对于下列行为的态度：撒谎、让别人做不愿意做的事情、作弊、行贿、毁坏他人财物、抽烟、喝酒、吸毒、打人或威胁人、偷东西、贩毒、盗窃低于 500 元、盗窃高于 500 元和偶尔喝醉共 14 类行为。而对于人生目标，本节将使用下列 14 种指标：满意的工作、在所从事行业中出类拔萃、名牌大学、成为有钱人、显赫的社会地位、成为歌星或电影明星、成为体育明星、做遵纪守法的人、为他人着想、对社会有贡献、家庭和睦、支持自己的家庭、丰富的社交、维持稳定的恋爱。根据 Wilding 和 Andrews（2006）的划分，满意的工作、显赫的社会地位、名牌大学、成为歌星或电影明星、成为体育明星、在所从事行业中出类拔萃和成为有钱人属于经济和地位类目标；对社会有贡献、为他人着想和做遵纪守法的人属于利他类目标；最后，丰富的社交、家庭和睦、维持稳定的恋爱和支持自己的家庭则属于关系类目标。

二　价值观描述性统计

表 4 - 1 列举了被访者对各类偏差行为的认知，其分值为 1 = 非常不对，2 = 不对，3 = 有些不对，4 = 没什么不对。总体而言，被访者对偏差行为接受程度较高的是偶尔喝醉（均值 = 2.73）、撒谎（均值 = 2.13）和

喝酒（均值=1.91），而对各类偏差行为接受程度较低的则是贩毒（均值=1.09）、盗窃高于500元（均值=1.11）和吸毒（均值=1.12）。平均而言，青少年对偏差行为的接受程度要低于物质滥用和一些违纪行为，而对于每一分类而言其最可以容忍和最不能容忍的行为各不相同：最无法接受的违纪行为是行贿，而最可以接受的是撒谎；最不能容忍的物质滥用行为是吸毒，而最可以容忍的是偶尔喝醉；最不能容忍的偏差行为是贩毒，最可以容忍的是让别人做不愿意做的事。

表4-1　对各类偏差行为的认知

种类	类型	均值（标准差）
违纪行为	撒谎	2.13（0.91）
	作弊	1.64（0.89）
	行贿	1.47（0.85）
物质滥用	偶尔喝醉	2.73（1.17）
	喝酒	1.91（1.11）
	抽烟	1.61（0.94）
	吸毒	1.12（0.45）
其他偏差行为	让别人做不愿意做的事	1.80（0.89）
	毁坏他人财物	1.33（0.65）
	打人或威胁人	1.32（0.67）
	盗窃低于500元	1.17（0.51）
	偷东西	1.15（0.48）
	盗窃高于500元	1.11（0.45）
	贩毒	1.09（0.43）

从表4-1中，我们可以总结出如下内容。首先，一般而言，青少年对各类偏差行为的接受程度与其可能造成的危害相关。可能造成更大社会危害行为的接受程度往往较低。其次，对于物质滥用而言，青少年对喝酒的容忍程度（无论是喝酒还是偶尔喝醉）的接受程度都较高。可见，对于喝酒，青少年觉得是不对的但并不是十分不对，而对于偶尔喝醉，青少年普遍的态度介于不对和有些不对之间。最后，对于偏差行为，青少年对暴力

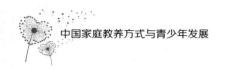

行为的接受程度普遍高于盗窃行为。

这些差异可能与中国特殊的文化有关。中国的酒文化博大精深（Co-chrane、Chen、Conigrave 和 Hao，2003），青少年不仅自己对饮酒的容忍度较高，而且在家庭聚会和社交场合也可能被大人鼓励适当饮酒。我们对青少年访谈的结果也支持这一结果，例如，有的青少年表示"在家庭聚会的时候，父母会要求自己给长辈敬酒"，或者是"在同学聚会或过生日的时候，大家聚在一起也会适当饮酒"。

表 4 - 2 列举了青少年的各类人生目标，这些问题对应的选项为 1 = 非常不重要，2 = 比较不重要，3 = 一般，4 = 比较重要和 5 = 非常重要。同样，我们将总结对于青少年来说最重要和最不重要的三个目标。最重要的三个目标为：家庭和睦（均值 = 4.84）、支持自己的家庭（均值 = 4.35）和满意的工作（均值 = 4.31）；而最不重要的目标为：成为体育明星（均值 = 2.02）、成为歌星或电影明星（均值 = 2.21）以及显赫的社会地位（均值 = 2.91）。

表 4 - 2　各类人生目标

种类	类型	均值（标准差）
经济和地位类	满意的工作	4.31（0.82）
	在所从事行业中出类拔萃	3.97（0.93）
	名牌大学	3.66（1.08）
	成为有钱人	3.37（1.03）
	显赫的社会地位	2.91（1.16）
	成为歌星或电影明星	2.21（1.14）
	成为体育明星	2.02（1.11）
利他类	做遵纪守法的人	4.61（0.75）
	为他人着想	4.17（0.87）
	对社会有贡献	3.82（0.97）
关系类	家庭和睦	4.84（0.57）
	支持自己的家庭	4.35（0.94）
	丰富的社交	4.08（0.93）
	维持稳定的恋爱	4.06（1.09）

从青少年对各类目标的肯定和认可程度可以发现如下规律。首先，平均而言，青少年对经济和地位类的目标追求程度低于其余两类，而在利他类地位和关系类地位之间，青少年对关系类地位更加肯定。其次，虽然没有区分难度，但青少年对更容易获得的目标显示出更加积极的态度，如最重要的三个目标——家庭和睦，支持自己的家庭和满意的工作均为获得难度较低的目标，而成为体育明星、成为歌星或电影明星或是获得显赫的社会地位难度较大。最后，根据设置的值，低于3以下的值代表对这类目标的消极态度。注意到三个最不重要的目标分别是成为歌星或电影明星、成为体育明星和获得显赫的社会地位。其原因一方面可能是青少年理性判断认为实现其存在困难，另一方面也可能是青少年对这三个目标本身兴趣不大。

总之，青少年对各种人生目标的选择是符合理性判断的：青少年对实现难度相对较低的关系类目标和利他类目标的期待程度普遍高于经济和地位类的目标；对于利己和利他类目标来说，青少年也更为倾向利己类的目标。

三 父母教养方式对价值观的影响

表4-1和表4-2描述了本次调查的青少年价值观和人生目标的情况。我们将使用多元回归分析研究不同类型的教养方式和一些人口学因素是否对各类人生目标和偏差行为的认知产生影响。表4-3至表4-8将各类偏差行为的态度和不同类型的人生目标作为因变量，并使用性别、年龄、民族这三个人口学变量和父母冲突、父母监督、父母温暖、父母专制式控制、父母赋予自主权、父母支持式控制、父母的道德教育这七类教养方式作为自变量。

表4-3 父母教养方式对违纪行为的影响

教养方式	违纪行为		
	撒谎	作弊	行贿
父母冲突	0.16***	0.018	0.08**
	(0.04)	(0.042)	(0.04)
父母监督	-0.09***	-0.05*	-0.05*
	(0.03)	(0.03)	(0.03)

续表

教养方式	违纪行为		
	撒谎	作弊	行贿
父母温暖	-0.15*** (0.04)	-0.10*** (0.037)	-0.09** (0.04)
父母专制式控制	0.08** (0.03)	0.12*** (0.03)	0.09*** (0.03)
父母赋予自主权	0.03 (0.05)	-0.07 (0.043)	-0.01 (0.04)
父母支持式控制	0.04 (0.04)	0.02 (0.03)	0.02 (0.03)
父母的道德教育	-0.03* (0.02)	-0.02 (0.02)	-0.06*** (0.02)
截距	0.80*** (0.21)	0.80*** (0.20)	0.74*** (0.19)
N	1815	1815	1814
R^2	0.09	0.08	0.07
校正后 R^2	0.08	0.08	0.06

注：* $p < 0.05$，** $p < 0.01$，*** $p < 0.001$；性别、年龄和民族作为控制变量。

根据表 4-3，对于各类教养方式，父母冲突显著地增加了对撒谎和行贿的接受程度，父母监督和温暖对三类偏差行为的接受程度都有很好的抑制作用，但父母的专制则会加深对三类偏差行为的接受程度。最后，父母的道德教育能降低对撒谎和行贿的接受程度。

表 4-4　父母教养方式对物质滥用行为的影响

教养方式	物质滥用			
	偶尔喝醉	抽烟	喝酒	吸毒
父母冲突	0.15*** (0.05)	0.03 (0.04)	0.09* (0.05)	0.00 (0.02)
父母监督	-0.10** (0.04)	-0.09*** (0.03)	-0.14*** (0.04)	-0.00 (0.02)
父母温暖	-0.23*** (0.05)	-0.12*** (0.04)	-0.14*** (0.05)	-0.02 (0.02)

续表

教养方式	物质滥用			
	偶尔喝醉	抽烟	喝酒	吸毒
父母专制式控制	0.12*** （0.04）	0.08*** （0.03）	0.09** （0.04）	0.03* （0.01）
父母赋予自主权	0.09* （0.06）	0.05 （0.05）	0.11** （0.05）	−0.02 （0.02）
父母支持式控制	0.03 （0.04）	−0.001 （0.04）	0.02 （0.04）	−0.003 （0.02）
父母的道德教育	−0.03 （0.02）	−0.03 （0.02）	−0.08*** （0.02）	−0.01 （0.01）
截距	−0.79*** （0.25）	−0.25 （0.21）	−0.85*** （0.25）	1.06*** （0.09）
N	1816	1816	1811	1815
R^2	0.21	0.14	0.18	0.01
矫正后 R^2	0.18	0.14	0.17	0.01

注：$*p<0.05$，$**p<0.01$，$***p<0.001$；性别、年龄和民族作为控制变量。

根据表 4-4 所示，对于物质滥用行为，除吸毒外，其他行为表现与违纪行为类似。此外，父母冲突和父母赋予自主权会增加孩子对饮酒（偶尔喝醉和喝酒）的接受程度；父母监督和温暖能减少对三类物质滥用行为的接受程度，但专制式控制则会提高接受程度。父母的道德教育仅能降低对饮酒的接受程度。值得一提的是，对于吸毒的接受程度而言，我们发现几乎没有任何变量能影响其变化，这说明吸毒行为的接受程度在青少年中维持在一个较低且稳定的状态，这可能与禁毒政策的宣传和实施有极大的关系。

最后，对于偏差行为，结果类似。不同的教养方式对不同类型偏差行为的接受程度有不同的效果。父母冲突增加了对打人或威胁人和贩毒的接受程度；父母监督则降低了对让别人做不愿意做的事的接受程度；父母温暖能降低除贩毒、让别人做不愿意做的事和盗窃高于 500 元的接受程度；父母专制式控制则增加了对上述行为的接受程度；父母的道德教育能降低毁坏他人财物、打人或威胁人、偷东西和让别人做不愿意做的事的接受程度（见表 4-5）。

表 4 - 5　父母教养方式对偏差行为的影响

教养方式	偏差行为						
	毁坏他人财物	打人或威胁人	偷东西	让别人做不愿意做的事	贩毒	盗窃低于500元	盗窃高于500元
父母冲突	0.03 (0.03)	0.08** (0.03)	0.02 (0.02)	0.05 (0.04)	0.03* (0.02)	0.02 (0.02)	0.01 (0.02)
父母监督	0.03 (0.02)	0.01 (0.02)	0.00 (0.02)	-0.05* (0.03)	0.00 (0.01)	-0.01 (0.02)	-0.00 (0.01)
父母温暖	-0.06** (0.03)	-0.07*** (0.03)	-0.03* (0.02)	0.02 (0.04)	-0.02 (0.02)	-0.04* (0.02)	-0.02 (0.02)
父母专制式控制	0.06*** (0.02)	0.06** (0.03)	0.03* (0.01)	0.11*** (0.03)	0.02 (0.02)	0.02 (0.02)	0.03** (0.01)
父母赋予自主权	-0.05 (0.03)	-0.00 (0.03)	-0.03 (0.02)	-0.01 (0.05)	-0.02 (0.02)	-0.00 (0.02)	-0.02 (0.02)
父母支持式控制	0.03 (0.02)	-0.01 (0.03)	0.02 (0.02)	0.02 (0.04)	-0.00 (0.01)	-0.01 (0.02)	0.00 (0.02)
父母的道德教育	-0.02* (0.01)	-0.03* (0.01)	-0.03*** (0.01)	-0.04** (0.02)	-0.01 (0.01)	-0.01 (0.01)	-0.01 (0.01)
截距	1.05*** (0.15)	1.10*** (0.15)	1.028*** (0.10)	0.87*** (0.21)	1.014*** (0.09)	1.11*** (0.11)	0.99*** (0.09)
样本量	1815	1812	1816	1815	1815	1816	1815
R^2	0.03	0.04	0.03	0.04	0.02	0.02	0.02
调整后 R^2	0.03	0.03	0.02	0.02	0.01	0.01	0.01

注：* $p < 0.05$，** $p < 0.01$，*** $p < 0.001$；性别、年龄和民族作为控制变量。

综上，通过多元回归模型的结果，我们发现了如下几个特征。首先，男性和年龄较大的青少年对大多数偏差行为的接受程度都较高，这一结果解释了性别和年龄对偏差行为本身的影响。因为根据先前研究，男孩比女孩的行为偏差程度高（Broidy、Agnew，1997），而且青少年在 7 ~ 16 岁期间其偏差行为和年龄增长也存在显著的正相关（Moffitt，1990）。其次，对于各类教养方式，父母冲突、父母监督、父母温暖、父母的道德教育和父母专制式控制虽然对各类偏差行为接受程度影响的显著程度并不一致，但其方向却几乎相同：父母的监督、温暖和道德教育能降低对绝大多数偏差行为的接受程度，但是父母的冲突和专制式控制则会增加这种接受程度。

根据之前的文献，父母的监督、温暖、道德教育的确能降低青少年对偏差行为的接受程度，而父母间的冲突也会增加青少年对偏差行为的接受程度。本节的发现或能印证这一点，因为已有研究证明：对偏差行为的态度与偏差行为的实施是息息相关的，对偏差行为的态度会通过影响这些行为的接受程度从而间接影响行为的实施。但值得注意的是，对于父母专制式控制，现有的研究对父母专制式控制的效果基本上持负面态度（Barber，1996；Pomerantz、Wang，2009；Q. Wang 等，2007）。本节的研究或许能为后者提供一些实证依据：高强度的专制式控制不一定会降低孩子对偏差行为的接受程度，反而显著增加了孩子对其的接受程度，因此专制式控制与偏差行为的正向关系可能是经由这种观点推导的。当然，这还有待研究的进一步证实。

表 4-6 罗列了教养方式对经济和地位类人生目标的多元回归分析结果，从中我们发现各类父母教养方式对经济和地位类人生目标的影响并不一致。各类父母教养方式对人生目标追求的影响并不显著，仅发现父母监督能增加对名牌大学的追求，父母温暖会促进对在所从事行业中出类拔萃的追求，而父母专制式控制会增加对在所从事行业中出类拔萃、成为有钱人、显赫社会地位和成为歌星或电影明星的追求，父母支持式控制会增加对满意的工作的追求。

表 4-6 父母教养方式对经济和地位类人生目标的影响

教养方式	经济和地位类						
	满意的工作	名牌大学	在所从事行业中出类拔萃	成为有钱人	成为歌星或电影明星	成为体育明星	显赫的社会地位
父母冲突	0.06 (0.04)	-0.05 (0.06)	0.06 (0.05)	0.09 (0.05)	0.04 (0.06)	0.08 (0.05)	0.05 (0.06)
父母监督	0.01 (0.03)	0.14*** (0.04)	0.01 (0.03)	-0.02 (0.04)	0.06 (0.04)	0.04 (0.04)	-0.02 (0.04)
父母温暖	0.03 (0.03)	0.08 (0.05)	0.09* (0.04)	-0.04 (0.05)	0.05 (0.05)	0.07 (0.05)	0.05 (0.05)
父母专制式控制	0.03 (0.06)	0.06 (0.04)	0.13*** (0.03)	0.15*** (0.04)	0.12** (0.04)	0.06 (0.04)	0.13** (0.04)
父母赋予自主权	-0.06 (0.04)	0.04 (0.06)	0.00 (0.05)	-0.07 (0.05)	-0.10 (0.06)	-0.04 (0.06)	0.03 (0.06)

续表

教养方式	经济和地位类						
	满意的工作	名牌大学	在所从事行业中出类拔萃	成为有钱人	成为歌星或电影明星	成为体育明星	显赫的社会地位
父母支持式控制	0.10** (0.03)	0.06 (0.04)	0.06 (0.04)	0.06 (0.04)	-0.03 (0.05)	-0.07 (0.04)	-0.03 (0.05)
父母的道德教育	0.02 (0.02)	0.01 (0.02)	0.04* (0.02)	0.02 (0.02)	-0.01 (0.02)	-0.02 (0.02)	0.02 (0.03)
截距	3.71*** (0.19)	3.52*** (0.26)	3.22*** (0.22)	2.55*** (0.25)	3.76*** (0.27)	3.23*** (0.25)	2.51*** (0.29)
N	1816	1814	1812	1804	1807	181	1808
R^2	0.02	0.06	0.04	0.04	0.05	0.06	0.02
调整后 R^2	0.02	0.05	0.03	0.04	0.05	0.06	0.01

注：* $p < 0.05$，** $p < 0.01$，*** $p < 0.001$；性别、年龄和民族作为控制变量。

对于利他类目标，同样，仅发现：父母温暖和父母的道德教育能增加对所有利他类目标的追求；父母监督增加了青少年对社会有贡献的追求，父母赋予自主权则增加了青少年为他人着想目标的追求（见表4-7）。

表4-7　父母教养方式对利他类人生目标的影响

教养方式	利他类		
	对社会有贡献	为他人着想	做遵纪守法的人
父母冲突	-0.04 (0.05)	-0.08 (0.04)	-0.08* (0.04)
父母监督	0.08* (0.03)	0.02 (0.03)	-0.02 (0.03)
父母温暖	0.22*** (0.04)	0.13*** (0.04)	0.14*** (0.03)
父母专制式控制	0.01 (0.03)	0.02 (0.03)	-0.03 (0.03)
父母赋予自主权	0.02 (0.05)	0.08* (0.05)	0.03 (0.04)
父母支持式控制	-0.01 (0.04)	0.01 (0.03)	0.01 (0.03)

续表

教养方式	利他类		
	对社会有贡献	为他人着想	做遵纪守法的人
父母的道德教育	0.06** (0.02)	0.06*** (0.02)	0.09*** (0.02)
截距	4.10*** (0.22)	3.67*** (0.20)	4.56*** (0.17)
N	1799	1812	1815
R^2	0.10	0.08	0.09
调整后 R^2	0.10	0.07	0.08

注：* $p<0.05$，** $p<0.01$，*** $p<0.001$；性别、年龄和民族作为控制变量。

对于关系类目标，父母冲突降低了对家庭和睦这一目标的追求，但增加了对维持稳定的恋爱这一目标的追求；父母监督降低了对维持稳定恋爱的追求；父母温暖则增加了对除支持自己的家庭之外的所有关系类目标的追求；父母专制式控制和支持式控制都会增加对维持稳定恋爱的追求；父母的道德教育会增加对丰富的社交和支持自己的家庭这些目标的追求（见表4-8）。

表4-8　父母教养方式对关系类人生目标的影响

教养方式	关系类			
	丰富的社交	家庭和睦	支持自己的家庭	维持稳定的恋爱
父母冲突	0.02 (0.05)	-0.08** (0.03)	0.01 (0.05)	0.14** (0.05)
父母监督	0.00 (0.04)	-0.00 (0.02)	0.01 (0.03)	-0.11** (0.04)
父母温暖	0.11** (0.04)	0.11*** (0.02)	0.01 (0.04)	0.10* (0.05)
父母专制式控制	0.06 (0.03)	0.01 (0.02)	0.05 (0.03)	0.09* (0.04)
父母赋予自主权	0.03 (0.05)	0.04 (0.03)	0.01 (0.05)	-0.03 (0.05)
父母支持式控制	-0.00 (0.04)	-0.03 (0.02)	0.07 (0.04)	0.10* (0.04)

续表

教养方式	关系类			
	丰富的社交	家庭和睦	支持自己的家庭	维持稳定的恋爱
父母的道德教育	0.07***	0.02	0.04*	0.02
	(0.02)	(0.01)	(0.02)	(0.02)
截距	3.38***	4.46***	3.25***	2.08***
	(0.22)	(0.12)	(0.21)	(0.25)
N	1812	1815	1807	1810
R^2	0.03	0.05	0.03	0.07
调整后 R^2	0.03	0.04	0.02	0.07

注：* $p < 0.05$，** $p < 0.01$，*** $p < 0.001$；性别、年龄和民族作为控制变量。

总之，我们发现与偏差行为不同，影响对不同类型人生目标追求的各类因素存在差异。首先，女生更倾向于接受相对较为务实的人生目标，而男生则对理想类的目标追求更多。这一特征或许与男性和女性的天然特征有关系。其次，随着年龄的增加，对经济类和利他类目标的追求逐渐降低，但对支持自己的家庭和维持稳定恋爱的追求则逐渐上升。这也反映了随着年龄增长，青少年对人生目标的追求也不断修正，也会逐渐降低对理想化的人生目标的追求，而开始追求一些较为务实的目标。再次，父母教养方式对孩子追求不同类型人生目标的影响存在显著的差异。父母冲突虽然降低了青少年对遵纪守法、家庭和睦的追求，却意外地增加了对维持稳定的恋爱的追求。其主要原因可能是青少年对原生家庭冲突的失望会提升其对组建新家庭的渴望。父母监督也能促进青少年对名牌大学、对社会有贡献这些目标的追求，却会降低其对维持稳定恋爱的追求。父母的温暖会增加对绝大多数人生目标的追求，包括在所从事行业中出类拔萃、对社会有贡献、为他人着想、遵纪守法、丰富的社交、家庭和睦和维持稳定的恋爱。同样，父母的专制式控制也能提升青少年对大多数人生目标的追求，包括在所从事行业内出类拔萃、成为有钱人、成为歌星或电影明星、显著的社会地位和维持稳定的恋爱。父母赋予自主权仅能提升对为他人着想这一目标的追求。父母的支持式控制能提升对满意的工作和维持稳定的恋爱这两个目标的追求。最后，父母的道德教育能增加青少年对成为所从事行业中出类拔萃的人这一目标的追求、对所有利他类目标的追求，以及对丰富的社交和支持自己的家庭的追求。

无论是对人生目标的追求还是对偏差行为的认知都被证明与父母的教养方式相关。虽然不同类型的教养方式对上述各类人生目标或者是偏差行为认知的作用各不一样，但是总体而言，积极的教养方式能给孩子带来积极的影响，反之亦然。值得一提的是，父母对孩子的专制式控制虽然是传统家庭常用的教养方式，但并不一定能对孩子的偏差行为认知产生积极的影响，因此父母在教育孩子时应采取科学民主的方式，而非一味地加强专制式控制。

第二节　自我控制

本小节的主要内容是探讨当代中国家庭教养方式对青少年自我控制能力的影响。根据一般犯罪理论（general theory of crime），个人的自控力高低是决定其行为表现的主要原因，而其他一切社会外因对个体行为的影响主要是通过改变个体的自控力来间接实现的（Gottfredson 和 Hirschi，1990）。在过去的数十年里，许多研究表明，青少年的自控力是决定其日后行为表现（包括越轨、犯罪、学习等表现）的重要预测变量（Hoeve等，2009），且父母的教养方式是孩子养成自控力的主要动力来源，即积极的父母教养方式有利于其子女养成更高水平的自控力（Diana Baumrind，1991）。

但具体哪些父母教养行为能促使孩子养成更高水平的自我控制能力呢？心理学家们认为，孩子在本性上有三个心理需求：归属感、能力感以及认可感（Skinner、Johnson 和 Snyder，2005）。如果父母可以在教育孩子的过程中满足孩子在上述三个方面的心理需求，则孩子会更愿意与其父母沟通、交流，也更愿意接纳父母的管教，并最终养成更高水平的自控力。怎样的父母教育才能满足其子女在上述三个方面的心理需求呢？根据逐级年龄非正式控制理论（age‑graded informal social control theory），Sampson 和 Laub（1995）认为，有利于孩子内在及外在发展（包括道德水平、自控力、亲社会行为等）的三个父母教养行为包括父母与子女之间的亲密关系（parental warmth）、父母监督行为（parental monitoring）和父母规范行为（parental discipline）。截至目前，很多研究也证实这些父母教育行为与青少年成长发展之间存在显著关系（Moilanen、Shaw、Dishion、Gardner 和 Wilson，2010；Sheikh 和 Janoff – Bulman，2013）。

关于自我控制的研究大都发生在西方国家或类似的社会背景中，较少有研究在中国开展过。据此，本节将详细对以往的相关文献进行综述，总结他们在探讨家庭教育与青少年自我控制能力之间相互关系时使用的理论模型、研究方法及得出的各种结论，并归纳它们的缺陷或不足（包括在研究方法、研究对象或研究结论上的不足）。此外，本研究将以其多次、多种类收集的统计数据为依据，运用皮尔森相关性系数和普通线性回归模型，探索中国父母的教养方式与其子女自控力大小之间的关系。最后，本节在本次研究结论的基础上，为改善我国当代父母的教养行为和提高我国青少年的自控力提出若干针对性强、实用性高的建议。

一 自我控制的定义

关于自我控制，国内外学术界对其尚无统一的定义，甚至连一个统一的称谓都没有。除了被广泛使用的自我控制（self – control）之外，冲动控制（impulse control）、抑制控制（inhibitory control）、努力控制（effortful control）、自我限制（ego – control）、自律（self – regulation）等词也被人们广泛使用。它们的含义大致相同，可概括为三大主流观点。第一，从道德标准和亲近社会的角度来看，自我控制（self – regulation 或 self – control）指抑制个体违反社会道德标准的冲动（Kopp，1982）。就这一定义来说，与自我控制相反的特征就是攻击性（aggression）。第二，从气质的角度来说，努力控制（effortful control）是指个体克制自身优势或本能反应且执行劣势反应的能力（Kochanska、Murray 和 Harlan，2000）。比如一个害怕与人交流的个体，其可以在努力控制的作用下克服内心恐惧而主动与他人沟通。又如一个完美主义者可以在努力控制的作用下压抑自己的完美主义追求，而无压力地过渡到下一个目标行为中去。第三，从心理分析的角度来说，"自我控制"是个体对自身心理和行为的主动掌握，自觉地选择目标，适时地监督调节自己的认知、情绪及行为的过程；也是个体抑制冲动、抵制诱惑、延迟满足、坚持不懈地保证目标实现的一种综合能力（Situ、Li和 Dou，2016；窦凯、聂衍刚、王玉洁、黎建斌和沈汪兵，2014）。Kremen和 Block（1998）认为，自我控制（self‐control）由自我限制（ego‐control）和自我恢复（ego‐resilience）两个维度构成。"自我限制"指个体对其认知、情绪冲动、行为和动机表达的控制。"自我恢复"指个体能动地调节自我限制的水平和能力，这种能力要么有助于其适应环境限制和各种可能性，要么有助于其生存并实现长期目标。但是从社会学的角度来看，自我控制是指人们按照社会的期望和要求对自我的认知、情绪、行为等方面施加管理和控制，使自我在这些方面的表现符合社会的期望和要求（刘金花，1997）。具体至犯罪学而言，"自我控制"这个概念最初由 Hirschi 和Gottfredson 在 1990 年提出，并被定义为"个体容易受到社会诱惑的脆弱性"（Gottfredson 和 Hirschi，1990）。随后，二人不断修订其对"自我控制"的定义，并最终把它定义为"充分考虑自身行为的消极和积极后果之后，做出理性决定的个体倾向"（T. Hirschi，2004）。

二　一般犯罪理论

Gottfredson 和 Hirschi 于 1990 年提出了"一般犯罪理论"（the general theory of crime），并认为"低自控力"是导致个体实施犯罪的根本原因（Gottfredson 和 Hirschi，1990）。因为该理论强调了"自我控制"对个体行为表现的重要作用，所以它也被广泛地称为"自我控制理论"。它的基本假设是：人在本质上都有追求个人利益而忽略他人利益的倾向，都存在犯罪的潜质和可能；犯罪行为的出现是由个人内在的犯罪潜质被激发所造成的，使人远离犯罪的力量是对长远利益的考虑。该理论认为，犯罪是刺激的、冒险的、令人兴奋的，犯罪行为的出现是偶然的、一刹那的事情，并非一个理性决策的过程，特别是青少年犯罪；与具有高自我控制能力的个体相比，具有低自我控制能力的人具有冲动性、情绪性、冒险、简单化倾向、目光短浅和不善于使用语言等特点，他们更容易被短期利益迷惑，产生犯罪行为或偏差行为；无论是故意破坏公物、财产犯罪还是暴力犯罪，都与低自我控制和犯罪机会有密切关系，低自我控制可以对所有的犯罪行为进行解释；自我控制是解释犯罪的唯一个体变量，其他因素都主要通过自我控制间接影响个体的行为表现（Gottfredson 和 Hirschi，1990）。换言之，低自控力是个体犯罪或偏差行为的唯一原因，其他影响个体犯罪或偏差行为的因素都只能是"导致犯罪原因的原因"（cause of cause of crime）（Wikström、Oberwittler、Treiber 和 Hardie，2012）。

正如一些研究所证实的那样，与自控力较高的人相比，自控力较差的人更容易实施犯罪或偏差行为（Watson，2001）。

三 自我控制的重要作用

正如 Gottfredson 和 Hirschi（1990）所假设的那样，自我控制对个体内在心理和外在行为的发展都具有十分重要的作用。Wood 考察了低自我控制与盗窃、暴力和药物滥用等多种犯罪行为的关系，发现低水平的自我控制能力对这些行为都有显著的预测作用（罗静，2007）。Unnever、Cullen 和 Pratt（2003）研究发现，父母监控和自我控制是儿童犯罪的重要预测因子，父母监控对儿童犯罪有独立的预测作用，即使儿童的自我控制水平比较低，如果父母监控较强，也会减少儿童犯罪行为的发生。Tittle、Ward 和 Grasmick（2003）认为，以往关于自我控制与犯罪行为的研究主要考察自我控制能力与犯罪行为的关系，而个体实施自我控制的意愿也可能是预测犯罪行为的重要变量，却少有考察。他们采用自编的"自我控制意愿量表"测量实施自我控制的愿望，并发现自我控制能力和自我控制意愿对盗窃、欺诈、袭击、非法赌博、酒后驾车等犯罪行为有显著的预测作用。

不仅如此，学者们在亚洲群体中也发现了相似的结论。如 Vazsonyi 等（2004）以 335 名日本青少年（平均年龄为 19.7 岁）和 1285 名美国青少年（平均年龄为 20.7 岁）为研究对象，考察了自我控制与青少年违法犯罪行为（包括故意破坏、酗酒、吸毒、学校不良行为、盗窃、袭击等）的关系，并发现低自我控制对日本男生和女生的故意破坏、吸毒、学校不良表现等行为均有显著预测作用，且低自我控制对日本和美国青少年偏差行为的解释力度没有显著差异（Vazsonyi、Wittekind、Belliston 和 Van Loh，2004）。另外，中国学者以 174 名普通中学生和 290 名少年犯（平均年龄16.3 岁）为研究对象，通过比较二者在自我控制能力方面的差异，发现犯罪青少年的冲动冒险性和自我情绪性显著高于普通中学生，低自我控制对违法犯罪行为有很高的解释力度，累计解释率高达 17%（屈智勇，2005）。

此外，缺乏自控力的青少年更倾向于做事冲动、不理性、目光短浅等，并会在其日常生活中出现各种不良行为。这种低自控力会导致他们出现多种内在健康问题（如焦虑、抑郁等）（Hardy、Bean 和 Olsen，2015；Nie、Li 和 Vazsonyi，2016；孙铃、梁宗保、陈会昌和陈欣银，2014；许有云、周宵、刘亚鹏和邓慧华，2014）。

综上所述，自控力对个体的内在心理和外在行为的发展都十分重要，低水平的自控力与多种青少年犯罪行为都呈显著负相关关系，如酒驾（Keane、Maxim 和 Teevan，1993）、青少年药物滥用（Sorenson 和 Brownfield，1995）、大学生逃课（Gibbs 和 Giever，1995）、青少年攻击侵略等不良行为（Myerson 和 Green，1995）、白领犯罪（Benson 和 Moore，1992）等。

四　自我控制的主要来源

既然自我控制对青少年的外在行为表现如此重要，那人们不禁要问：如何才能让青少年养成高水平的自控力呢？一般犯罪理论的另一个重要观点是：个体的自控力并不是天生的，主要是在儿童社会化过程中习得的，父母的教育行为是青少年自控力发展的源泉（Gottfredson 和 Hirschi，1990）。个体之所以会养成低水平的自控力，不良的家庭教养行为应该是罪魁祸首（Watson，2001）。有研究表明，家庭氛围对青少年的低自我控制能力有显著的负向预测作用，且自我控制能力在家庭氛围与青少年犯罪之间存在中介作用（屈智勇和邹泓，2009）。

毋庸置疑，父母的言行举止自孩子出生就发挥着示范、导向、濡染、催化和校正作用，良好的家庭教养方式能够为子女奠定内在健康发展的基石，而不良的家庭教养方式是某些不良人格特质形成的重要影响因素（曲晓艳、甘怡群和沈秀琼，2005）。良好的父母教养方式可以使青少年生活在健康的环境中，有益于青少年良好人格的塑造和心理健康发展；相反，不良的父母教养方式可以导致青少年产生自卑心理和心理健康问题（韩雪和李建明，2008；李彦章，2001）。这也印证了一些研究的结论：中学生内在心理问题的发生与遗传和环境因素的影响均有密切的关系，但其中父母教养方式的影响最为重要。正如一些研究发现的那样：尽管中学生内在心理问题的发生与遗传和环境因素的影响均有密切的关系，但毋庸置疑，父母教养方式的影响最为重要（胡胜利，1994）。

有研究者对低自我控制进行了更深入的验证性研究，以期发现"自我控制"的社会源头。Hay（2001）以美国197名中学生为被试，采用问卷法考察了父母监控、对子女的管教、自我控制与青少年犯罪的关系。最终，他发现低自我控制是由父母管教不当造成的，因为父母监控和父母管教对低自我控制有显著的负向预测作用（Hay，2001）。概言之，父母教养行为应该是青少年自控力的主要来源。

五 父母教养行为与青少年自控力发展的关系

诚然，父母教养方式是父母在对其子女进行抚养和教育的过程中使用的一整套手段和方法，它是父母教养态度、教养行为和非语言表达的集合，是一种稳定的行为倾向。因此，本研究认为，并非某一种父母教养行为会对青少年的自控力造成影响，而是整体的父母教养行为都会对其产生作用。不仅如此，父亲和母亲的教养行为对青少年自控力发展的影响具有相当的一致性（徐速、刘金花，1999）。也就是说，父亲和母亲对孩子的教养行为都会对其自控力的发展造成影响。但具体作用是什么？对于这个问题，尚无科学的研究对其进行论证。但本研究认为，每一种父母教养行为应当都会对青少年自控力有所影响，只是它们的作用各有不同。

虽然人们在探讨父母教养行为与青少年自控力发展之间的关系时，主要参考了Sampson和Laub（1995）的三个维度，但并未局限于这三个维度，而是更加细化了父母教养行为，并分别探讨了他们对青少年自控力发展的影响。

（一）父母温暖与青少年自我控制能力的关系

父母温暖是指父母对孩子所表达的爱、支持、关心。它有多个测量指标，包括父母与孩子之间的亲子关系、父母对孩子的照顾、支持和父母对孩子事务的参与这四个方面（Dishion、French 和 Patterson，1995；Holt、Buckley 和 Whelan，2008）。研究表明，亲密的亲子关系有利于促使孩子养成以合适的方式解决冲突、提升人际关系的本领，但是不良亲子关系或冷漠父母则会导致其孩子养成一系列的问题行为（Denham 等，2000；Stormshak、Bierman、McMahon 和 Lengua，2000）。通常而言，支持性的父母教养方式能显著提升青少年积极的内在自我概念，这可以反过来帮助他们预防内在心理问题，比如低自我感知（Delvecchio、Li、Liberska、Lis 和 Mazzeschi，2017）、低自我效能（Lu 和 Zhang，2008）和消极自我认知（Kenny、Moilanen、Lomax 和 Brabeck，1993）。这个"自我"的概念不仅包括自我评价，也包括自我经验和自我控制（Nie、Li、Dou 和 Situ，2014）。但是，如果一个孩子遭遇来自父母的情感虐待的话，那他/她将很难与其他社会交往主体形成安全的依附关系，且容易形成心理混乱，这不利于他们自控力的发展（Doyle 和 Markiewicz，2005；Li、Delvecchio、Lis、Nie 和 Di Riso，2015；Miller、Jennings、Alvarez－Rivera 和 Lanza－Kaduce，2009）。

综上所述，如果父母与子女保持亲密、友好的互动关系，那么更有利于儿童自我控制的发展和良好的社会化，孩子出现问题行为的概率相对较低。如果父母以强硬的态度对待儿童，将使儿童产生较为严重的问题行为和较差的自我控制能力；如果父母与子女间缺乏互动、亲子关系淡漠，那么，在这种情况下出现问题行为、心理问题的青少年最多（Pettit 和 Bates，1989；马罕，2015）。

（二）父母监督与青少年自我控制能力的关系

父母监督是指父母对孩子日常行径的了解和掌握，包括父母知道孩子在哪儿、何时出门、跟谁在一起等。它是青少年行为表现结果的显著预测因子。在青少年时期，父母的监督对孩子的成长至关重要，因为青少年与同伴在一起的时间要远远多于其与父母在一起的时间。这对父母监督孩子的日常行为表现造成了很大的困难（Smetana、Campione - Barr 和 Metzger，2006）。研究发现，无论是长期跟踪调查研究，还是截面数据分析，父母监督在各种社会背景下都是降低青少年滥药（包括吸烟、滥酒、吸食大麻等）行为的显著预测因子（Fletcher、Steinberg 和 Williams - Wheeler，2004；Van der Vorst、Engels、Meeus 和 Deković，2006），也与其他青少年不良行为呈显著负相关关系。不仅如此，在众多父母教养行为中，父母监督不仅被证实与青少年反社会行为有显著的负相关关系，且被认为是最能有效预防青少年偏差或犯罪行为的可靠因素（Beck、Boyle 和 Boekeloo，2004；Bingham 和 Shope，2004）。父母监督行为之所以能预防青少年偏差或犯罪行为，是因为父母监督可以增强青少年的自我控制能力，有效帮助他们减少与偏差行为或偏差同辈的接触，从而减少他们从其同伴中习得偏差态度和行为的机会（Doyle 和 Markiewicz，2005）。

（三）父母专制式控制与青少年自我控制能力的关系

另一种对青少年十分重要的教养方式是父母专制式的控制行为，包括制定严苛的行为规矩、发现不良行为、体罚不良表现等。与父母支持和监督的作用不同，父母的专制式控制行为不利于青少年的心理健康发展（马罕，2015），不利于子女将父母教导的行为规则进行内在消化（Sheikh 和 Janoff - Bulman，2013），不利于他们潜移默化地形成克制能力（Moilanen 等，2010）、自我规制的能力（Kagan，1984）和自控能力（Sheikh 和 Janoff - Bulman，2010）。在 Sheikh 和 Janoff - Bulman（2010）的文献中，他们提出，如果父母采用专制式控制（如打骂教育等方式）强迫青少年接受父辈所崇尚的传统美德，那么处于青春叛逆期的青少年将更加厌恶父母所崇尚的传统美德，并出于与父母"对着干"的心理，更愿意去从事那些与父母愿望背道而驰的事情（如抽烟、喝酒、打架等）。日复一日，被这样教养的青少年自控力低下，更容易受到短期不良利益的诱惑，并最终走上违法犯罪的道路（Denzler、Förster、Liberman 和 Rozenman，2010）。

（四）父母支持式控制与青少年自我控制能力的关系

父母支持式控制（如父母积极引导立规矩、合适的惩罚等）是帮助青少年内在消化父母教育规则的有效方式之一（Denzler 等，2010）。因为研究发现，青少年更能接受父母的这种支持式控制的教养方式，他们更愿意配合或参与父母的教育行为，并发自内心地愿意接受父母对他们开展的谆谆教诲，如此一来，他们对传统文化、社会规则和法律行为规范的接受度大大高于接受非支持式控制家庭教育的青少年。自然而然，他们养成高自控力、形成自我规制和自尊性格的概率会大增（Williams、Ciarrochi 和 Heaven，2012）。

（五）父母教养方式对青少年自控力的影响

综上所述，父母教养方式对青少年自控力的发展十分重要，且成效各异，有积极的影响，也有消极的影响；有高强度的作用，也有低强度的作用。但目前有关中国父母教养行为与青少年自控力发展的研究甚是匮乏。为了填补这一研究空白，本次研究以研究团队于 2013 年在中国西南地区某特大城市通过问卷调查收集的实证数据为基础，采用描述性统计和线性回归分析法，探索中国父母的教养方式及其对青少年自控力的影响，为我国父母教养方式的改善和青少年自控力的提高提供切实可行的建议。

六 变量及测量

本节的测量和前面章节的测量相同，对父母教养方式的测量均来自第三章。自我控制的测量工具采用的是 Hirschi（2004）提出的九个问题，包括：①你喜欢自己的学校生活吗？②考试取得高分对你重要吗？③你能按时完成家庭作业吗？④你在意老师们对你的看法吗？⑤你赞同如果一个学生想在教室外抽烟，这事与学校无关吗？⑥你外出时，母亲知道你和谁在一起吗？⑦你外出时，母亲知道你去了哪里吗？⑧你会将你的想法和感觉告诉母亲吗？⑨你想成为你妈妈那样的人吗？本次分析将这九个问题分别虚拟编码，加总和，取值范围是 0～9，值越大表示被调查者的自控力越强。

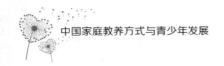

七　数据分析结果

（一）青少年自我控制能力水平情况

研究结果显示，本次被调查对象中，有 300 名（约占 12.59%）中学生是毫无自控力的，自控力水平为 0；有 1352 名（超过 55%）中学生自控力水平较低，得分为 1~3 分；有 646 名（约 27%）中学生自控力处于中上水平，得分为 4~6 分；只有 85 名（不到 3.6%）中学生拥有较高水平的自控力，得分在 7 分以上。总而言之，中国青少年的自控力普遍较弱，需要父母在教养过程中不断促进其自控力的形成（见表 4－9）。

表 4－9　中国青少年自控力水平情况

自控力得分（分）	人数（人）	比例（%）
0	300	12.59
1	463	19.43
2	492	20.65
3	397	16.66
4	313	13.13
5	213	8.94
6	120	5.04
7	61	2.56
8	18	0.76
9	6	0.25

（二）父母教养方式情况

本次研究发现，中国父母在温暖、支持式控制、赋予自主权和道德教育方面的得分较高（均值分别是 2.47、2.35、2.40 和 3.15 分），但在父母监督和专制式控制方面的得分较低（均值分别是 1.27 和 1.20 分）。这表明中国父母较为接受西方的父母教养方式，注重改善与孩子之间的亲子关系，并增加对孩子使用支持式的行为控制方式。同时，受传统文化的影响，中国父母仍然十分注重对孩子进行传统的道德教育（见表4－10）。

表4－10　描述性统计分析

变量名称	均值（分）	标准误	取值范围（分）
性别	0.49	0.50	0~1
年龄	15.24	1.87	10~19
父母温暖	2.47	0.91	0~4
父母监督	1.27	0.92	0~4
父母支持式控制	2.35	0.91	0~4
父母专制式控制	1.20	0.72	0~4
父母赋予自主权	2.40	0.93	0~4
父母的道德教育	3.15	1.26	1~5
自控力	2.44	1.87	0~9

（三）父母教养方式对青少年自控力的回归分析

数据分析结果显示，在控制性别、年龄、民族、父母教养方式不一致之后，父母监督和父母温暖是促进青少年自控力发展的显著积极因素（回归系数分别为0.49和0.75）。此外，与以往研究不同的是，本次研究发现，其他父母教养行为（包括父母专制式控制、父母赋予自主权以及父母支持式控制）都对青少年自控力的发展没有显著影响（见表4－11）。

表4－11　父母教养方式对青少年自控力发展的影响

自变量	回归系数	标准误	显著程度
性别	0.47	0.08	***
年龄	−0.28	0.02	***
民族	−0.36	0.13	**
父母教养方式不一致	−0.10	0.09	
父母监督	0.49	0.06	***
父母温暖	0.75	0.07	***
父母专制式控制	−0.08	0.07	

自变量	回归系数	标准误	显著程度
父母赋予自主权	-0.07	0.09	
父母支持式控制	-0.01	0.06	
父母道德教育	0.03	0.04	
截距	4.05	0.40	***
N	1754		
R²	0.32		

八 研究结论

根据本次研究的发现可知,中国父母与孩子之间的亲密关系和父母对孩子日常行为的监督对促进其自控力的发展有着显著作用,但其他父母教养行为则不具有此效果。这样的结论在当前中国社会中是很好理解的。中国父母受西方教养理论和中国独生子女政策的影响,不仅更加注重与孩子之间维持良好的亲子关系,而且更有精力维持与孩子的亲密关系。同时,父母本能地对自己的孩子心存爱意,故其对孩子的日常生活照顾也是无微不至。在这样的教养过程中,父母和孩子之间就日渐形成了一种无形的亲密关系。当然,父母的第一要务是教养自己的孩子。他们不仅要与孩子保持亲密关系,同时他们也要对孩子的日常行为进行监督。这种监督越严厉,孩子就越能感受到父母的行为准则。日复一日,他们终会将父母传达的这种行为控制准则内化为自我控制。所以,父母监督会促进青少年自控力的发展,这也是理所当然的。

但是,本次研究发现,父母控制(包括专制式和支持式控制)与赋予自主权都不会对青少年自控力的发展产生显著影响。这其中的原因可能是:第一,父母的专制式控制是深受青少年反感的教养方式之一,它对青少年的自控力发展没有显著影响是理所当然的;第二,父母的支持式控制和自主权赋予这两种教养行为都起源于西方文明。尽管当前很多中国父母开始推行此教养方法,但可能因为不得其要髓,因此无法达到西方父母的教育效果。

当然，本次研究采用的仅仅是研究团队收集的一个截面数据，研究结论不适宜应用于因果关系的推论，寄希望于将来的研究可以弥补这一缺陷。

第三节　心理健康

家庭教养对青少年的影响之一体现在对其心理健康状况的影响上。对于中学生而言，家庭内部的亲子关系是影响其心理健康的关键因素。父母的教养方式在一定程度上反映了家庭内部亲子关系的状况，父母积极的情感表达是子女健康心理的保护性因素，有助于中学生安全度过心理发育的关键时期，而父母不当的教养方式和消极的态度有可能导致子女产生较多的不良情绪体验，进而影响其正常行为的发展。

不同的家庭教养方式对青少年的心理健康影响不同。已有研究表明，积极的教养方式有利于青少年形成健康的心理，消极的教养方式易产生不健康的心理。如果父母讲民主，尊重理解孩子，给予孩子较多的情感支持，易促使其形成自信、独立、乐观的心理特点，心理问题会相对较少。反之，如果父母较少给予子女支持和鼓励，孩子犯错误时就给予严厉的处罚，提出合理要求时却无理的拒绝，并对孩子的所有事情横加干涉，就易使子女产生自卑感、无助感和敌对情绪，从而形成严重的心理问题。另外，父母的过度保护和过分偏爱易使子女产生任性、以自我为中心、依赖性等不良的心理特点，影响其心理健康发展。

因此，本节在第三章中国家庭教养方式的前提下，分析不同的家庭教养方式对在学青少年心理健康的影响，从家庭教养的角度对青少年心理健康发展提出相关的建议。

在世界范围内，有 10% ～20% 的儿童和青少年经历过心理健康问题（Kieling 等，2011）。青少年的心理健康问题不仅对个人健康和发展产生影响，还可能会对他人和社会造成负面结果，如导致青少年物质滥用（抽烟、喝酒、吸毒）、青春期妊娠、辍学等其他偏差甚至违法、犯罪行为的发生。美国一项有关全国范围内青少年罪犯的心理状况调查结果显示，将近 70% 的男性青少年罪犯和 81% 的女性青少年罪犯在酒精/药物使用、易怒、焦虑、躯体不适、自杀意向等心理健康指标上超过了诊断标准的中间值（Cauffman，2004）。我国自 1999 年教育部出台《关于加强中小学心理健康教育的若干意见》之后，心理健康教育已经成为中小学教育的必要内容之一。由于我国的中小学生心理健康教育起步较晚，发展很不平衡，传统的应试教育比较注重文化课程，而心理健康教育并未引起个人、家庭、学校以及社会的广泛关注。青少年的心理健康与否，直接关系到个人的健康成长、家庭和社会的发展。

一 青少年心理健康的概念、测量与研究现状

世界卫生组织（WHO）通常将"心理健康"称为"精神卫生"（mental health），并将"精神卫生"定义为一种健康状态，在这种状态中，每个人能够认识到自己的潜力，能够应对正常的生活压力，能够有效地从事工作，并能够对其社区做出贡献。不同的研究者关注的角度不同，对于"心理健康"概念的表述也不尽相同。王极盛、李焰、郝尔实（1997）认为心理健康是在素质教育背景下提出的，心理健康是心理素质的重要组成部分。有学者认为"心理健康"指的是一种持续的心理状态。在这种状态下，个人具有生命的活力、积极的内心体验、良好的社会适应，能够有效地发挥个人的身心潜力与积极的社会功能（刘华山，2001），这种定义与世界卫生组织的定义基本一致。

青少年心理健康的判断标准不一，根据青少年心理素质的实际情况和特点，不同的研究者提出了不同的测量工具。在一系列系统回顾青少年心理健康研究的文献中，王婷婷、马和民（2010）系统评述了国内中学生心理健康量表的使用情况，并将其分为症状取向、适应取向、心理素质三大类，其中，量表的使用以症状取向量表为主，面向积极心理内容的适应取向和心理素质两类量表使用频率较低。症状取向量表旨在对中学生的心理问题或心理障碍进行检测，主要包括由 Derogatis L. R. 编制、吴文源引进并修订的"症状自评量表（SCL - 90）"，日本铃木清等人编制、周步成修订的"心理健康诊断测验（MHT）"，以及我国学者王极盛编制的"中国中学生心理健康量表"。从社会学角度来看，症状取向类量表更加有助于

参与者积极参与以及问题的发现，其信度和效度也被广泛论证。国际上通用的量表是症状自评量表SCL-90，但其适用对象多为16岁以上人群，从感觉、情感、思维、意识、行为、生活习惯、人际关系、饮食睡眠等多种角度评定个人是否有某种心理症状及其严重程度，往往应用于精神科和心理咨询门诊中，适用于测查人群中可能有心理障碍的人。具体内容包括躯体化、强迫、人际关系敏感、抑郁、焦虑、敌对、恐怖、偏执及精神病性九个方面的分量表。SCL-90的每个项目均采用5级评分制，得分越高说明心理健康问题越严重。心理健康诊断测验（MHT）是根据日本铃木清等所编制的"不安倾向诊断测验"改变而成的，内容包括学习焦虑、对人焦虑、孤独倾向、自责倾向、过敏倾向、身体症状、恐怖倾向、冲动倾向八个维度，每个项目的回答有"是"与"否"两种选择。但该选项的二分设置存在问题，有些条目的答案明显有程度上的区别，因此有学者建议采用李克特式（Likert）5点量表（陈朝阳，2002）。

前两种国外量表的修订常模基本在20世纪七八十年代研制，其修订未必与现实中被调查者的心理健康状况的变化相一致，且量表具有鲜明的西方文化背景；SCL-90是测量成年人心理健康的工具，在国外主要用于临床研究、心理咨询及精神科学等领域，对于已经有心理问题的人群有较好的区分度，而用于测量中学生的心理健康缺乏针对性、具体性，具有很大的局限性；MHT一般被称作一般性焦虑测验，其他内容并未涉及。因此，王极盛教授自1995年以来深入一百多所学校进行调研，根据中国中学生的心理健康实际情况编制了中学生心理健康量表，可以在一定程度上客观地反映中国中学生心理状况与特点，量表的信度和效度在大量的实证研究中得到论证。该量表共60个项目，分9个方面描述个人的心理健康状况，包括强迫、偏执、敌对、人际关系敏感、抑郁、焦虑、学习压力感、情绪波动性、心理不平衡性。该量表每个项目采用5级评分制，得分越高表明心理状况越好，得分越低表明心理状况越差。

国外有关青少年的心理健康研究起步很早，且青少年心理健康问题不仅仅是心理学关注的领域，也是社会学、犯罪学、教育学等多学科交叉研究的重要议题。我国有关心理健康的科学研究起步较晚，但也取得了丰硕的成果。王道阳、高洪波、姚本先（2009）对收录在中国期刊网上的2453条青少年心理健康研究的论文题录（1978～2008）进行统计分析发现，国内关于青少年心理健康的研究呈逐年增长的趋势，从内容上看，当代青少年心理研究领域主要集中在青少年心理健康教育的意义和与青少年心理健康相关因素两个方面，而在青少年心理健康现状调查、青少年心理健康对策研究方面偏少，因此本章也将弥补青少年心理健康研究方面的不足，对样本青少年的心理健康现状进行统计分析，并参考影响其心理健康的相关因素对青少年心理健康对策提出意见及建议。

此外，我国的青少年心理健康研究目前还主要集中在某一类人群的心理健康状况以及相关影响因素的研究上，国外的研究相对比较注重心理健康问题可能引发的后果，从归因角度探讨青少年心理健康问题。目前，世界上的流行病学数据持续显示，超过20%的儿童和青少年正经受精神困扰，自杀已经成为导致青少年死亡的第三大原因（Belfer, 2008）。在国内，青少年自杀的趋势也逐渐增加（樊富珉，2005）。关于上海市青少年危险行为的一项抽样调查（n = 9246）结果显示，19%的学生在过去一年中曾感到非常悲伤和无望并持续两周以上，13.2%的学生在过去一年中曾想过自杀，5.1%的学生在过去1年中曾经为如何自杀制订过计划，1.2%的学生在过去一年中曾有自杀行为（罗春燕、彭宁宁、朱蔚、周月芳、高根娣，2003）。一项对湖南省1775名青少年学生的调查结果显示，青少年学生的自杀意愿和非致命性自杀行为的发生率较高，其中心理健康状况对其自杀意愿和非致命性自杀行为具有显著影响（彭国胜，2007）。同时，伴随着近年来青少年犯罪率的上升，因心理健康问题而引发的家庭暴力、校园暴力、社会暴力事件也越来越引起关注。王宇卉（1993）针对60例男性犯罪青少年心理健康状况的调查发现，对于SCL - 90的9组症状，研究组的均分比对照组高，且达到中等严重程度，其中焦虑、敌对、恐怖、偏执、精神病性均达到中等严重程度；躯体化、强迫、人际关系敏感均达到偏重程度。近期的一些有关犯罪青少年心理健康状况的研究也基本与上述研究结果一致（李慧民、王莉、王黎，2002）。犯罪青少年的心理健康问题可能与受监禁有关，但也可能在犯罪前或入狱前就存在较多的心理症状。莫然

（2014）对某省少管所全体 18 岁以下未成年犯罪人的调查结果显示，其中 71.8% 的未成年犯罪人在实施犯罪行为前具有不良心态（如压抑发泄、怨恨报复、烦躁不安、紧张、担心后果），且该群体暴力犯罪比例最高。向巍、周勋（2010）针对海南省未成年人犯罪心理状况的调查结果显示，未成年犯罪人心理发育尚不成熟或者提前、情绪不稳定、容易冲动，犯罪动机的形成有明显的情境性和偶然性。总之，青少年心理健康问题是普遍存在的，尤其是在高危青少年人群中。当青少年心理健康问题得不到合理的排解和应对，其往往会选择极端的处理办法。

二　青少年心理健康发展状况

为了进一步分析当前青少年心理健康的发展状况，本调查采用国内权威心理学家王极盛、李焰、郝尔实（1997）编制并标准化了的《中国中学生心理健康量表》（Mental Health Scale for Middle School Student，缩写为 MSSMHS），对该都市圈在学青少年的心理健康发展状况进行抽样调查。限于问卷调查篇幅，本调查中仅包含 5 个分量表，分别为抑郁、焦虑、人际关系敏感、敌对和偏执。分量表的每个项目采用 5 级评分制，1~5 分分别表示"从不""偶尔""有时""经常""总是"，被调查者根据自己的实际情况做出选择，最后根据项目平均分，初步判断被调查者在哪些因子上存在心理健康问题的症状，得分越高说明心理健康的问题越严重。

从表 4 - 12 可以看出，2013 年的调查结果显示，被调查的在学青少年存在轻度的心理健康问题，其中焦虑的平均值达到了 2.35（S. D. = 0.80），偏执的平均值相对较低，为 2.09（S. D. = 0.67）。该心理健康状况水平与前期的研究结果相比偏高，说明当前青少年心理健康问题相对普遍，且有加重的趋势。

表 4 - 12　2013 年被调查在学青少年心理健康状况

变量	均值	标准差
抑郁	2.18	0.70
焦虑	2.35	0.80

变量	均值	标准差
人际关系敏感	2.23	0.69
敌对	2.14	0.89
偏执	2.09	0.67

以往的研究发现，不同性别、年龄的青少年其心理健康状况也有所不同。当前，有一些研究发现青少年的心理健康问题在性别之间的差异不显著（曾俊、旷兴萍、王运富，2009）。表 4 - 13 进一步比较青少年心理健康状况在这两方面的差异，结果发现，男生的心理健康状况明显比女生的心理健康状况要好，这与王极盛教授建立的常模结果一致，也与国内外之前的研究结果基本保持一致（喻冠娟、姜金伟，2015）。王极盛等（2007）认为这可能因为女生的青春期来得比男生早，且更偏内向、细腻、注重细节，更遵从传统和权威，因此体验到的心理冲突更大。此外，处于青春期的女生由于受到家庭和学校各方面的约束，不敢放纵自我，内心却有叛逆心态，二者之间的碰撞往往会导致女生更容易产生一系列的心理问题，且无法在学习上集中注意力。

表 4 - 13　2013 年在学青少年心理健康状况的性别及年级差异

变量	性别差异			年级差异		
	男生	女生	p 值	初中	高中	p 值
敌对	2.09（0.90）	2.20（0.88）	0.001	2.19（0.98）	2.11（0.83）	0.05
焦虑	2.23（0.78）	2.47（0.81）	0.001	2.28（0.83）	2.40（0.78）	0.001
偏执	2.08（0.68）	2.11（0.65）	N.S	2.10（0.72）	2.09（0.62）	N.S
人际关系敏感	2.20（0.71）	2.25（0.67）	0.05	2.21（0.74）	2.23（0.65）	N.S
抑郁	2.07（0.67）	2.28（0.71）	0.001	2.14（0.73）	2.21（0.68）	0.01

注：N.S = 差别不显著。

同时，初中与高中的青少年，其敌对、焦虑、抑郁三个方面的心理健康状况也存在显著差异，初中生的敌对情绪明显比高中生高（p < 0.05）。和高中生相比，初中生的心理尚不够成熟，比较容易冲动，进入高中的学

生在行为和心智上会更加稳重，思考问题更加全面，因此，遇到问题会客观冷静的思考，而不是一味地产生敌对情绪。研究中也发现，高中生在焦虑（p < 0.001）和抑郁（p < 0.01）两方面明显比初中生高，这是因为，经历过中考的青少年越发了解竞争的残酷性和社会的现实性，当自己进入一个新的环境中，就会给自己制定一个理想的目标，但是高中阶段的学习压力不容小觑，同时，高中阶段的青少年也会接触到更多来自社会各个方面的诱惑和注意力分散的行为，频繁的模拟考试和家长对其升学的谆谆教导像一座大山压在高中生的肩膀上，使得这些青少年无法像自己初中阶段那样"没心没肺"，将烦恼抛向脑后，时间长了就会具有焦虑和抑郁的心理障碍。

三 家庭教养方式对青少年心理健康发展的影响

影响青少年心理健康发展的因素很多，包括个人、家庭、社会等。其中，家庭是青少年成长时期最重要的生活场所。亲子关系同师生关系和同伴关系一起构成了青少年最重要的三大社会关系，同时，鉴于青少年时期特殊的身心、情绪特点，心理急剧发展，同时面对人际关系及繁重的学习任务，家庭教养方式会如何影响青少年的心理健康发展呢？

国外关于此方面的研究起步较早，家庭教养被公认为是推动青少年身心健康发展的重要因素（Brennan、Le Brocque 和 Hammen，2003；Schaefer，1965），很多研究也关注不同的家庭教养方式对青少年心理健康影响的差异（Furnham 和 Cheng，2000；Liem、Cavell 和 Lustig，2010；Steinberg、Blatt - Eisengart 和 Cauffman，2006）。以往的研究发现，良好的亲子关系、适当的监督控制等教养行为是对儿童及青少年身心健康最有利的家庭教养方式，在这种教养方式下，父母对子女给予足够的关爱和支持，并适度监督子女的行为方式。相反，父母很少给予子女温暖、严格要求子女的行为或者对子女缺乏监控的，其子女的发展往往会出现问题（Baumrind，1971，1991；Henderson、Dakof、Schwartz 和 Liddle，2006；McKinney 和 Renk，2008；Paulussen - Hoogeboom、Stams、Hermanns、Peetsma 和 Van den Wittenboer，2008）。具体而言，良好的亲子关系、适当的监督控制被发现与积极的心理健康状况相关，包括幸福感、自尊心、独立自主性等，且与抑郁等负面情绪呈负相关关系（Furnham 和 Cheng，2000；Jackson 和 Scheines，2005；Klein、O'bryant，和 Hopkins，2010；Liem、Cavell 和 Lustig，2010；Mayseless、Scharf 和 Sholt，2003；Milevsky、Schlechter 和 Keehn，2007）。但也有研究发现，父母监督控制的教养行为对青少年的心理健康状况具有负面影响（Dwairy，2008；Gfroerer、Kern 和 Curlette，2004）。L. Steinberg、Dornbusch 和 Brown（1992）发现父母监督对少数族裔的青少年，如非洲裔青少年的心理健康状况并无显著影响。专制式控制的父母教养行为对于子女来说，缺乏自主选择权，即使自己不喜欢也不敢违背父母的意愿。这种教养行为下的青少年往往缺乏自信、多疑，常常因为要违背自己的意愿而感到沮丧、焦虑（D. Baumrind，1966；Heaven 和 Ciarrochi，2006；Kaufmann 等，2000）。很多研究也证实专制式控制的父母教养行为会增加子女抑郁等心理健康问题（Joshi、Sharma 和 Mehra，2009；Milevsky 等，2007；Patock - Peckham 和 Morgan - Lopez，2007；Thompson、Hollis 和 Dagger，2003）。支持型教养方式中，父母的支持往往会给予子女一定的自由并适当引导子女的行为，Maccoby 和 Martin（1983）指出这种教养行为下的青少年往往自己计划和约束自己的行为而不需要父母的限制，因此相对会比较成熟和有责任心。有些研究认为这种教养行为与青少年的抑郁问题是负相关的（Gfroerer 等，2004）。也有研究认为过于宽松放纵的教养行为可能不利于青少年在其年龄阶段做出正确的判断（Milevsky 等，2007）。忽视型教养方式下的青少年，往往缺乏家庭的关爱和约束，容易沮丧、对生活不满，研究结果发现这类青少年容易出现攻击性以及反社会行为（Knutson 和 Schartz，1997）。

国内关于青少年家庭教养方式与心理健康状况的研究也日渐增多。吴念阳、张东昀（2004）针对上海中学生亲子关系与心理健康的研究结果显示，80%以上的青少年家庭至少存在一种不良的亲子关系，其中最突出的类型为期待型亲子关系、溺爱型亲子关系和不安型亲子关系。被调查青少年中存在较多的心理健康问题，包括强迫症、人际关系不良、焦虑和敌对等。谢言梅（2006）系统回顾了国内关于家庭教养方式及其与子女心理健康关系的研究，发现不同的教养方式对心理健康状况的影响也不同，不良的家庭教养方式对青少年心理健康会产生显著的消极影响。近年来的相关研究也表明，父母的情感支持和理解与青少年心理健康状况呈显著负相关，惩罚严厉、过分干涉、过度保护、拒绝否认的教养行为与各种不良的心理状况呈显著正相关（仝文、刘洁，2013；袁静、余毅震，2007）。父母教养行为被发现可以直接或者间接地影响青少年的心理健康（胡军生等，2007；李英华等，2007）。有关违法犯罪青少年的心理因素的研究也发现，家庭中的不良因素会导致青少年心理产生问题，进而间接地引发青少年违法犯罪行为。过度宠爱娇纵、实施棍棒教育、对子女期望过高的家庭可能会导致子女产生心理不平衡、压力、人际关系等问题，在其他条件的促动下，很可能产生偏差或者犯罪行为（兰基山、江世法，2003；邢献昆，2014）。苏英（2002）关于青少年犯罪心理形成因素的典型个案分析结果显示，家庭教育方法不当（包括过分溺爱与简单粗暴乃至专横的教育方法）是未成年人犯罪心理形成的决定性客观因素。赵晓风、毕成（2013）对陕西某未成年犯管教所不同类型未成年男性犯罪人的问卷调查结果显示，未成年男犯人表现出自我中心、冲动、冷酷、具有攻击性、缺乏同情心、不关心他人、情绪不稳定、易激怒、高焦虑、孤僻、人际不良等特征，且家庭因素对未成年男性犯罪人上述不良状况的形成有很大影响。

部分研究强调父母教养方式的差异性对青少年心理健康水平的影响。李祚山（2001）针对重庆两个区初中生的研究结果发现，父母消极的教养方式（惩罚、严厉、拒绝、否认、过度干涉、过度保护）将使学生的焦虑增加，母亲积极的教养方式（情感支持、理解）将使学生的焦虑减少。针对青岛市高中生的调查结果与上述结果基本一致（马罕，2015），高中生的不良心理状况与父母情感支持和理解呈显著负相关，与父亲严厉惩罚、拒绝、否认和母亲严厉惩罚、过分干涉保护、拒绝、否认呈显著正相关。辛方兴、王家同（2007）在西安某中学高中部的研究发现，父母双方若都采取情感支持的教养方式，有利于子女心理健康发展，父母中有一方采用情感支持、过分干预或拒绝、否认教养方式也不会促使子女产生不良的心理，父母中有一方采用偏爱或者严厉的方式对子女的心理健康影响不显著。王建芳等（2017）对衢州市初中生的调查研究发现，父亲采取少关心、高控制的教养方式，其子女自评心理健康状况更差，且出现故意自我伤害行为的可能性更高；但母亲的教养方式与学生的故意自我伤害行为不存在统计学关联。

本调查进一步探讨了不同家庭教养方式对青少年心理健康状况的影响。如表4-14所示，在控制了性别、年龄、民族差异因素之后，父母的有效监督和温暖的家庭氛围均有助于显著减少青少年的心理健康问题，包括抑郁、焦虑、人际关系敏感、敌对、偏执。具体表现为，父母给孩子适当的监督每增加1个单位，青少年的抑郁会相应显著降低0.12个单位，而焦虑会降低0.14个单位，人际关系敏感降低0.12个单位，敌对降低0.09个单位，以及偏执减少0.07个单位。家庭之间的温暖每增加1个单位，青少年抑郁的可能性会相应降低0.10个单位，焦虑的情绪会降低0.09个单位，而人际关系敏感也会降低0.09个单位，敌对的情绪降低0.08个单位，偏执受到的影响更大，会显著降低0.11个单位。因此，父母适当地对孩子进行监督，经常和青少年进行沟通，更多地了解青少年的朋友、在学校发生的事情以及青少年的一些观点将有助于降低青少年心理健康问题产生的可能性。支持型控制对青少年的心理健康无显著影响。

表4-14　家庭教养对青少年心理健康状况的影响

教养方式	抑郁	焦虑	人际关系敏感	敌对	偏执
父母冲突	0.11** (0.03)	0.15*** (0.04)	0.15*** (0.03)	0.27*** (0.04)	0.18*** (0.03)
父母监督	-0.12*** (0.02)	-0.14*** (0.03)	-0.12*** (0.02)	-0.09** (0.03)	-0.07** (0.02)
父母温暖	-0.100*** (0.03)	-0.094** (0.03)	-0.094** (0.03)	-0.081* (0.04)	-0.11*** (0.03)
父母专制式控制	0.22*** (0.02)	0.23*** (0.03)	0.17*** (0.02)	0.19*** (0.03)	0.20*** (0.02)
父母支持型控制	-0.03 (0.03)	-0.05 (0.03)	-0.00 (0.03)	-0.02 (0.04)	-0.03 (0.03)
截距	1.79*** (0.16)	1.82*** (0.18)	2.16*** (0.16)	2.29*** (0.21)	2.08*** (0.15)
N	1794	1782	1802	1792	1771

教养方式	抑郁	焦虑	人际关系敏感	敌对	偏执
R^2	0.17	0.14	0.11	0.08	0.12
校正后 R^2	0.17	0.13	0.10	0.08	0.12

注：＊$p < 0.05$，＊＊$p < 0.01$，＊＊＊$p < 0.001$；性别、年龄和民族作为控制变量。

反之，父母之间的冲突行为以及对孩子的严苛专制不利于青少年的心理健康发展，从表4－14中可以看出，随着父母之间冲突的增加，青少年心理健康测量指标中的每一指标都将变得更加严重，这一影响在本书的第七章中也会进行分析。当父母对青少年的专制式控制增加，即会无缘无故干涉孩子、惩罚孩子、决定孩子可以做什么或者不可以做什么等，这些专制将会严重增加青少年的心理问题，且均达到统计学显著水平。

四　促进青少年心理健康发展的举措

当前青少年心理健康状况不容乐观，且不良的家庭教养方式是青少年心理健康问题的重要诱因之一。然而长期以来，心理健康教育在家庭教养中往往被忽视，家长往往比较关心子女的身体健康和学习成绩，而对心理健康方面的关注较少。因此，目前的青少年健康教育工作应该重视心理教育，从家庭教养方式着手，预防青少年违法犯罪行为的发生。

首先，审视目前的家庭教养方式，建立和谐的亲子关系。以往的研究结果均表明，良好的家庭教养方式是青少年身心健康成长的基础，温暖的家庭氛围，如父母表达对子女的关爱、支持、积极参与子女的事务，可以有效地减少青少年不良心理，促进子女的人际交往。同时，对子女实施合理的监督也是预防其心理健康问题的有效举措，如认识、了解子女的朋友、老师以及子女在校表现、外出行为等，但应避免过分干涉子女的自由。以往的研究也发现支持型父母教养方式对子女心理健康的积极影响，因而鼓励支持型的父母教养方式，而反对专制型、纵容型的教养方式。建议父母应该给予孩子更多的信任，培养其良好的社会适应能力。

其次，善于发现青少年存在的心理健康问题。处在青春期的孩子往往内心比较敏感，有些甚至会回避与父母的交流，父母可能忙于事业而无暇

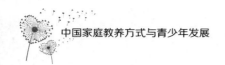

与子女沟通，因此，青少年心理上的变化可能被忽视。尤其是在忽视型家庭教养方式中，父母很少关心子女的情感和心理需求，缺乏与孩子之间的沟通交流，因此，在家庭教养的过程中，家长应尽量抽出时间陪伴孩子，多与孩子聊天，鼓励孩子说出心里话，留意其情绪上的细微变化，情绪变化往往是心理状态的反映，家长及时发现子女存在心理健康问题。

最后，正确处理青少年的心理健康问题。在发现子女存在心理健康问题时，家长的应对方式也可能影响子女后续的心理健康状况和行为结果。发现问题后，家长应及时与子女沟通，而不是简单地对子女质问甚至辱骂，了解产生不良心理的原因，找出不健康心理状态的症结所在。家长能够疏通的，可与子女共同努力一起克服不良心理，必要时，与学校或者专业的心理咨询机构合作，积极帮助子女克服心理问题。在此过程中，家长应不断提高自身的心理健康教育意识和水平。

第五章
青少年教养方式与日常活动

第一节　学校表现与成绩

中国自改革开放以来的飞速发展离不开全国教育水平的提升，在当前社会转型时期和快速的城镇化进程中，教育是青少年日后立足于社会的重要途径，同时也是反映其经济社会地位的重要指标之一。因此，教育的重要性不容小觑。青少年在校表现和成绩是反映家庭和学校教育成效的第一指标。随着中国教育体制改革后学校招生范围的缩小，居住在同一个社区的孩子进入相同学校的可能性极高，在这样的情况下，父母对子女的教养模式、家庭严格程度、对孩子成绩重视程度以及对孩子学习的监督等行为都会直接影响孩子的在校表现和成绩。

在校表现和成绩是家庭教育的折射，但不仅如此，学生的在校成绩也会间接影响和反映孩子的其他社会行为。当青少年在校表现出现问题、对学习失去乐趣时，孩子可能会将精力和时间转移到其他活动上，可能导致旷课、上网、玩游戏，甚至是偏差和犯罪行为。反之，根据社会纽带理论，优秀的在校表现会增加孩子的积极社会投入，远离不良行为。

本节通过以下几个方面的分析来测量青少年的在校表现：班级排名、（学习）努力程度、迟到、早退、不上学（旷课）、作弊和处分。此外，本节还将探讨不同的父母教养方式对孩子的在校表现和成绩所产生的影响。

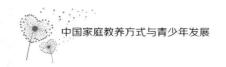
一 青少年在校表现的研究

青少年的学习成绩和班级排名是教育成果的直接体现，对于这一方面的研究也非常丰富。根据生态系统理论的观点，影响个体行为的因素往往不仅来自个体本身，也来自所处的环境（Bronfenbrenner 和 Morris，1998）。因此，我们将从宏观和微观角度来回顾影响青少年在学业上表现的若干因素。

从微观上看，青少年的个体特征会影响孩子的学业表现，如 Poropat（2009）对累计样本量高达 7 万的文献进行回顾，结果发现五因素模型中自律型（conscientiousness）性格与学业表现显著相关。虽然普遍认为性别对学业表现存在影响，但 Hyde、Fennema 和 Lamon（1990）对近三十年研究的综述表明，虽然平均而言女生的数学表现优于男生，但是并不显著，对于语言能力来说，结果也是类似的（Hyde 和 Linn，1988）。对于中国学生来说，这种结果同样成立（Tsui，2007），平均而言女生成绩高于男生，但是在顶尖的学生中，男生人数所占比例却高于女生。其他因素也被证明影响学业表现，其中包括学生的努力程度（Stewart，2008）、同伴影响（Wentzel，2005）和社会经济地位（Sirin，2005）等。

宏观上，青少年所处环境，尤其是家庭环境与其学业表现也密切相关。其中，父母教养方式成为家庭环境中极其重要的因素。Turner、Chandler 和 Heffer（2009）的研究表明，父母采用威信型（authoritative）的教养方式能增加孩子学习的动力和自信心，从而能提高孩子的学业成绩。此外，Spera（2005）对若干研究父母教养方式对孩子学业表现影响的文献进行系统回顾，结果也发现父母的监督和参与是提高孩子学业表现最为稳健的因素。

青少年逃学、迟到、早退、作弊和受到学校处分在文献中作为在校偏差表现（school delinquency）或是学校行为不端（school misbehave）而受到广泛的关注（Jenkins，1997）。犯罪学的若干理论也完全可以使用于在校偏差表现。例如，JENKINS（1997）的研究表明 Travis Hirschi（2002）所提出的社会控制中的 4 个元素——依恋（attachment）、承诺（commitment）、参与（involvement）和信念（belief）均能够抑制在校偏差行为的产生。此外，社会学习理论和差别接触理论也能被应用于解释青少年在校偏差行为，这些理论均强调青少年的偏差行为会从与其密切接触的其他偏差同伴中习得（Anderson、Holmes 和 Ostresh，1999；Winfree Jr.、Bäckström 和 Mays，1994）。

当然，就家庭教养方式而言，许多研究也表明威信型（authoritative）的教养方式能显著抑制青少年的在校偏差行为（Laurence Steinberg、Lamborn、Dornbusch 和 Darling，1992；Wolfradt、Hempel 和 Miles，2003）。此外，Aquilino 和 Supple（2001）表明，以温暖和支持为代表的亲子间关系会显著降低在校偏差行为。但对青少年专制对其在校偏差行为的影响却存在争议，Pomerantz 和 Wang（2009）的研究表明父母专制式控制会增加青少年的在校偏差行为，这不仅在美国青少年中得到了证实，在中国青少年中也同样如此。

虽然上述文献对中国青少年家庭教养方式与成绩和偏差行为有一定的探讨，但尚不全面，本节将会在此基础上探究父母冲突、父母监督、父母温暖、父母专制式控制、父母自主权、父母支持式控制和父母道德分别对青少年成绩排名和各类学校偏差行为的效应。

二　青少年在校表现描述性分析

社会、家庭以及学校承担着青少年教育和发展的主要供给，以往研究发现，来自农村的青少年在就学方面处于较为不利的地位（郑真真和牛瑞琴，2002）。

通过对青少年在校情况的调查，本书将在校表现分为 8 个不同的维度（具体见表 5－1）。第一个维度测量完成家庭作业情况，选项分别是总是不能、一般不能、说不清楚、一般能以及总是能 5 个维度，分别对应 1～5 不同的值，均值是 3.95，即接近"一般能"这一维度，说明接受调研的青少年并不是一直可以顺利在当日完成自己的家庭作业的。第二个维度是班级排名，选项分别是 1 代表前十名，2 代表 11～30 名，3 代表 31～50 名，4 代表 51～80 名，5 代表 81 名之后，均值是 2.17，即大部分被调查对象处于 11~30 名和 31~50 名之间。

表 5-1　青少年在校表现（2013 年）

在校表现	均值	标准差
完成家庭作业	3.95	0.97
班级排名	2.17	0.95
努力程度	3.06	0.84
迟到	0.88	1.27
早退	0.30	0.71
不上学	0.10	0.47
作弊	0.40	0.75
处分	0.13	0.51

第三个维度是询问被调研对象与班级中的其他同学相比，自己学习的努力程度如何，选项包括完全不努力、不努力、一般努力、努力以及非常努力 5 个维度，取值为 1~5，调查结果中努力程度的均值是 3.06，较接近一般努力的程度，即从当前青少年对自我学习努力程度的认知来看，没有人认为自己学习非常努力，但也不认为自己是完全不努力的。第四个维度是对近一年内上学迟到频率的调查，维度包括没有、偶尔一次、一个月一次、两到三个星期一次、每个星期一次、每个星期 2~3 次以及每天至少一次，一共 7 个维度，赋值为 1~7。调查结果的均值约为 0.88，即大约为偶尔一次或者不到的频率，说明青少年在平时的学习中迟到频率较低。但是，由于本书的调研对象中部分青少年在寄宿制学校学习，因此作息时间会呈现规律性，大大降低了迟到的可能性。

第五个维度是调查青少年在近一年中早退的频率，答案包括没有、偶尔一次、一个月一次、两到三个星期一次、每个星期一次、每个星期 2~3 次以及每天至少一次，一共 7 个维度，赋值为 1~7，结果发现，答案的均值在 0.3 左右，即调研中青少年早退的频率非常低。第六个维度是询问青少年在过去的一年中连续一周以上不去上学但是并没有请假的频率，测量维度与上述早退一致，均值是 0.1，可见，青少年没有请假就不去上学的频率极低，说明中学生很少会无故旷课一周以上。第七个维度是关于学生考试作弊的，测量维度与上述一致，得出的均值结果是 0.4，说明学生作弊的频率位于没有和偶尔一次之间。第八个维度是关于青少年在近一年内受过老师警告或者学校处分等的频率，其中处分包括停课、警告、记过以及退学等行为，与上述测量维度一致，得出的结论是青少年在过去的一年中受到学校处分或者老师警告的频率均值是 0.13。

三　青少年在校表现与家庭之间的关系分析

"处境不利学生"（disadvantaged students）是学校教育中一直存在且时刻受到关注的问题之一。所谓"处境不利"，当前对其理解和研究的角度差异性较大。早期对这类学生的研究主要集中在学习存在困难和家庭贫困的儿童。Schorr 认为，处境不利儿童可以根据其成因分成两种，一种是由于家庭环境或者家庭关系的不和谐出现或者可能出现心理机能障碍的儿童，另一种则是来源于家庭外的因素，特别是在同伴关系中经常受到身体或者语言攻击的儿童（Schorr，1989）。上述两种处境不利也是青少年生活中接触最多、影响最为显著的两个方面。本书这一章节将主要从家庭因素着手，分析青少年家庭环境对其在校表现的影响。

家庭教育是指在家庭范围内父母对子女的教育和影响，是社会组成的基本细胞，主要功能包括生产功能、消费功能、生育功能、教育功能、抚养类社会保障功能等。其中，教育是家庭的基本功能之一，家庭对孩子的培养是青少年接受其他教育的基础和前提，是学校教育和社会教育无法替代的。从青少年的价值观来看，家庭教育比学校教育更能塑造孩子的个性和其价值观（韩芳，2017）。

家庭作为一个系统，每个家庭成员都有特定的角色和功能，相互之间提供感情和物质上的支持和帮助。而孩子在出生后进入的第一个成长和学习的空间就是家庭，家庭对于孩子的培养大多不同于学校有系统的教育计划和培训流程，家庭为孩子提供更多的是学习如何生活、模拟做事方式的场所。其中，父母的各项行为和教养方式将在很大程度上影响青少年进入学校和社会后的表现，在本书中，青少年尚未进入社会阶段，因此，这一部分将重点分析不同的教养方式对孩子在校表现的影响。

　　根据对家庭教育的不同维度的区分，本节将分析不同的家庭教养行为是如何影响孩子在校的各项具体表现的。第一，从表 5-2 中可以看出，在控制了性别、年龄、民族的前提下，父母之间的冲突行为对孩子完成家庭作业情况（$\beta = -0.02$，$p > 0.1$）、孩子在校努力程度（$\beta = -0.03$，$p > 0.1$）、孩子的班级排名（$\beta = 0.03$，$p > 0.1$）、早退（$\beta = 0.04$，$p > 0.1$）以及处分情况（$\beta = 0.03$，$p > 0.1$）均没有显著的影响，因此不做过多分析。父母之间的冲突以及暴力行为对孩子上学迟到、不请假而不去上学以及作弊行为具有显著的促进作用，具体表现为父母之间的冲突行为每增加 1 个单位，孩子迟到的可能性就会增加 0.13 个单位（$\beta = 0.13$，$p < 0.05$），孩子不请假而不去上学的可能性会增加 0.07 个单位（$\beta = 0.07$，$p < 0.01$），孩子在考试中作弊的可能性会增加 0.11 个单位（$\beta = 0.11$，$p < 0.01$）。即当孩子看到父母之间的沟通模式存在暴力或者互相攻击时，青少年在自己的学习中也会选择类似的方式，例如，不请假而不去上学。

表 5-2　家庭教育对青少年在校表现的影响

	完成家庭作业	班级排名	努力程度	迟到	早退	不上学	作弊	处分
父母冲突	-0.02 (0.05)	0.03 (0.05)	-0.03 (0.04)	0.13* (0.06)	0.04 (0.03)	0.07** (0.02)	0.11** (0.04)	0.03 (0.02)
父母监督	0.17*** (0.03)	-0.04 (0.03)	0.11*** (0.03)	-0.11* (0.05)	0.01 (0.02)	0.02 (0.02)	-0.06* (0.03)	-0.01 (0.02)
父母温暖	0.10* (0.04)	0.05 (0.04)	0.10** (0.04)	-0.08 (0.05)	-0.06* (0.03)	0.00 (0.02)	-0.08* (0.03)	-0.03 (0.02)
父母专制式控制	-0.21*** (0.03)	0.12*** (0.03)	-0.08** (0.03)	0.14** (0.05)	0.05* (0.02)	0.05*** (0.02)	0.07** (0.02)	0.03* (0.02)
父母赋予自主权	-0.00 (0.05)	0.01 (0.05)	0.02 (0.04)	-0.13* (0.06)	-0.02 (0.03)	0.01 (0.02)	-0.05 (0.04)	-0.01 (0.02)
父母支持式控制	0.00 (0.04)	-0.06 (0.04)	-0.02 (0.03)	0.16** (0.05)	0.02 (0.03)	-0.01 (0.02)	0.01 (0.03)	0.02 (0.02)
父母的道德教育	0.01 (0.02)	-0.04 (0.02)	0.03 (0.02)	-0.09*** (0.03)	0.01 (0.01)	-0.01 (0.01)	-0.01 (0.02)	-0.00 (0.01)

	完成家庭作业	班级排名	努力程度	迟到	早退	不上学	作弊	处分
截距	5.46*** (0.21)	2.14*** (0.22)	4.06*** (0.20)	0.805** (0.30)	-0.61*** (0.15)	-0.25* (0.10)	0.32 (0.17)	0.27** (0.10)
样本量	1816	1814	1814	1804	1817	1818	1817	1816
R²	0.15	0.02	0.10	0.05	0.04	0.02	0.05	0.04
调整后 R²	0.15	0.02	0.09	0.04	0.03	0.02	0.04	0.03

注：* $p<0.05$，** $p<0.01$，*** $p<0.001$；性别、年龄和民族作为控制变量。

第二，父母监督对青少年的班级排名（$\beta = -0.04$，$p>0.1$）、早退（$\beta = 0.01$，$p>0.1$）、不上学（$\beta = 0.02$，$p>0.1$）以及受到学校和老师的处分（$\beta = -0.01$，$p>0.1$）等没有显著的作用。但是父母对孩子生活学习的监督程度显著影响青少年完成家庭作业情况、努力程度、迟到情况以及作弊的多少。当父母对孩子的监督程度每增加 1 个单位时，孩子完成家庭作业的情况就会增加 0.173 个单位（$\beta = 0.17$，$p<0.001$），青少年学习的努力程度会增加 0.11 个单位（$\beta = 0.11$，$p<0.001$），迟到的频率会降低 0.11 个单位（$\beta = -0.11$，$p<0.05$），作弊的情况会减少 0.06 个单位（$\beta = -0.06$，$p<0.05$）。即当父母在家庭教育中对孩子的管理比较全面，对孩子的老师、好朋友以及社交圈比较熟悉时，孩子相对比较守规矩和遵守学校以及家庭的安排，从而减少一些不良行为的养成。

第三，父母给予孩子的温暖和亲密对青少年在班级的排名（$\beta = 0.05$，$p>0.1$）、上学迟到的频率（$\beta = -0.08$，$p>0.1$）、不请假而不去上学（$\beta = 0.00$，$p>0.1$）以及在学校受到处分（$\beta = -0.03$，$p>0.1$）没有显著影响。当父母给予孩子的温暖每增加 1 个单位，青少年完成家庭作业会相应增加 0.10 个单位（$\beta = 0.10$，$p<0.05$），在学校学习的努力程度会增加 0.10 个单位（$\beta = 0.10$，$p<0.01$），早退的情况会减少 0.06 个单位（$\beta = -0.06$，$p<0.05$），作弊会下降 0.08 个单位（$\beta = -0.08$，$p<0.05$）。

第四，父母对孩子的专制式控制对青少年所有在校表现均具有显著作用。父母对孩子的专制式控制每增加一个单位，青少年完成家庭作业的情况会降低 0.21 个单位（β = - 0.21，p < 0.001），班级排名会增加 0.12 个单位，即成绩会下降 0.12 个单位（β = 0.12，p < 0.001），在学习方面的努力程度也会降低 0.08 个单位（β = - 0.08，p < 0.01），迟到的频率会增加 0.14 个单位（β = 0.14，p < 0.01），早退的频率也会增加 0.05 个单位（β = 0.05，p < 0.05），不请假而不去上学的频率也会增加 0.05 个单位（β = 0.05，p < 0.001），作弊的频率会增加 0.07 个单位（β = 0.07，p < 0.01），以及在学校受到处分的情况会增加 0.03 个单位（β = 0.03，p < 0.05）。综上所述，父母对孩子的专制式控制容易导致孩子的逆反心理，反而会产生适得其反的效果，即为孩子的在校表现带来负面作用。

第五，父母给予孩子自主权是一项较难控制的行为，因为虽然会在一定程度上促进孩子的自我管理和独立习惯的养成，但是也容易让孩子的行为不受父母的教育以及养成较为自我的作风。本研究发现，父母赋予孩子自主权仅仅在迟到这一行为上具有显著的抑制效果（β = - 0.13，p < 0.05），即青少年的迟到行为会随着家庭赋予其自主权的增加而降低。而对于在校表现的其他方面，尚未发现有显著的影响作用。

第六，父母对待孩子以及家庭事务的支持式控制也仅仅对青少年的迟到行为具有显著的影响，具体表现为：随着家庭给予孩子的支持式控制每增加一个单位，青少年在学习中发生迟到的频率会增加 0.16 个单位（β = 0.16，p < 0.01），即家庭的支持式控制也会带来一定的负面作用。

第七，在父母的道德教育对孩子行为的影响作用则是相反，父母对孩子的道德教育程度每增加一个单位，青少年的迟到频率会降低 0.09 个单位（β = - 0.09，p < 0.001）。除上述影响外，父母的支持式控制以及道德教育对青少年的其他在校行为均未达到显著作用。

四　父母教养方式与青少年在校表现的定性分析

除了定量部分之外，我们深入访谈了解青少年对父母教养方式与与其在校表现的理解。针对学习成绩，我们一共收集到来自 38 名被访者的详细描述，但绝大多数青少年仅大致描述了一下学习成绩，并没有尝试归因。我们将在表 5 - 3 中总结这些原因。从中可见，青少年主要把学习成绩的变化归因于以下四个方面，同伴、家庭、个人努力程度和学校（老师）。绝大多数的青少年将学习成绩下滑归因于自己努力程度不够，这与教育学文献中关于学习动机（motivation）对学业表现的显著预测关系也是一致的（Denzler 等，2010；Turner 等，2009；Wentzel，2005）。此外，通过青少年的描述可知，父母监督、班级环境和老师的施教措施也能提高孩子的成绩。但是与不上进同伴的密切接触，可能会让青少年染上不良习惯，从而影响其学习成绩。

表 5-3　青少年在校表现归因

归因	N	描述
同伴影响	1	"（成绩下滑的原因主要是）抄作业啊。平常家庭作业就是抄别人的，不自己思考。一起出去玩接触到一些朋友，还有小学的朋友，所以养成了这些坏习惯。"
家庭影响	1	"（又一次考差了）我妈看到卷子就说该做对的没做对，很简单的也没做对，就打我了。打了之后还要写保证书，写了保证书还要自己读一遍，还要跟她道歉。"
努力程度	4	"我就是不想学了。" "数学和英语是我最差的，很多时间都花在英语上，还是有点起色的。但是可能是我性格的原因吧，后来就急慢了。" "他们（老师、同学）帮我我也学不懂。" "比较爱玩……（成绩）不太好。"
学校（老师）影响	2	"六年级的时候老师逼我考出一个好成绩，读了个好班，到了平行班后就不行了。" "我数学不好，需要努力补上。我们班是好班，我觉得考上这样的班级是我的荣幸，我需要更加努力。当时我考上这个班的时候，我激动得晚上睡不着。"

我们收集到来自 26 名青少年对在校偏差行为的描述和归因。我们发现，青少年自我汇报的在校偏差行为超出了问卷所包含的范围，比如很多孩子反映他们经常"抄作业""违反校禁""顶撞老师""说脏话"等，并且把这些行为作为偏差行为来形容。根据表 5-4 的归类，我们发现青少年汇报逃学、迟到和作弊的原因大都与学习动机直接相关，无论是觉得学习无聊还是懒得自己思考，都反映出青少年对学习的一种倦怠。这也再一次印证了这些在校偏差行为与学习动机的显著关系。

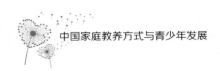

表 5 – 4　青少年在校偏差行为的描述及归因

在校偏差行为	N	描述
逃学	1	"无聊了，很无聊……走了。"
迟到早退	1	"堵车了，所以来晚了。" "下课在耍，听到上课铃，一群人跑去上厕所（所以迟到了）。"
作弊抄作业	4	"考试作过弊，高中之后就没被抓到过。" "英语考试写那种小抄。" "做不完作业我就只能抄答案。有时候作业太多了，我懒得思考，就直接抄答案。如果遇到轻松的题，我就自己完成了。" "有时候抄同学作业。"
说脏话	4	"答：班上有很多人说脏话，后来学校规定要扣分，就没人说了。 问：你说过脏话吗？ 答：有时候说一些。 问：为什么要说呢？ 答：别人惹了我，我就当开个玩笑一样。 问：你从哪儿学的这些脏话啊？ 答：有些大人就会说。比如公路上卖水果的人，因为几毛钱就吵起来了。然后我就听到了，就跟着说。 问：家里人说脏话吗？ 答：爸爸会说，妈妈不会。" "我说脏话都是从我爸那儿学来的。" "我老是跟同学学。他们（把脏话）编成（打油）诗。" "可能是（从）我爸爸吧。我小时候他就经常说那些，我听到就学了。在学校的话，我只会跟那些关系特别好的才说，一般都不会说。"
其他偏差行为	16	"（封闭式学校）我今天和同学一起溜出去。" "（接老师话）我觉得很搞笑，我在同学里是很逗的人。" "小时候玩时把别人家的玻璃打碎了。" "考试没考好，我就模仿（笔迹），结果又被发现了，差一点儿打电话给家长。" "我在班上经常上课睡觉、吃东西和开小差。" "我不做作业啊。" "有一个同学把老师关在外面，老师就在我们中间调查，有同学举报我。" "问：你们每天都可以出去吗？不是住校吗？ 答：这个你就不懂了，我们可以溜出去。" "以前家里做生意的，都是撑起一把大伞卖电器，我把那个伞烧了。当时火还特别大，很多人救火。" "呃，我经常玩手机，我经常借同学的手机。我成功借到了我同学的三部手机，然后全军覆没（被没收了）。" "在教室里吃零食。" "上课经常和老师顶嘴算吗？" "玩擦炮，就是把擦炮放到别人菜地里，把他们的菜炸烂。" "我小时候脾气不好，经常喜欢和大人吼。" "我得过几次班级处分，每回都是跟老师顶嘴。所以说他们不敢说我。" "我偶尔跟老师吵架。"

而对于青少年汇报的其他在校偏差行为而言，我们发现青少年所处的环境对其影响十分显著。这种环境包括同伴环境、家庭环境和社区环境。以说脏话和违反校禁为例，访谈发现青少年会从父母、同学，甚至是所处环境中的其他个体处习得脏话，这一现象和社会学习理论的内涵十分接近。特别是，有的青少年汇报这些脏话甚至可能从卖水果小贩处习得，这进一步扩大了社会学习理论的内涵：青少年不一定从密切接触的个体（如老师、同学或家长）处习得某些偏差行为，其所处环境也有可能成为学习的来源。犯罪学早期研究中常常提到某些社区环境对其犯罪率的影响，从宏观层面上，某些因素的确对整个区域的犯罪率有影响，如平均社会经济地位、流动人口所占比例以及城镇化程度等（Sampson 和 Groves，1989；Sampson、Raudenbush 和 Earls，1997），但这些因素是怎样内化到个体行为中的尚不十分明确。社会学习理论为此提供了可能的解释，个体（青少年）或许不仅从密切接触的其他个体中学习到偏差行为，而且有可能从所处环境中习得不良习性。

第二节　课外活动

一　课外活动简介

青少年课外活动对青少年健康成长起到至关重要的作用。虽然课外活动被普遍认为是青少年教育的一种非必需元素，但是许多研究表明，青少年参加课外活动对其自身发展有诸多好处，根据 Feldman 和 Matjasko（2005）对先前文献的系统性回顾，课外活动对青少年有如下几类好处：①促进青少年的学业表现；②促进心理健康，包括提高自尊（self - esteem），减少对生活的消极态度以及减少孤独感；③极大地降低了辍学的概率；④降低对物质滥用的风险；⑤降低（尤其是女学生的）性行为；⑥根据 Travis Hirschi（2002）提出的社会控制理论，青少年对传统行为的时间投入越多，其参与越轨行为的概率就会越低（Morgan 和 Alwin，1980）。

虽然有关课外活动对青少年发展的研究已经趋于全面，但是对青少年参与课外活动机制的研究尚显不足。Feldman 和 Matjasko（2005）总结到，影响青少年参与课外活动的概率和类型的主要有个体因素和环境因素两个方面：首先，在个体层面，青少年的性别、年龄、社会经济地位、学业表现和擅长的技能均会对其参与课外活动的概率和类型起到重要影响；其次，青少年的家庭、同伴、学校和社区环境也能影响其参与课外活动的类型和可能性。

特别的，父母教育主要通过如下机制影响青少年对课外活动的参与。其一，父母自身对社区活动的参与情况会极大地影响青少年参与学校主办或者是社区主办的各类活动。一方面父母自身可能会获知更多举办活动的资讯，另一方面父母的这种价值观可以塑造孩子的亲社会行为（prosocial behavior）（Mahoney 和 Magnusson，2001）。其二，父母对孩子参与各类课外活动的肯定也会提高孩子参与课外活动的可能性（Huebner 和 Mancini，2003）。这种肯定可能源自父母对孩子的施教行为，具体来说，父母对孩子的自主权的培养也会影响孩子参与更多的课外活动。其三，在亲子关系良好的家庭中，孩子参与课外活动的可能也会增加，因为父母可以通过与孩子共同活动，进而增进亲子关系（Haensly Lupkowski 和 Edlind，1985）。

二 课外活动分布

课外活动种类繁多，但根据 Nancy Darling（2005）的研究，课外活动大致分为学业类活动、兴趣爱好类活动和休闲娱乐类活动。本研究主要涉及青少年如下几个方面课外活动的支配情况：①兴趣爱好，包括体育锻炼和参加特长班；②休闲娱乐，包括看电视、上网和逛街；③学业类活动，包括非周末复习、周末复习、阅读课外书籍；④志愿活动，包括义务活动。具体而言，我们询问了青少年每天参与上述各类活动的时间分配，其选项包括 0 = 0 小时，1 = 1 小时以下，2 = 1～2 小时，3 = 3～4 小时，4 = 5～6 小时，5 = 7 小时及以上。

通过表 5 - 5 我们可以发现青少年最主要的时间分配还是在学业上。平均而言，青少年每天都要分配近 1 个小时的时间在复习功课上。此外，我们发现青少年在上网、看电视和体育锻炼上分配的时间也平均为 1 个小时左右。青少年最不经常从事的课外活动是义务活动和特长班，平均而言分配时间每天都不超过 1 个小时。就性别而言，女生比男生分配更多的时间在学习和逛街上，男生则在体育锻炼和上网上分配的时间更多，这一现象也能表明性别对参与课外活动类型的影响。就年级而言，高中生平均分配更多的时间在学业上，从而直接缩短了他们看电视、体育运动和义务活动的时间，但是高中生会分配更多的时间在逛街上。

表 5 – 5　各类课外活动的分配

	兴趣爱好		休闲娱乐			学业			志愿活动
	体育锻炼	特长班	看电视	上网	逛街	非周末复习	周末复习	阅读课外书	义务活动
总体	2.1 (1.32)	0.67 (1.21)	2.13 (1.38)	2.22 (1.52)	1.39 (1.21)	2.54 (1.38)	2.54 (1.4)	1.81 (1.26)	0.62 (0.91)
男	2.46 (1.39)	0.63 (1.21)	2.09 (1.45)	2.48 (1.6)	1.1 (1.19)	2.32 (1.4)	2.32 (1.44)	1.81 (1.37)	0.69 (0.98)
女	1.76 (1.14)	0.7 (1.22)	2.18 (1.32)	1.97 (1.38)	1.67 (1.18)	2.74 (1.31)	2.75 (1.33)	1.81 (1.14)	0.55 (0.83)
初中	2.16 (1.37)	0.63 (1.11)	2.39 (1.38)	2.18 (1.54)	1.17 (1.24)	2.28 (1.31)	2.48 (1.38)	1.89 (1.29)	0.75 (0.97)
高中	2.06 (1.28)	0.69 (1.28)	1.94 (1.35)	2.24 (1.5)	1.54 (1.17)	2.72 (1.39)	2.59 (1.42)	1.75 (1.23)	0.52 (0.85)

根据青少年课外活动的参与可以发现青少年课外活动的分配情况。首先，学业类活动是青少年分配时间的主要方面，其次是休闲娱乐和兴趣爱好，很少有青少年分配时间在参与义务活动上，这一结果也印证了国内部分研究所得出的中学参与义务或志愿活动兴趣不高、功利性强的结果（倪青，2016）。其次，课外活动的参与类型极大地受到性别的影响，女生会分配更多的时间在学业和逛街上，而男生则是更多地分配在体育锻炼和上网上。最后，高中学生由于学业繁忙也会分配更多的时间在学业上，从而减少了参与其他各类课外活动的时间。但是值得一提的是，高中生逛街的时间明显高于初中生。

三 不同类型教养方式对课外活动的影响

表5-6和表5-7则显示了不同类型的教养方式对各类课外活动参与的多元回归分析结果。与表5-5类似，我们发现女生会更多地参与学习、逛街、看电视和特长班，男生则在体育锻炼、上网和义务活动上分配的时间较多。随着年龄增长，学习的时间也会增加，同时，看电视、阅读课外书和参加义务活动的时间会相应减少，但上网的时间却会增加。汉族的青少年会比少数民族青少年在参加特长班、逛街和义务活动上分配更多时间，而在上网和周末复习上分配更少的时间。

表5-6 父母教养方式各类课外活动的分配的影响（一）

教养方式	兴趣爱好		休闲娱乐		
	体育锻炼	特长班	看电视	上网	逛街
父母冲突	0.10 (0.07)	0.03 (0.06)	0.00 (0.07)	0.03 (0.08)	-0.03 (0.06)
父母监督	0.17*** (0.05)	0.10* (0.04)	-0.10* (0.05)	-0.20*** (0.06)	-0.00 (0.04)
父母温暖	-0.05 (0.06)	0.05 (0.05)	0.02 (0.06)	-0.22*** (0.07)	0.02 (0.05)
父母专制式控制	0.00 (0.05)	0.06 (0.04)	-0.00 (0.05)	0.07 (0.05)	0.03 (0.04)
父母赋予自主权	-0.07 (0.07)	-0.02 (0.06)	0.02 (0.07)	0.00 (0.08)	0.06 (0.06)
父母支持式控制	0.12* (0.05)	0.03 (0.05)	-0.09 (0.05)	0.10 (0.06)	-0.05 (0.05)
父母的道德教育	0.06* (0.03)	0.01 (0.03)	0.02 (0.03)	0.02 (0.03)	0.04 (0.02)
截距	1.67*** (0.31)	0.34 (0.29)	3.68*** (0.34)	1.82*** (0.36)	-0.35 (0.27)
样本量	179	180	180	180	181
R^2	0.09	0.02	0.03	0.08	0.15
调整后 R^2	0.09	0.02	0.02	0.08	0.15

注：* $p < 0.05$，** $p < 0.01$，*** $p < 0.001$；模型控制了姓名、年龄和民族作为控制变量。

表 5 - 7　父母教养方式各类课外活动的分配的影响（二）

教养方式	学业			志愿活动
	非周末复习	周末复习	阅读课外书	义务活动
父母冲突	- 0.056 （0.07）	- 0.17* （0.07）	0.04 （0.07）	0.00 （0.04）
父母监督	0.20*** （0.05）	0.19*** （0.05）	0.15** （0.05）	0.16*** （0.03）
父母温暖	0.09 （0.06）	0.13* （0.06）	0.03 （0.06）	0.10** （0.04）
父母专制式控制	0.05 （0.05）	0.10* （0.05）	0.04 （0.05）	0.05 （0.03）
父母赋予自主权	- 0.02 （0.07）	0.02 （0.07）	0.03 （0.07）	- 0.01 （0.04）
父母支持式控制	0.09 （0.06）	0.12* （0.06）	0.00 （0.05）	- 0.03 （0.04）
父母的道德教育	0.03 （0.03）	0.06 （0.03）	- 0.00 （0.03）	0.01 （0.02）
截距	0.21 （0.32）	1.56*** （0.33）	2.39*** （0.31）	0.71*** （0.20）
样本量	181	181	179	180
R^2	0.07	0.08	0.03	0.06
调整后 R^2	0.06	0.08	0.02	0.05

注：* $p < 0.05$，** $p < 0.01$，*** $p < 0.001$；模型控制了姓名、年龄和民族作为控制变量。

就父母教养方式而言，我们发现父母教养方式对各类课外活动的影响甚微。但父母监督会显著增加学业和兴趣爱好类活动的参与，也会显著降低看电视和上网的时间分配。此外，父母冲突减少了孩子周末复习的时间分配；父母温暖一方面减少了孩子上网的时间，另一方面也增加了孩子参加义务活动和周末复习的时间。父母专制式控制和父母支持式控制也能增加孩子周末复习的时间。

本节的研究发现影响青少年参加课外活动的因素并非仅在个体层面，与其父母教养方式为代表的家庭层面的因素也与之密切相关。这一发现也暗含了生态系统理论的部分内容（Bronfenbrenner 和 Morris，1998）。生态系统理论认为个人所处环境由一系列相互嵌套、由远及近的若干个系统构

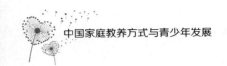

成，这些系统会相互影响、相互渗透。青少年的个体层面的特征（如性别和年龄等）会和环境相互作用共同决定其行为。比如，青少年如身处在较强的父母监督环境中，孩子在对课外活动的选择上也会有不同的偏好。例如可能会更加自觉地复习功课，锻炼并且减少上网和看电视时间。遗憾的是本节的研究尚未探究青少年个体因素与环境因素的交互作用，这有待于将来的研究进一步拓展。

本章介绍了父母教养方式对青少年学习成绩和参加课外活动的影响。家庭环境作为影响青少年发展的重要环境之一无疑对青少年的成绩和课外活动有着至关重要的影响。恶劣的家庭环境，如父母之间冲突剧烈，会对孩子的学业成绩造成负面影响同时会引发诸如逃学、迟到、早退等表现，而积极的教养方式，如培养孩子的自主意识、给予孩子温暖等对学习成绩则能起到积极的作用，对一些孩子在学校的一些负面表现也有一定程度的遏制作用。虽然父母的教养方式能够对青少年的学习成绩和在校表现有一定的作用，但对孩子参加课外活动的影响甚微，唯一有显著影响的是父母监督，其对孩子参与课外活动有积极的作用。

第六章
青少年教养方式与社会适应

第一节　文化适应能力

本节集中研究农民工子女在城市中的适应问题。研究表明，亲子关系、教养方式都不同程度地影响着青少年的社会适应能力。对于农民工子女而言，他们跟随父母来到新的地方，家庭是其最重要的依靠，良好的家庭教育和家庭环境能帮助其尽快适应学校生活，进而融入城市。父母的受教育程度、家庭的经济状况、亲子关系等都对农民工子女在城市生活中的适应状况产生重要影响。例如，受教育程度较高的父母可以辅导子女的功课，而且其身体力行、言传身教对子女自信品质的培养也起着潜移默化的作用；经济收入较高的父母可以给子女购买必要的课外辅导材料，或送子女上课外辅导班，减轻其学业压力，帮助其树立自信，并增强其适应能力；同时，良好的家庭环境、和谐的家庭氛围、良好的亲子互动关系对子女人际交往能力的培养也至关重要。这些因素有助于提高青少年的人际交往能力，并促进他们心理健康发展。但是以往的研究发现，农民工子女的家庭教育资源匮乏、亲子间互动较少、部分父母对子女的教育期望偏低、父母的教育能力不足，甚至还存在打骂孩子等问题，这些都有可能加剧农民工子女在生活、学习中的不适应，进而导致他们内在心理和外在行为上的问题。

除了家庭因素外，以往的研究还表明：导致农民工子女城市生活适应不良的因素还包括由其流动身份引起的各种歧视。这类歧视可以概括为制度性歧视和非制度性歧视两类。首先，不公平的制度因素是阻碍农民工子女适应城市生活的根本因素。农民工子女在父母工作所在城市上学时需缴纳的额外费用、对学校类型选择的局限性、异地高考的限制等制度因素，都直接或间接地影响农民工子女的日常生活、心理健康、行为表现等适应情况。其次，非制度性的歧视也是影响农民工子女适应的主要原因。农民工子女因身份问题受到很多社会歧视，这会造成他们被同学、老师或者邻居等边缘化，从而加剧了他们的不被信任感和不安全感，极易导致他们被群体隔离，最终引起群体或个体之间的对立和冲突。当然，农民工子女往往在这些冲突中处于弱势地位，这直接或间接地影响到他们的心理特征和社会适应能力的正常发展。

因此，基于上述农民工子女适应能力的重要性及影响其适应能力的相关因素，本节将首先分析农民工子女在城市中的适应状况，包括生活、学习、心理等适应状况。其次，因本书侧重于探讨中国父母教养方式对青少年发展的影响，所以本节重点分析家庭教养方式对农民工子女适应能力的影响。最后，简要分析其他影响农民工子女城市适应的因素，主要是歧视和社会支持。同时，本节还将针对上述三类影响农民工子女适应能力的因素，就如何提高农民工子女城市适应能力提出相关有针对性的建议。

一　青少年（农民工子女）的文化适应状况

改革开放后，我国很多地方出现"民工潮"。截至 2016 年底，我国农民工总量已达 2.8 亿人，越来越多的农民工子女也同父母一样，背井离乡，跟随父母来到陌生的城市学习、生活。本次调查的结果（见表 6-1）也说明大部分农民工子女是随父母一同来到某都市生活、学习的。

表 6-1　农民工子女是否和父母一起来到城市

	2015 年	2016 年
是	1063（81.96%）	764（87.72%）
否	234（18.04%）	107（12.28%）

农民工子女被动地跟随父母，流动到新的环境中生活、学习，因此也有学者称之为"流动儿童"。因为他们尚未成年，相较他们的父母，其适应状况如何是学术界研究的一个重点。农民工子女是否适应城市的学习、生活环境，不仅仅关乎其个人的健康成长，也关系到家庭和社会的稳定发展。农民工城市适应和融入的问题已经得到广泛关注，大部分研究认为农民工总体处于边缘化、半城市化或虚城市化状态，农民工与城市社会仍然存在一道深深的隔阂（李强、李凌，2014）。冯帮和兰欣（2017）系统回顾了近十年来中国知网所登载的有关流动儿童（即农民工子女）城市适应问题的文章，结果发现，当前的研究主要涉及心理不适应、环境不适应、文化适应不良，这些是农民工子女群体城市适应困难的主要表现，但针对农民工子女城市适应问题的系统性研究相对有限，且缺乏具体的调查研究数据来论证农民工子女的适应状况。那么，农民工子女适应城市生活的状况如何界定呢？

文化适应理论被广泛应用于研究个人或者群体在不同文化环境的适应状况。在社会学研究领域，当前通用的文化适应概念由人类学家 Robert Redfield、Linton 和 Herskovits（1936）提出，"文化适应"是指由个体所组成，且具有不同文化的两个群体之间发生直接的、持续的文化交流，导致一方或双方原有文化模式发生变化的现象。心理学家 J. W. Berry（1980）提出了双维度文化适应模型，他指出文化适应模式包括个体水平和群体水平两个层面，个体层面（也称心理层面）的文化适应包括行为方式、价值观、态度和认同等方面；群体水平的适应包括社会结构、社会制度和文化习惯等方面。根据这两个层面的变化，可以区分出个体之间适应水平和策略的差异。Berry 根据文化适应中的个体在保持传统文化和身份的倾向性，及其与其他文化群体交流的倾向性这两个维度上的不同表现，划分出四种不同的文化适应策略：整合、同化、分离和边缘化。"整合"是指既重视保持原来的文化传统和身份，同时也重视同其他文化群体的交流，将两种文化相融合；"同化"是指放弃原来的文化传统和身份，全面吸收和适应新的文化；"分离"是指保持原来的文化传统和身份，排斥同其他文化群体的交流；"边缘化"是指既不保持原来的文化传统，也拒绝同其他文化

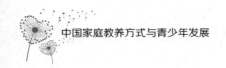

群体交流（Berry 等，2002）。Berry 的文化适应模型不仅在国外得到广泛使用（J. W. Berry 和 Sabatier，2010），在我国的农民工城市适应研究领域也得到了广泛的应用（Gui、Berry 和 Zheng，2012）。

文化适应理论最开始应用于国际移民研究，随着国家内部不同群体文化差异的凸显，文化适应理论越来越广泛地应用于不同群体交流的研究领域，如少数族裔、地域迁移等。Berry 的文化适应策略在国内外的跨文化研究中已经得到广泛论证，只是不同的学者从不同的角度采用了不同的测量工具。其中 Ward 和 Rana – Deuba（1999）在 Berry 的理论基础上所编制的文化适应量表（the acculturation index）被用于国内外多个文化群体上。与 Berry 所划分的四种文化适应策略不同，Ward 和 Rana – Deuba（1999）的文化适应量表更注重移居者对新文化环境的适应情况，根据适应情况再来判断其选择的适应策略。最初设计的量表包括 21 个项目：穿衣、生活节奏、常识、饮食、物质生活水平、休闲活动、自我认同、家庭生活、居住环境、价值观、朋友关系、交流方式、文艺活动、语言、传统的（老家的）观念、当地人的观念、风俗习惯等，要求被访者根据自己的真实情况来给自己打分，分别需要回答自己与传统的（老家的）群体和当地群体的相似程度，分值为 1~7，1 代表"一点也不像"，7 代表"非常像"。根据对原来文化和当前文化的不同适应状况，将其归类为 Berry 所提出的四种不同的适应策略。

国内学者也针对农民工子女的城市适应标准进行了研究。刘杨等（2008）提出农民工子女的社会文化适应包括人际关系、适应环境、外显行为、内隐观念、语言和学习 6 个维度，并建议采用 Ward 和 Rana – Deuba 的文化适应量表来测量农民工子女的文化适应状况，因为该量表灵活性高，可以根据被测试者的群体特点进行修改。因此，本书也采取 Ward 和 Rana – Deuba 的文化适应量表来测量农民工子女的城市适应状况。

在 2015 年的调查中，我们关注了农民工子女的文化适应状况，在问卷设计中询问了农民工子女当前的生活方式与之前在老家的相似程度，主要包括表 6 – 2 中所列的 15 项有关想法和行为等情况，分值为 1~7，1 代表"非常不像"，7 代表"非常像"。以老家文化为例，分值越高，代表个人的想法、行为与老家人越像，表示农民工子女越坚持老家的传统文化习惯、生活方式。从表 6-2 的结果中可以看出，农民工子女对老家文化与城市文化相似程度的回答处于中间偏上水平，即农民工子女在保持一定的传统文化习惯的同时，也在多方面地融入当地的城市文化。

表 6-2　农民工子女对城市文化与老家文化相似程度评价

	老家文化	城市文化
穿衣	3.81（2.03）	4.96（1.78）
生活节奏	3.70（2.03）	4.99（1.75）
通识文化	3.77（1.94）	4.80（1.74）
饮食习惯	4.33（2.02）	5.08（1.76）
生活水平	3.89（1.93）	4.93（1.75）
休闲活动	3.79（2.03）	4.96（1.8）
地方认同	4.14（2.13）	4.86（1.97）
家庭环境	4.02（1.96）	4.99（1.76）
居住环境	3.67（2.02）	5.00（1.77）
价值观	3.66（1.94）	4.88（1.75）
交流方式	4.06（2.00）	5.12（1.76）
文艺活动	3.70（1.97）	4.92（1.76）
语言	4.15（2.14）	5.17（1.88）
行为的看法和评价	4.01（1.93）	5.00（1.74）
风俗习惯	4.19（2.00）	5.01（1.86）

在上述文化适应状况基础上，根据 Berry 的文化适应理论，表 6-3 分析了农民工子女所采取的适应策略。32% 的农民工子女采取了边缘化的适应策略，该群体既不保留原来的文化传统，也不融入新的文化；31% 的农民工子女采取了融合的策略，该群体既没有摒弃原来的文化传统，也愿意融入新的城市文化生活中。此外，分别有 18% 的农民工子女采取了分离和同化的策略。由此可见，农民工子女所采取的文化适应策略不尽相同，其中较高比例的选择边缘化策略值得关注。农民工子女跟随父母来到新的生活环境，由于年龄较小，心理、智力等各方面都处在迅速发展时期，可能

会对新的环境产生排斥。以往的研究也表明，农民工子女在城区学校就读时往往会出现心理适应不良的反应。如果学校或有关部门没有采取措施帮助这些学生调整心态、适应文化差异，而对他们采取漠视的态度，部分这类学生就将采取否定、对立或者边缘化的文化适应策略（李红婷，2009）。

表6-3 农民工子女采取的不同适应策略

策略	人数（人）	占比（%）
分离	234	18
边缘化	416	32
融合	403	31
同化	234	18

表6-4进一步比较了不同性别和年级的学生在文化适应策略上的差异，相比较而言，女生采取边缘化策略的比例比男生高，但男生采取分离、融合和同化策略的比例要比女生高。初中生采取各种文化适应策略的比例差异不大，而高二学生采取边缘化策略的较多，个中原因不详。由于问卷文本限制，我们并未就文化适应问题做进一步深入的调研。

表6-4 农民工子女社会适应策略的差异

	分离	边缘化	融合	同化
性别（女生）	0.40（0.49）	0.52（0.50）	0.45（0.50）	0.49（0.50）
初一	0.26（0.44）	0.25（0.43）	0.22（0.42）	0.21（0.41）
初二	0.26（0.44）	0.22（0.41）	0.26（0.44）	0.27（0.45）
初三	0.26（0.44）	0.23（0.42）	0.18（0.39）	0.25（0.43）
高一	0.11（0.31）	0.12（0.32）	0.15（0.35）	0.12（0.32）
高二	0.04（0.20）	0.52（0.50）	0.11（0.31）	0.08（0.28）
高三	0.07（0.25）	0.25（0.43）	0.09（0.28）	0.07（0.25）

注：表格中括号外数字表示均值，括号内表示标准差。

二　家庭教养方式对农民工子女适应能力的影响

家庭是青少年健康成长的重要场所，父母的教养方式对青少年社会适应能力的影响已被广泛论证，以往的研究发现，家庭功能、父母教养方式及夫妻关系对青少年的社会适应状况有显著影响（方晓义等，2004；浦昆华等，2012；谢蓓芳等，2004）。具体而言，惩罚性的、严厉的、拒绝否认、过度保护或者干涉等消极的父母教养方式会阻碍青少年的社会适应，甚至会使青少年出现适应障碍等其他心理问题；而温暖、理解型的父母教养方式会在一定程度上促进子女的社会适应能力（侯静，2002；毛雪琴，2006；谢蓓芳等，2004）。但以上研究所关注的社会适应状况主要是个体层面的心理适应状况，对青少年尤其是农民工子女群体的社会文化适应能力则很少涉及。

国外有关青少年移民的研究同样关注家庭因素的影响。关于非洲裔移民在澳大利亚的研究发现，非洲裔移民的父母对子女往往也采取约束性的教养方式，通过严格的界限设定和密切监控子女的兴趣、活动和交友来控制子女的行为及发展，并逐渐限制子女的自主权（Renzaho、Green、Mellor和Swinburn，2011）。Kouider、Koglin和Petermann（2015）系统回顾了美国有关青少年移民的研究，结果发现二代移民与本土青少年的问题行为并无差异，但是亚裔青少年产生心理健康问题的危险性较高，并指出了家庭方面的危险因素：较高的文化适应压力、语言障碍、父母与子女不同的文化取向以及其他（如对父母感受的接受、严厉型教养方式等），并建议对移民家庭的文化适应提供支持。

对于农民工子女来说，文化适应能力是其社会适应能力的一个方面。有限的研究也发现，在农民工群体中，父母教育会直接影响其子女在城市中的社会融入（王慧娟，2012；吴玉坤、徐礼平，2016），也有研究发现家庭因素（包括家庭氛围、父母的管教方式以及父母对子女的理解、支持和关爱等）通过个人因素（学业理想、生活理想、人际理想）、学校因素（教师的理解与支持、教师的民主程度、同学的理解与支持）和社会因素（社会歧视和欺负等）间接地对农民工子女的适应产生影响（胡韬、郭成，2013）。与心理适应状况相同，积极的教养方式有利于农民工子女的社会和文化融入，消极的教养方式可能导致其社会和文化融入出现问题（李艳红，2012）。

前述章节比较了农民工家庭与城市家庭教养行为的差异，此处不再赘述。关于农民工家庭教养行为及其子女社会适应状况的研究发现，大多数农民工父母采取严厉型家庭教养方式，父母在学习方面对其子女的期待普遍较高，给子女施加的压力也较重。这种家庭教养方式会导致亲子关系问题和青少年性格发展不良，是影响农民工子女社会适应的重要因素。同时，学习压力和亲子冲突也会进一步影响农民工子女的社会适应性（杨小艳，2007）。

表6-5分析了不同的家庭教养行为对农民工子女的适应策略影响，代表不同家庭教养方式下，农民工子女所采取的适应策略的状况，分值越高代表采取该适应策略的可能性/比例越高。从结果可以看出，农民工父母对孩子日常行为的监督程度越高，子女采取边缘化的适应策略就越少，但可能会对子女与城市文化分离有所影响。父母与子女间的亲密程度越高，子女与城市文化相融合的程度也就越高，甚至是采取同化策略。父母给予孩子自主权反而会使孩子更多地选择分离的适应策略，即坚持原来的家乡风俗文化，远离新的城市文化；父母采取支持式控制的行为控制策略有助于子女整合传统文化与城市文化，并使其呈现较好的适应状况。由此可见，父母温暖、支持式控制的教养方式，会促进农民工子女的城市适应状况。

表6-5 不同家庭教养行为与农民工子女采取的不同适应策略

	分离	边缘化	整合	同化
父母监督	2.08（0.80）	2.00（0.71）	2.07（0.76）	2.07（0.77）
父母温暖	2.52（0.90）	2.46（0.91）	2.57（0.89）	2.56（0.90）
父母赋予自主权	2.46（0.97）	2.29（0.89）	2.42（0.94）	2.37（0.87）
父母支持式控制	2.33（1.01）	2.25（1.07）	2.38（1.08）	2.34（0.97）
父母的道德教育	3.17（1.19）	2.96（1.38）	3.31（1.11）	3.15（1.21）

注：表格中括号外数字表示均值，括号内表示标准差。

三 农民工子女面对的困难和社会支持状况

农民工子女在城市中生活、学习的同时，除了可能产生适应不良情况之外，还会因为户口制度的限制而面临来自升学、社交等各方面的难题，这也会对农民工子女的城市文化适应造成影响。与此相反，随着社会对农民工及子女问题的关注，政府、社会组织甚至个人对该群体提供了越来越多的支持，包括资金、心理、入学、职业培训等方面，因此社会支持往往会促进农民工及其子女的城市适应状况。

首先，农民工子女群体所面临的困难仍然存在，且对农民工子女的社会文化适应与心理适应造成消极的影响。对于农民工子女在社会生活中所面临的困难很难进行客观的测量，因此研究者使用被测试者主观知觉来进行测量，具体是指个体感知到的由于自己的身份而面临的困难。

本书参考刘霞（2008）的研究，采用问卷调查法进行研究，该问卷主要用于考察农民工子女在城市人际交往过程中感知到困难的程度。该问卷由流动儿童经历的典型困难事件组成，主要涉及学校和社会生活两个领域，共20个题项，采用5级评分，由被调查者根据自己的真实情况做出回答，得分越高表明被调查者感知到的困难越多。类似问卷已经在国内多个研究中得到使用，具有良好的信效度。本研究发现，在某市就读的农民工子女感受到的困难情况并不明显，大部分认为基本未遇到问题中所描述的困难状况。

关于农民工子女感知到困难对其社会文化适应状况的影响，有研究认为，农民工子女在城市生活中遇到难题可能会增强他们对老家的认同（类似于内群体认同），强化他们对城市文化的疏远，不利于他们对城市文化的适应。同时，本研究分析了不同的困难分类对农民工子女所采取的适应策略的影响，研究发现，遇到困难（包括人际交往方面的、政策方面的）的农民工子女较多地倾向于选择边缘化的适应策略，即与家乡文化和城市文化疏离；选择次多的是分离策略，即保持原来家乡的文化，不与城市文化互动。换言之，在城市生活中面临困难可能会促使农民工子女采取边缘化和分离的适应策略，边缘化和分离策略往往是拒绝与城市文化交流和融合。由此看来，农民工子女若采取比较开放的态度，积极融入当地文化，可能会降低他们遭遇困难的程度。

与感知到困难不同的是，社会支持可以帮助农民工子女抵消或平衡适应不良的不利影响。以往关于移民、留学生的研究发现，社会支持可以促进个体的文化适应状况，获得的社会支持越多，个体的适应状况就越好（V. I. Chirkov、Safdar、de Guzman 和 Playford，2008；Prelow、Mosher 和 Bowman，2006；Yusoff，2011）。国内的研究也发现，社会支持会直接或者间接地促进农民工及其子女的社会文化适应（范兴华等，2013；谭千保、龚琳涵，2017；张卫枚，2012）。

本研究采用 Ong 和 Ward（2005）根据多个旅居者群体在新的文化环境下的社会支持特点所编制的社会支持量表（The Index of Sojourner Social Support Scale）。该量表共包括 18 个问题，分值为 1～5，其中，1 代表没有人给予被访者相关的支持，5 代表很多人给予相关的支持，分值越高，代表获得的支持越多。从表 6 - 6 中可以看出，农民工子女在心理、语言、生活等方面感受到很少或者一些支持，总体社会支持的均值为 2.89，介于"很少"和"一些"之间，社会支持水平总体偏低。表 6 - 7 进一步分析社会支持对农民工子女适应策略的影响，分值越高代表采取该适应策略的可能性/比例越高。从表 6 - 7 可以看出，获得社会支持的农民工子女倾向于采取文化整合的策略，即均认可老家文化和城市文化，并积极融入城市文化。

表 6 - 6 农民工子女社会支持状况

社会支持类型	均值	标准差
想家时安慰你	2.86	1.27
孤单或心情不好有时人谈心	3.05	1.22
分担好事和坏事	2.97	1.21
不想出门时有人在家陪	2.55	1.28
无聊时有人陪聊	3.01	1.22
需要时有人陪做事	2.97	1.17
有人看望你过得怎么样	2.64	1.17
有人陪你去你想去的地方，虽然他/她没必要去	2.80	1.21
有人安慰你说你是有人疼的	2.89	1.23
有人帮你适应新环境	2.94	1.22

续表

社会支持类型	均值	标准差
有人教你学校的一些规则	3.03	1.21
遇到不会的问题有人教你	3.23	1.12
有人为你详细解释以便你理解	3.09	1.14
有人告诉你在当地哪些事能做、哪些不能	2.81	1.28
遇到不明白的事情时有人给你帮助	3.09	1.19
有人帮你学当地方言	2.50	1.38
有人给你解释并且帮你理解当地风俗	2.67	1.34
有人在日常生活方面给你建议	2.99	1.23
社会支持总体	2.89	0.97

表6-7　农民工子女获得社会支持与文化适应策略

	分离	边缘化	整合	同化
总体社会支持	2.27 (0.86)	2.54 (0.96)	3.10 (0.96)	3.03 (0.97)

四　改善农民工子女文化适应状况的策略

从数据分析结果来看，农民工子女的文化适应状况相对较好，对老家文化和城市文化都有一定程度的认同感。但也有一部分农民工子女呈现边缘化和分离的适应策略，消极的家庭教养方式可能是其文化适应不良的原因之一。此外，农民工子女整体上感受到的困难并不明显。但农民工子女在城市中面临的政策上的歧视相对明显，受到的社会支持程度也较为薄弱，这两者可能导致其城市生活适应不良，并可能进一步导致其心理健康、行为偏差等问题。因此，家庭、社会以及政府均应重视此问题，并采取相应的措施来促进农民工子女积极地与本地人沟通，促使其更好地融入当地社会文化。

首先，政府应着力推进户籍制度改革，大众媒体应加强正面引导，努力消除农民工子女困难的根源，为其身心健康发展创造良好的社会环境。

其次，学校和社会应采取有效措施帮助农民工子女建立完善的社会支持系统，传授其应对困难和压力的技巧，这样有助于农民工子女对城市文化的适应。有研究建议对农民工子女建立心理帮扶机制。流动人口在外出流动的过程中逐渐形成自我意识，并在此基础上形成与在家乡时截然不同的道德观、良心、羞耻心、责任心等，形成自我评价、自我调节、自我控制和自我完善的能力。对于流动未成年人而言，他们的这些能力还处于逐渐形成的阶段，适当的心理辅导对于他们的健康成长具有十分积极的作用（北京市流动人口未成年子女违法犯罪研究课题组，2012）。

最后，良好的家庭教养方式是促进农民工子女社会适应的重要因素。亲密的亲子关系、采取支持式控制的家庭教养方式有助于农民工子女融入当地文化、避免遭受歧视。因此，建议农民工父母和家庭注重对子女的关心爱护，不仅关注其身体健康，也关注其心理变化。相对于物质上的需求而言，未成年人更希望得到父母对其精神上的关注。同时，父母也应该在业余生活方面给予子女充分自由的空间，尊重子女的选择。

第二节　社交与同伴关系

一　社交关系简介

青少年与同伴关系已被证明对青少年发展有着巨大的影响。青少年大多数时间身处学校之中，其接触的同伴群体很大程度上构成了其所处环境。根据发展论（Ausubel，2002）的观点，家庭虽然是青少年在幼儿时期最主要的营养、训练、关爱和其他类型支持的提供者，但随着年龄增长，青少年开始寻求独立，因此家庭对其的影响渐渐减弱，而其他类型的因素开始对青少年起到更加明显的作用。其中，朋友和同伴群体将会成为影响青少年发展的另外一个重要因素。虽然其他因素，如媒体或学校，也会成为影响青少年发展的因素，但是这些因素几乎都是调节家庭和同伴这两大社会化来源的一些效应而已（Glynn，1981）。

许多理论认为青少年的同伴对青少年自身的行为有极大的影响，尤其是偏差行为。萨瑟兰（1995）提出的差别接触理论（differential association theory）认为，犯罪并非天生的，而是一种从与他人沟通中习得的行为：

当一个人长期习得违法状态或者长期暴露在反社会行为环境中，他们就会认为反社会行为是一种对自己有利的行为。无独有偶，Burgess 和 Akers（1979）在差别接触理论的基础上进一步强调了个体与其所处环境或者群体互动的重要性，并提出了社会学习理论（social learning theory）。两种理论均强调个体与其所处环境与所在群体的互动是犯罪（偏差）行为的诱因，并且将朋友偏差行为的程度（比例）作为测量其理论概念的重要一环。在中国传统价值观里面，很多谚语也说明了朋友关系对个人品行的重要性，如"近朱者赤，近墨者黑"，"物以类聚，人以群分"或者"麻生蓬中，不扶而直，白沙在涅，与之俱黑"。

　　虽然青少年同伴是其自身社会化的一个重要来源，但国内对青少年同伴的实证研究仍然寥寥无几。现存研究对青少年同伴的测量大多通过青少年自身汇报，这种对青少年同伴的测量也可能存在误差。具体来说，通过青少年自己汇报同伴的行为被认为具有极大的偏差，研究表明青少年对同伴的评估往往受到其自身行为的影响，如自身偏差行为程度比较高的个体汇报其同伴的偏差行为程度也比较高。研究者将这种效应称为"自我投影"（Ross、Greene 和 House，1977；Jussim 和 Osgood，1989）、"假设类似偏误"（Byrne 和 Blaylock，1963）和"同源偏误"（Haynie 和 Osgood，2005）。为了纠正这种偏误，近年来学者开始使用一种新的方法来度量青少年的同伴关系，这种方法被称为社交网络法。

　　社交网络法并非让被访者自己评估同伴的行为，而是让被访者指出自己朋友的姓名，研究者调取其朋友的属性从而获知被访者同伴的真实情况。举例来说，在一个全网络系统中，若想获知青少年好朋友的平均吸烟程度，我们需要了解谁是他们的好朋友，然后从这些好朋友自我汇报的吸烟行为中获知该青少年朋友的平均吸烟程度。

　　社交网络法不仅能对朋友行为提供更为准确的测量，更重要的是，社交网络本身也是一个值得探究的话题。社交网络数据让我们不仅能了解群内部和群体之间的社会结构，也能让我们了解形成这种结构的机制（Wölfer、Faber 和 Hewstone，2015）。具体而言，Wölfer 等（2015）总结到社交网络能让我们探究如下问题：①更加精确的信息，同上面描述的那样，社交网络数据可以对个体所处的环境有更加精确的测量；②识别个体在群体中的复杂地位；③识别社会影响通过社交网络传递到各个个体的机制；④识别潜在的群体，例如，通过社交网络分析识别出潜在的小团体等。

本节将分成两个部分，使用传统的自我陈述和社交网络法分别对青少年群体进行分析。对于第一部分而言，我们询问了青少年自己汇报的朋友分布、类型和偏差行为情况。对于第二次研究而言，我们对样本中一所学校进行了全校提名普查，并让全校每一位同学提名 5 名他认为在本校内最好的男性朋友和女性朋友。由于收集到的是全网络的样本，我们因此通过这种指名系统获知了被访者所有朋友的情况。

二　同伴构成分析

表 6-8 列举了青少年汇报的同伴构成状况。由于该题目是多项选择，因此百分比之和并不等于 1。从中我们可以发现青少年绝大多数朋友来自现在和以前的同学。半数以上来自同年级其他班的同学，亲戚和邻居所占比例也大于 1/4。不同性别青少年的同伴构成也不相同。比较而言，女生的朋友更多的是同班同学，而对于男生而言，其他各类朋友的构成都大于女生。就年级而言，初中学生的朋友更多来自低年级、亲戚和邻居，高中学生的朋友则更多来自其他几个类别。

表 6-8　同伴构成

被访者	以前同学	现在同班	现在同年级其他班	现在低年级	现在高年级	亲戚	邻居	其他
总体	2170 (71.22%)	2172 (71.28%)	1411 (46.31%)	490 (16.08%)	567 (18.61%)	935 (30.69%)	781 (25.63%)	269 (8.83%)
男	1073 (70.55%)	1045 (68.70%)	703 (46.22%)	263 (17.29%)	298 (19.59%)	509 (33.46%)	429 (28.21%)	147 (9.66%)
女	1079 (68.9%)	1106 (70.63%)	691 (44.13%)	222 (14.18%)	264 (16.86%)	417 (26.63%)	339 (21.65%)	118 (7.54%)
初中	825 (63.9%)	915 (70.88%)	566 (43.84%)	243 (18.82%)	205 (15.88%)	414 (32.07%)	397 (30.75%)	92 (7.13%)
高中	1344 (76.06%)	1256 (71.08%)	842 (47.65%)	247 (13.98%)	362 (20.49%)	521 (29.49%)	384 (21.73%)	177 (10.02%)

　　总之，从同伴的分布来看，青少年的社交构成具有很大的同质性：青少年倾向于结交与自己有共同生活经历的人。考虑到我国教育体系的结构，初高中生的管理方式几乎以班级为主，而且初高中生绝大多数时间都在学校度过，因此其社交网络构成以同班同学和之前的同学为中心，依次递减。亲戚和邻居虽然可能在亲缘关系上与青少年比较接近，但是我们发现亲戚和邻居所占比例仅为同学的不到一半。回顾前文所述，家庭和朋友是青少年社会化的两大来源，这一结果表明，当青少年进入初高中的时候，以学校为基础的同伴关系逐渐取代家庭关系，成为青少年社会化的主要来源。这一点也可以在同伴构成的年级分布上得以体现，较之初中，高中生的亲戚和邻居在其朋友构成中所占比重进一步下降，这一方面可能是由于高中升学带来的选择性效应，另一方面则可能是由于前文所述的社会化过程的偏好。值得一提的是，初中生结交低年级伙伴的概率大于高中生，反之，高中生结交高年级朋友的概率大于初中生。

　　表6-9包含了青少年对同伴特征的描述。从中可以发现绝大多数形容词是对其品德的描述。例如，从总体上看，绝大多数青少年认为朋友诚实守信、志趣相投、具有公德心和性格好；对朋友的成绩和家庭背景表示肯定的青少年反之较少。性别对于结交同伴的特征也存在影响。平均而言，较之男生，更多的女生认为自己的朋友诚实守信、志趣相投、有公德心、性格好和成绩好。同样，更多高中的学生认为自己的朋友诚实守信、志趣相投、有公德心、性格好和成绩好。

表6-9　同伴特征

被访者	成绩好	诚实守信	志趣相投	公德心	性格好	家庭背景好	其他
总体	1733 （56.88%）	2828 （92.81%）	2677 （87.86%）	2609 （85.63%）	2653 （87.07%）	939 （30.82%）	290 （9.52%）
男	797 （52.40%）	1349 （88.69%）	1285 （84.48%）	1202 （79.03%）	1263 （83.04%）	498 （32.74%）	133 （8.74%）
女	915 （58.43%）	1451 （92.66%）	1362 （86.97%）	1380 （88.12%）	1360 （86.85%）	434 （27.71%）	154 （9.83%）

续表

被访者	成绩好	诚实守信	志趣相投	公德心	性格好	家庭背景好	其他
初中	797 （61.74%）	1159 （89.78%）	1100 （85.21%）	1062 （82.26%）	1060 （82.11%）	465 （36.02%）	103 （7.98%）
高中	935 （52.91%）	1667 （94.34%）	1573 （89.02%）	1546 （87.49%）	1589 （89.93%）	472 （26.71%）	187 （10.58%）

表 6-10 展示了青少年与同伴玩耍的场所。从中我们发现学校依然是青少年与同伴玩耍的主要场所。如前文所述，青少年的主要生活都是在学校。此外，女生更喜欢在学校、商场和公园/游乐场与朋友玩耍，而男生则喜欢在校外运动场、电影院和电子游戏厅与同伴玩耍。就年级而言，高中学生更多地在学校与朋友玩耍，此外，高中生去校外运动场、商场、公园/游乐场、电影院和电子游戏厅的比例也高于初中生。

最后，在表 6-11 中展示了青少年所感知到的同伴的偏差行为。从中可以看见，喝酒、抽烟和打架闹事是同伴偏差行为中常见的行为。有趣的是，这些差异并不随着性别和年级的差异而不同。这说明青少年群体的同伴偏差行为稳定而一致。根据文献，一般而言，男生比女生、高年级比低年级更容易出现偏差行为。而我们在表 6-11 中看到，青少年暴露的偏差环境并不随着性别和年级的不同而不同，这可能暗示着男女和年龄本身所关联的另外的因素影响了青少年偏差行为的产生，这些因素很有可能就是 Hirschi（1990）所描述的自我控制或社会纽带等因素。

三　社交网络分析

以下我们将呈现社交网络分析的结果。值得一提的是，我们所选取的学校为农民工子弟学校，该学校除了接受流动儿童外，还接受一定数量的本地户口的青少年。此外，该学校仅接受初中学生，因此样本中不含高中学生。图 6-1 列举了该校学生的社交网络图，图中的信息在图下方的注释中有详细解释。由于每个学生被要求指出最多 5 名男性好友和 5 名女性好友，因此每一个点至多连接到 10 个其他的点。考虑到有部分学生仅指出了部分好友，甚至有学生没有指出任何好友，因此可能存在完全被孤立的情

表 6-10 与同伴玩耍的地点

被访者	学校	自己家	朋友家	校外运动场	商场	公园/游乐场	电影院	电子游戏厅	其他
总体	1398 (45.88%)	567 (18.61%)	605 (19.86%)	518 (17%)	612 (20.09%)	1081 (35.48%)	447 (14.67%)	141 (4.63%)	513 (16.84%)
男	647 (42.54%)	275 (18.08%)	285 (18.74%)	343 (22.55%)	186 (12.23%)	494 (32.48%)	277 (18.21%)	102 (6.71%)	248 (16.31%)
女	734 (46.87%)	283 (18.07%)	314 (20.05%)	169 (10.79%)	418 (26.69%)	576 (36.78%)	163 (10.41%)	35 (2.23%)	262 (16.73%)
初中	465 (36.02%)	287 (22.23%)	303 (23.47%)	179 (13.87%)	160 (12.39%)	429 (33.23%)	72 (5.58%)	40 (3.1%)	221 (17.12%)
高中	932 (52.74%)	280 (15.85%)	302 (17.09%)	339 (19.19%)	451 (25.52%)	650 (36.79%)	373 (21.11%)	100 (5.66%)	291 (16.47%)

表 6-11 同伴偏差行为

	抽烟	喝酒	吸毒	贩毒	打架闹事	偷窃	毁坏公共财物	恐吓	参加帮派
总体	1.64 (0.87)	2.16 (1.09)	1.03 (0.27)	1.02 (0.22)	1.45 (0.7)	1.06 (0.3)	1.14 (0.43)	1.15 (0.48)	1.12 (0.45)
男	1.63 (0.87)	2.14 (1.08)	1.03 (0.26)	1.02 (0.24)	1.44 (0.68)	1.05 (0.28)	1.13 (0.42)	1.14 (0.44)	1.11 (0.42)
女	1.65 (0.88)	2.18 (1.11)	1.03 (0.27)	1.02 (0.2)	1.47 (0.73)	1.06 (0.32)	1.15 (0.44)	1.16 (0.51)	1.13 (0.48)
初中	1.65 (0.88)	2.12 (1.12)	1.02 (0.21)	1.01 (0.16)	1.4 (0.65)	1.04 (0.23)	1.11 (0.37)	1.13 (0.44)	1.1 (0.42)
高中	1.63 (0.87)	2.19 (1.07)	1.04 (0.3)	1.02 (0.25)	1.49 (0.74)	1.07 (0.34)	1.16 (0.46)	1.17 (0.5)	1.12 (0.47)

况。此外，虽然存在跨年级的友谊，但是由于数量较少，考虑到构图的美观性，已将这部分连线删除。

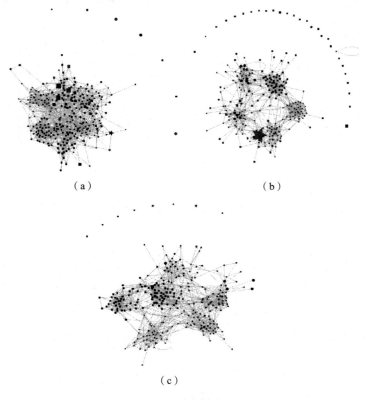

（a）   （b）

（c）

图 6－1　青少年全社交网络图

注：（a）图为初一年级，（b）图为初二年级，（c）图为初三年级。每一个点代表一个被访者。点的形状代表其所在班级。每一条线代表一次指名。点的大小与其偏差行为程度成正比。点的颜色代表其是否为本地人，黑色代表本地青少年，灰色代表流动儿童。

全社交网络图传达了非常丰富的信息。从整体的密度来看，初一年级的社交网络密度更高，而且跨班级之间朋友交往非常密切。从初一年级的社交网络图来看，班级之间的界限并不明显。而初二、初三班级之间的界限非常明显，青少年的好朋友往往是在同班级之内，跨班级之间的交往减少。

从偏差行为来看，我们发现初一年级的偏差行为程度普遍较高，初二和初三年级的则较低，虽然初二年级有一个被访者汇报了极端的偏差行为，但是我们怀疑可能有不真实的情况。此外，我们也发现，出现偏差行为的个体其周围的朋友也更容易出现偏差行为，这种现象集中表现在初一年级。此外，我们发现那些孤立的个体，既没有被人指出是朋友，也没有指出自己的朋友，这部分个体的偏差行为程度并不高。根据相关文献，这些个体被称为社交上的孤独者，这些人罹患精神疾病的概率较高，但实施偏差行为的概率则并不高（Niño、Cai 和 Ignatow，2016）。

最后，就移民状态而言，我们发现初一、初二有更多的流动儿童。初三则几乎没有流动儿童。这种情况的出现可能与政策有关。由于有的学生没有户籍，所以可能不能参加本地的初升高考试，因此不得不返回原籍。就流动儿童是否比本地儿童偏差行为程度更高而言，我们从图中并不能得到这样的结论，除初二年级的一个异常值之外，绝大多数流动儿童的偏差行为程度和本地儿童类似。

四　家庭教养方式与偏差同伴接触

我们在表 6 - 12 和表 6 - 13 中列举了家庭教养方式对不同类型偏差同伴接触的影响。对于各类父母教养方式而言，我们发现，父母监督能够有效降低青少年与物质滥用同伴的接触，父母道德教育则能降低与饮酒、打架和恐吓他人同伴的接触。值得一提的是，父母的专制式控制行为增加了青少年与各类偏差同伴的接触。这一发现可能与本节所讨论的青少年社会化有直接关系，根据第三章对父母专制式控制行为的描述，父母的这种专制式控制行为会降低青少年对家庭的依附，从而寻求偏差同伴的认同。

表 6 - 12　青少年偏差同伴与家庭教养方式（1）

	抽烟	喝酒	吸毒	贩毒	打架闹事
父母冲突	- 0.00 (0.04)	0.07 (0.05)	- 0.02 (0.01)	- 0.02 (0.01)	0.01 (0.03)
父母监督	- 0.07* (0.03)	- 0.12** (0.04)	0.02* (0.01)	0.010* (0.01)	- 0.04 (0.03)
父母温暖	- 0.04 (0.04)	- 0.11* (0.05)	- 0.00 (0.01)	- 0.00 (0.01)	- 0.01 (0.03)

续表

	抽烟	喝酒	吸毒	贩毒	打架闹事
父母专制式控制	0.11***	0.16***	0.02*	0.02***	0.09***
	(0.03)	(0.04)	(0.01)	(0.00)	(0.02)
父母赋予自主权	0.01	0.05	0.01	0.01	-0.02
	(0.04)	(0.05)	(0.01)	(0.01)	(0.04)
父母支持式控制	-0.00	0.08	-0.00	0.00	0.01
	(0.03)	(0.04)	(0.01)	(0.01)	(0.02)
父母的道德教育	-0.01	-0.04*	-0.00	-0.00	-0.04*
	(0.02)	(0.02)	(0.00)	(0.00)	(0.01)
截距	-1.17***	-1.98***	-0.15**	-0.10***	0.25
	(0.19)	(0.24)	(0.05)	(0.03)	(0.16)
N	1798	1795	1798	1798	1798
R^2	0.18	0.21	0.01	0.02	0.06
调整后 R^2	0.17	0.20	0.01	0.02	0.06

注：* $p < 0.05$，** $p < 0.01$，*** $p < 0.001$；性别、年龄和民族作为控制变量。

表 6 - 13　青少年偏差同伴与家庭教养方式（2）

	偷窃	毁坏公物	恐吓	参加帮派
性别	-0.03**	-0.07***	-0.11***	-0.05**
	(0.01)	(0.02)	(0.02)	(0.02)
年龄	0.00	-0.01	-0.00	0.00
	(0.00)	(0.01)	(0.01)	(0.01)
民族	-0.01	0.06	0.06*	0.08*
	(0.02)	(0.03)	(0.03)	(0.03)
父母冲突	-0.01	0.03	-0.02	-0.03
	(0.01)	(0.02)	(0.02)	(0.02)
父母监督	-0.00	-0.01	0.00	-0.01
	(0.01)	(0.02)	(0.02)	(0.02)
父母温暖	-0.00	-0.03	-0.03	-0.03
	(0.01)	(0.02)	(0.02)	(0.02)
父母专制式控制	0.04***	0.06***	0.08***	0.07***
	(0.01)	(0.01)	(0.01)	(0.02)
父母赋予自主权	0.00	0.00	0.03	-0.01
	(0.01)	(0.02)	(0.02)	(0.02)
父母支持式控制	0.01	-0.01	-0.01	0.03
	(0.01)	(0.02)	(0.02)	(0.02)

续表

	偷窃	毁坏公物	恐吓	参加帮派
父母的道德教育	-0.01^* (0.01)	-0.02 (0.01)	-0.02^* (0.01)	-0.01 (0.010)
截距	-0.00 (0.06)	0.32^{***} (0.09)	0.22^* (0.10)	0.08 (0.10)
N	1798	1795	1799	1798
R^2	0.02	0.04	0.05	0.03
调整后 R^2	0.02	0.04	0.05	0.02

注：$* p < 0.05$，$** p < 0.01$，$*** p < 0.001$；性别、年龄和民族作为控制变量。

　　总结本节的内容，我们发现青少年同伴交往已经成为其重要的社会化来源。由于现行教育体制和学校结构，青少年的社交网络绝大多数集中在学校内部，更准确地说是班级内部，而与朋友活动的主要场所也是学校，因此学校内部环境将成为影响青少年活动的极端重要的因素。根据发展理论，青少年在初高中时期社会化过程的责任将主要由家庭转向同伴，本节的研究从不同方面刻画青少年的同伴关系，进一步表明了同伴分布的状态和特点。此外，本节也发现虽然父母监督和道德教育能减低与某些偏差行为同伴的接触，但父母的专制式控制行为则会增加青少年与偏差行为的接触。这也进一步说明，当青少年家庭功能失常时，青少年会转而向其同伴寻找认同，这会极大地增加其与偏差同伴接触的可能性。

第七章
青少年家庭教养方式与亲子关系

第一节　青少年与父母之间的关系

在青少年不同的社会纽带中，亲子关系是最为基本和重要的纽带，对青少年的发展和成长起着至关重要的作用。积极的亲子关系有助于促进儿童和青少年的健康成长，并减少很多不良因素的干扰和影响，因此，对于亲子关系的分析是研究青少年发展必不可缺的部分。

父母亲子的关系包含父母和孩子之间的关系以及父母之间的关系两个方面，本节将重点分析前者。青少年亲子关系是指青少年与父母、祖父母以及其他作为抚养人身份的亲人之间的相互关系，是家庭关系的重要组成部分。当前青少年正处于生理发育的第二高峰期，也是独立人格养成和培养的初步时期，这个时期的青少年具有容易情绪不稳定、学业压力大、叛逆、对异性感兴趣等特征，这些均会在一定程度上影响青少年和父母之间的关系。同时另一方面，青少年的父母大多数处于中年阶段，面对来自生活、工作以及家庭的多方面压力，常常忽视与孩子之间的沟通或者在沟通中出现缺乏耐心和包容的行为，使得与孩子的交流存在诸多问题，从而造成亲子关系的紧张。不健康的亲子关系会直接或者间接地影响青少年的在校表现和自我发展。

处于叛逆期的青少年在中学时期的生理和心理都发生了较大的改变，很多事情有了自己的看法和观点，对于父母的意见不再是言听计从。因此，孩子和父母之间的关系也会发生一定的变化（Koepke 和 Denissen，

2012；吴旻、刘争光和梁丽婵，2016）。进入青春期后，个体独立自主的需求增加，与父母之间的关系也发生了较为明显的变化，亲子关系呈现从不对称到具有相互性的逐渐对称的过程（周玉慧，2015），伴随而来的是亲子关系的亲密程度降低，孩子和父母之间的冲突增加（Ausubel 和 Grossack，2013）。

与之相一致的是 Ausubel 在 1970 年提出的卫星理论（satellization theory），这一理论认为，孩子的成长如同一颗卫星，在自己可以独立自主前，是围绕着家庭和父母的，但是逐渐进入青春期后，亲子之间的关系开始"脱卫星化"（desatellization），青少年逐渐开始和父母保持一定的距离，这种关系会逐渐持续到自己可以充分做主。在这一阶段中，青少年的主要任务包括重新卫星化、试着赢得地位以及对未知进行探索，这一过程对青少年的成长至关重要，若亲子之间没有调整好各自的位置和距离，那么亲子之间的关系可能会失衡，进而产生亲子冲突；反之，如果亲子之间可以较好地完成由卫星化过渡到脱卫星化的过程，则意味着青少年在成长和发展的过程中完成了充分的个体分离任务且自主性得到发展，有助于减少以后的人际冲突，进而建立较好的人际关系（Ausubel 和 Sullivan，1970；吴旻等，2016）。

根据赫希的社会纽带理论可知，孩子对父母的依恋越强，孩子和父母之间的关系越好。孩子对父母的依恋包括孩子愿意和父母分享自己的想法和感受，心情不好的时候愿意向父母倾诉，觉得自己和父母的关系非常亲密和温暖，希望自己长大之后成为和父母一样的人等。处在青春期的孩子如果对父母的依恋较强，那么生活中遇到的很多问题可以通过与父母沟通、听取家人建议等途径去解决，而不是通过偏差行为去发泄。在父母教养方式的研究中，父母给孩子的监督、温暖等行为对于孩子树立正确的行为习惯、养成良好的学习习惯以及培养孩子自信、独立思考等能力具有重要的作用。本节将根据上述理论来分析父母和孩子之间的关系。

长期以来，中国的教育在很大程度上忽视了亲子之间的关系以及相处沟通的模式对青少年发展的作用，从而对亲子关系的研究尚缺乏一些具有高度和战略性的定量分析。在当前中国社会环境下，父亲作为家庭的一家之主，在生活中给予孩子较多的模范作用；母亲和父亲的不同在于前者会将更多的时间和精力投入家庭和孩子中，因此，照顾孩子、和孩子在一起的时间会相对较多，而父亲则将更多的精力投入自己的工作中，努力提高全家人的物质生活水平。因此，本节分别分析青少年和父亲之间、青少年和母亲之间的关系。通过调查孩子每周与父亲（母亲）一起聊天、工作、放松娱乐、做家务或者宗教活动的时间长短，了解青少年对与父亲（母亲）在一起的重要程度的认知。在此基础上，进一步探讨对孩子个人特征影响最大的家庭角色以及遇到问题首选的求助对象等，深入分析父亲（母亲）在生活中对孩子的影响。最后在前文分析基础上探讨青少年对自己和父母之间关系的满意程度、自己以后是否希望成为父亲（母亲）那样的人，以及比较孩子与二者之间关系的差异，从而了解父母在家庭中分工的重要性和差异性，梳理出对孩子较好的父母分工以及亲子相处模式。

一　青少年亲子关系分析

（一）青少年和父母相处频率分析

青少年和父母相处时间的长短是影响亲子关系的因素之一，且这种影响对处于青春期的子女最为显著，有研究表明，与母亲相处时间较长的青少年，出现越轨行为的可能性相对偏低（Bianchi 和 Milkie，2010）。但是，也有研究发现不是父母对孩子的陪伴越多，对孩子的影响就越好，具体表现为，当孩子意识到自己的母亲需要在工作中挤出时间来陪伴自己时，这种陪伴就会对孩子产生压力以及负面影响（Nomaguchi 和 Milkie，2003）。因此，父母对孩子有质量的陪伴效果远远优于让孩子有负面情绪的长时间陪伴。本书在 2013 年的调查中，以周为单位，青少年将回答自己和父亲（母亲）在一起聊天、工作、娱乐、做家务或者宗教活动等的大约时间。本书将"没有"以 0 天计算，将"不到一天"用 0.5 天进行计算，之后的每天按照其整数天进行计量。从表 7 - 1 的结果分析可以看出，青少年和母亲相处的时间多于父亲，主要表现为 25.66% 的青少年每周有 7 天和自己的母亲在一起，而 7 天均和父亲在一起的只有 19.33%；另一个极端数据是目前一周中几乎从未和父母在一起的时间中，母亲所占比例是17.88%，父亲的占比是21.47%。因此可以说，青少年和母亲在一起的时间多于和父亲的相处时间。为了对这一结果进行验证，从青少年和父母相处的时间均值来看，每周和母亲在一起的时间均值是2.91天，和父亲相处的时间均值是2.45天，通过T检验结果可知，t值为 − 6.51，p < 0.001，从统计学上可以看出青少年和父母相处的时间存在差异，与母亲相处时间显著多于父亲。

表7 – 1　青少年每周和父亲（母亲）相处时间

时间	父亲	母亲
没有（0 天）	641（21.47%）	533（17.88%）
不到一天（0.5 天）	596（19.97%）	446（14.96%）
一天	321（10.75%）	367（12.31%）
两天	456（15.28%）	472（15.83%）
三天	120（4.02%）	108（3.62%）
四天	67（2.24%）	82（2.75%）
五天	129（4.32%）	124（4.16%）
六天	78（2.61%）	84（2.82%）
七天	577（19.33%）	765（25.66%）
均值	2.45	2.91
均值差异 T 检验	t = − 6.51；p = 0.00	

（二）对青少年影响最大的角色分析

在亲子关系的分析中，孩子自身认为的对自己生活影响最大的人一定是在自己生活中占据极其重要地位的人。因此，被调查者需要回答自己认为在日常生活中受到影响最大的人是谁，从调查结果来看，有70%的青少年认为是自己的父亲或者母亲（父亲，34.63%；母亲，35.90%），朋友、同学以及老师位居其后（朋友，9.43%；同学，5.22%；老师，4.58%），数据显示在当前的青少年中，绝大多数的成长都会受到家庭的影响且将父母当作自己成长过程中最为重要的人。这也从侧面反映出青少年和父母之间存在较强的社会纽带（见表 7 - 2）。

表 7 - 2　生活中受到影响最大的人

生活中受到影响最大的人	样本数	比例
父亲	1035	34.63%
母亲	1073	35.90%
祖父	44	1.47%
祖母	68	2.28%
外祖父	30	1.00%
外祖母	26	0.87%
老师	137	4.58%
朋友	282	9.43%
同学	156	5.22%
其他	138	4.62%

（三）青少年遇到困难的首选求助对象分析

中国有古语"患难见真情"，即当遇到困难需要帮助时，向自己伸出援助的人才是真正值得自己去珍惜的人。如果青少年在生活中遇到了问题，会首先向谁求助，这是体现青少年的信任和密切关系的重要指标。表 7 - 3 的调查结果中有 42.78% 的青少年选择向自己的母亲求助，会向父亲求助的青少年仅有 15.92%。且结果中有 21.29% 的青少年选择向自己的某个朋友或同学求助，而向自己兄弟姐妹进行求助的也有 6.27%。本题与前一题对影响最大的人的调查有显著的差异，即青少年认可父母的影响和教育，但是，当自己需要帮助时，大部分孩子会找自己的母亲或者是身边的朋友，而不是父亲，这一特征侧面反映出两点，第一，中国文化下的父亲角色是一个家庭经济能力和权威的象征，因此父亲大多数时间会投入自己的工作和社会生活中，留在家以及陪伴孩子的时间较为有限，因此孩子认为在需要帮助的时候，向母亲求助更加合理。在定性访谈中，部分孩子对自己父母工作忙碌程度的认知普遍反映出母亲给予其陪伴和教育的时间显著多于父亲。

表7-3 遇到生活问题首选求助对象

首选求助对象	样本数	比例
亲生母亲	1282	42.78%
亲生父亲	477	15.92%
继父继母	9	0.30%
兄弟姐妹	188	6.27%
祖父母或外祖父母	42	1.40%
18 岁以下的其他亲戚	10	0.33%
18 岁以上的其他亲属	28	0.93%
某个朋友或同学	638	21.29%
老师或学校辅导员	48	1.60%
心理咨询师	9	0.30%
教堂教职人员	5	0.17%
其他人	49	1.63%
不会找任何人	212	7.07%

例如，对青少年的父母工作以及忙碌与否进行询问时，某位同学的访谈中出现如下对话，问："他们工作忙吗？做什么工作？"答："不忙，很轻松。一天都在屋里头。我妈是环卫局的，她只上到十二点，我爸是个人在做生意。"（同学 A）

本题的答案反映出的第二点是孩子对父亲和母亲依恋和亲密程度的差异，具体表现为孩子愿意更多地和母亲分享自己的所见、所闻、所感，母亲在生活中可以更多地站在孩子的角度去交流和沟通。此外，母亲在生活中会花费较多的时间和孩子交流一些小事情，点点滴滴地给孩子进行教育，在生活中表现得更加细心和敏感。有研究表明：常与母亲相处的孩子具有对新鲜事物较为浓厚的兴趣以及擅长社交等，母亲重视心灵层面，注重关系的培养；而经常和父亲在一起的孩子智商则更高，更加独立和自信，父亲更加关注现实状况、重视工作和目标（Kaslow 等，1988）。因此，孩子在需要帮助的时候首选母亲而不是父亲与对父母的亲密程度差异显著相关。在访谈中和孩子聊到亲密程度时也有类似的发现。例如，被询问到

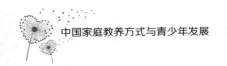

觉得自己和爸爸妈妈谁更加亲时，有人回答"和妈妈异性相吸吧……觉得妈妈好说话一点"。（同学 B）

"我老爸嘛，我就感觉我老爸很凶。不管我做什么事儿，都要说我两句。我做一点错事，都会骂我，可能还要打我。我妈就不这样，经常给我讲道理。"（同学 C）

"我是独生子女，我父亲在外打工"，问："平时和你妈妈交流多吗？"答："还行吧。"问："都说些什么？"答："学习，学习怎么样，上课怎么样。"问："和你爸爸交流得多吗？"答："很少说话。"（同学 D）

"和妈妈更亲，从小就和妈妈很亲。"（同学 E）

"和妈妈更亲，从小就觉得妈妈好看，喜欢跟妈妈一起玩，就不是很喜欢爸爸。"（同学 F）

从上述访谈的对话中可以看出，父亲和母亲在家庭中承担和扮演着截然不同的角色，一般而言，母亲会花费更多的时间和精力在陪伴孩子和与孩子进行沟通方面，使得孩子认为和母亲更加亲密，母亲对自己做错事情的责备会少于父亲等，因此进一步解释了为什么青少年在遇到困难的时候会优先考虑寻求母亲的帮助。

（四）青少年对亲子关系的感知判断分析

孩子和父母关系中第四个主要的测量方面是孩子对亲子关系的主观判断，这里的主观判断主要包括两个部分。第一部分是青少年对于和父母一起活动以及和父母相处融洽性的重要程度的认知（见表 7 - 4），其中包括：请问你认为和父亲（母亲）一起聊天、做家务或者其他娱乐活动对你来说有多重要呢？请问你认为和父亲（母亲）相处融洽重要吗？选项分别包括"非常重要"、"比较重要"、"一般"、"比较不重要"以及"非常不重要"五个维度，分别赋予从 1 到 5 的分值（见表 7 - 4）。从调研结果中可以看到，青少年中有 80% 左右认为是"比较重要"和"非常重要"的。其中，认为和母亲一起活动以及关系融洽非常重要的比例达到 61.33%，高于对父亲认知的 56.15%。从均值来看，对父亲的关系融洽重要性的认知得分是 1.72 分，母亲的得分是 1.58 分，说明孩子认为和母亲相处融洽更加重要，通过 T 检验可以得出，t 值是 −5.91，且 p 值显著，说明青少年对父母关系融洽认知的差异性是显著的。

表 7 − 4　青少年与父母关系重要性

重要性	父亲	母亲
非常重要（1 分）	1675（56.15%）	1835（61.33%）
比较重要（2 分）	686（23.00%）	711（23.76%）
一般（3 分）	495（16.59%）	371（12.40%）
比较不重要（4 分）	46（1.54%）	29（0.97%）
非常不重要（5 分）	81（2.72%）	46（1.54%）
均值	1.72	1.58
均值差异 T 检验	t = −5.91；p = 0.00	

青少年对亲子关系主观判断的第二个部分包括：你想成为父亲（或者母亲）那样的人吗？你很喜欢和父亲（母亲）待在一起？你很满意父亲（母亲）与你的沟通方式？以及总体来说，你很满意你与父亲（母亲）的关系。选项包含非常不同意、不同意、一般、同意以及非常同意 5 个选项，分别对应 1~5 分，从结果均值来看（见表 7 − 5），青少年想成为自己父亲那样的人的均值是 3.21，想成为母亲那样的人的均值是 3.32，即稍高于父亲，通过 T 检验，t 值为 −3.44，p 值达到显著，说明青少年对以后希望成为父亲或者母亲类型的人存在显著差异。青少年更多地希望自己以后可以成为母亲那样的人，也从侧面反映出青少年对自己母亲的满意程度尚可。第二个问题检验喜欢和父母待在一起的程度，喜欢和父亲待在一起的程度位于"一般"和"同意"之间（3.83），喜欢和母亲待在一起的程度位于"同意"和"非常同意"之间（4.01），且 T 检验中 p 值显著，t 值是 −5.90，从而可以看出青少年更加倾向于和自己的母亲待在一起，这可能是由于和母亲待在一起没有压力，可以放松地和母亲交流沟通，而父亲可能会给孩子无形的学习压力，青少年会担心自己做得不好受到父亲的教训等。第三个问题检验是否满意和父母的沟通方式，青少年对与母亲沟通方式的满意程度稍高于与父亲沟通方式的满意程度，均值分别是 3.66 和

3.51（T检验的结果是 t 值 -4.64，p<0.001），均位于"一般"和"同意"之间，反映出整体而言，青少年并不非常满意自己和父母之间的沟通方式，这一点已在前文父母教养方式方面进行了详细分析。最后一个问题检验对与父母关系的满意程度，对与母亲关系的满意程度在"同意"和"非常同意"之间（4.03），而对与父亲关系的满意程度则处于"一般"和"同意"之间（3.90），T检验结果中 t 值为 -4.53，p 值达到显著，说明对与母亲关系的满意程度要高于父亲。整体结果和前面三个问题一致，即青少年在与父母的相处中，整体比较喜欢和母亲的相处模式，父亲可能在某种程度上表现得过于严格，母亲在家庭中承担更多的照顾家庭成员的责任，这使得母亲更加具有亲和力和可沟通性（见表7-5）。

表 7 - 5　青少年与父母关系测量

	父亲	母亲	父亲与母亲差异 T 检验	
			t 值	p 值
想成为父母那样的人	3.21（1.23）	3.32（1.21）	-3.44	0.00
喜欢和父母待在一起	3.83（1.16）	4.01（1.07）	-5.90	0.00
满意父母与你的沟通方式	3.51（1.2）	3.66（1.14）	-4.64	0.00
满意你与父母的关系	3.90（1.16）	4.03（1.08）	-4.53	0.00

根据上述分析可以发现，当前中国的社会文化中母亲仍然承担着大部分家庭对内责任，处于青春期的孩子也更加愿意和母亲分享自己的想法和观点。因此，我们做出以下建议，首先，父亲应当尽可能多地参与到家庭和孩子教育中来，尽可能更加耐心、平和地与孩子沟通，聆听孩子的观点，尊重孩子的想法，让孩子对父亲的角色不再是畏惧和担心被骂。其次，在父亲不在的时间，母亲应该充分向孩子解释父亲不在家的原因和意义，让孩子对父亲外出工作的辛苦有客观的认知，同时尽可能让孩子理解父亲的辛苦。最后，母亲在教育孩子的过程中，应充分利用与子女亲密关系下的沟通来多了解孩子，多站在与孩子平等的角度帮助孩子分析问题、解决问题，让孩子将自己视作亦师亦友的角色。

二　青少年亲子沟通与其行为的相关性分析

本节前一部分分析了青少年对于和父母相处、沟通的满意程度，在此基础上，对青少年具有这些感知的来源进行分析。将父亲和母亲的值加总取均值作为因变量，在控制了性别、年龄以及民族的基础上，父母对孩子的教导行为会显著影响青少年对亲子关系的认知。父母的行为主要分为父母之间的冲突、父母对孩子的监督、给予孩子的支持、父母对孩子的权威、父母给孩子的自主权和温暖、父母的支持式控制以及父母对孩子进行的道德教育一共七个方面（具体每个方面的解释可以看前文有关父母教育的分析）。父母之间的冲突以及解决办法对孩子对亲子关系的认知尚不存在显著的影响，而父母对孩子的监督和管理对青少年对亲子关系的认知具有显著影响。具体表现为，父母的监督每增加一个单位，青少年对亲子关系的认知也会增加，想成为父母那样的人会增加 0.196 个单位（$\beta = 0.196$，$p < 0.001$），喜欢和父母待在一起会增加 0.062 个单位（$\beta = 0.062$，$p < 0.05$），对与父母之间沟通方式的满意程度会增加 0.140 个单位（$\beta = 0.140$，$p < 0.001$），对与父母之间整体关系的满意程度会增加 0.118 个单位（$\beta = 0.118$，$p < 0.001$）。通过本书第三章可以知道，父母对孩子的监督和监管主要体现为对孩子好朋友以及好朋友父母的熟悉程度，对孩子老师以及孩子在校表现的熟悉程度等，这些信息的增加几乎都是通过与孩子沟通获得的，也间接体现了孩子愿意与父母分享自己的好朋友，以及让父母了解自己好朋友的家长等，同时，父母对孩子在校表现的获悉有助于父母及时制止孩子在学校的不当表现和错误行为，这些措施都有助于孩子行为习惯的规范，进而使其更加归属于家庭，在这样的情况下，孩子会花费更多的时间和父母（特别是母亲）进行沟通交流以及分享自己在学校的趣闻轶事，从亲子关系的角度来说，父母的监督起到了很好的促进作用。

家庭教育的第三个维度，父母给予孩子的温暖也对青少年的亲子关系认知具有显著影响。父母给予孩子的温暖每增加一个单位，青少年对自己以后成为父母那样的人的期望程度会增加 0.495 个单位（$\beta = 0.495$，$p <$

0.001），喜欢和父母待在一起的程度会增加 0.635 个单位（β = 0.635，p < 0.001），对与父母之间沟通方式感到满意的程度会增加 0.48 个单位（β = 0.480，p < 0.001），对与父母之间关系的整体满意程度增加 0.544 个单位（β = 0.544，p < 0.001）。父母给予孩子的温暖主要包含父母会夸奖孩子做得好，在一些重要的事情上给孩子提供帮助，孩子可以意识到父母很喜欢自己、经常鼓励自己等积极的家庭教养方式。在这样的前提下，孩子感受到父母对自己的爱且接受后，也会回馈给父母相似的温暖和依恋，很自然地愿意与父母更多地交流，愿意将自己的想法告诉父母，特别是在重要的事情上，希望父母给予自己一些支持和建议，这种积极的亲子关系显著地促进青少年的亲子关系满意程度提高，也有助于青少年的成长和良好的自我发展。

第四个家庭教育的维度，父母对孩子的专制式控制对于孩子对亲子关系的满意程度具有显著的抑制作用。具体表现为父母对孩子的专制式控制每增加一个单位，青少年对成为父母那样的人的期望就会降低 0.119 个单位（β = −0.119，p < 0.01），对喜欢和父母待在一起的感觉会降低 0.197 个单位（β = −0.197，p < 0.001），对与父母之间沟通方式的满意程度会降低 0.274 个单位（β = −0.274，p < 0.001），对与父母之间整体关系的满意程度会降低 0.272 个单位（β = −0.272，p < 0.001），上述关系均呈现出统计学的显著关系。分析前文可以知道，父母对孩子的专制式控制主要包含以下几个方面：父亲（母亲）干涉孩子的事情，告诉孩子不喜欢其在家的表现，无缘无故地惩罚孩子，孩子做错事情会受到父亲（母亲）的打骂，而且自己可以做什么事情以及不可以做什么事情是由父亲（母亲）决定的等。这些指标都表现出孩子在拒绝父母过多专制式控制和干涉的前提下，父母给予的强制性的"关心"和过多的暴力等，使得孩子愈发拒绝和父母的过多接触以及对父母的亲近和沟通呈现拒绝的状态。

第五个家庭教育的维度，父母给予孩子的支持和自主权对亲子亲密程度具有部分显著影响，具体表现为随着家庭中给予青少年的自主权每增加一个单位，青少年对与父母沟通方式的满意程度会提升 0.180 个单位（β = 0.180，p < 0.001），青少年对与父母之间关系的满意程度也会增加

0.115 个单位（β = 0.115，p < 0.001）；而对于想成为父母那样的人的倾向性（β = 0.031，p > 0.05）以及对于喜欢和父母待在一起（β = 0.065，p > 0.05）的影响在统计学上没有达到显著水平。父母给予孩子自主权是指尊重孩子的意愿和观点，可以接受孩子拥有与自己不同的见解和认知，也会在家庭决策的过程中听取孩子的意见等，因此，受到父母尊重的孩子知道自己的观点即使不正确，也不会受到父母的责骂，因此会愿意向家人阐述自己的想法和观点，当自己有不同于父母的观点时，父母会尊重孩子的观点且支持，即使出现不对的行为，父母也会向孩子分析和解释为什么不对，而不是苛责和教训，从而使得青少年更加满意和父母之间的沟通方式以及亲子关系。

家庭教育方面的第六个维度是父母的支持式控制，对青少年的亲子关系也会产生部分的显著影响，即随着父母的支持式控制每增加一个单位，青少年对于希望成为父母那样的人的偏好会降低 0.087 个单位（β = −0.087，p < 0.05），对与父母待在一起的喜欢程度会降低 0.085 个单位（β = −0.085，p < 0.01），但是父母的支持式控制程度对于青少年对父母沟通方式（β = −0.015，p > 0.05）以及整体关系（β = −0.047，p > 0.05）的满意程度没有达到统计学意义上的显著影响。父母的支持式控制在某种程度上可能会被孩子认为是父母过于啰唆，因为父母在给孩子定规矩后会向孩子解释，为什么会有这样的规矩，可能在叛逆期的青少年眼中，父母的行为是在为其自己的"独裁"寻找借口，当孩子做错事情的时候，父母也会一遍又一遍地与孩子分析事情的利与弊，当孩子在青春期的时候，很多人会拒绝和父母过于深入的沟通，因为会认为父母的行为过于"聒噪"，因此，青少年在成长时期可能由于拒绝和父母过多地沟通而不希望和父母过多地待在一起，且不希望自己以后成为父母那样的人。

家庭教育的最后一个维度是父母对孩子道德方面的教育，这对亲子亲密程度也具有显著的促进作用，具体表现为父母对孩子的道德教育每增加一个单位，青少年对于希望成为父母那样的人的偏好会增加 0.067 个单位（β = 0.067，p < 0.01），喜欢和父母待在一起的程度增加 0.069 个单位（β = 0.069，p < 0.001），对与父母之间沟通方式的满意程度增加 0.034 个

单位（β = 0.034，p < 0.05），对与父母整体关系的满意程度增加 0.067 个单位（β = 0.067，p < 0.001）（具体见表 7 - 6）。

表 7 - 6　青少年家庭教育对亲子关系的影响

	想成为父母那样的人	喜欢和父母待在一起	满意沟通方式	满意关系
父母冲突	0.03 (0.05)	0.03 (0.04)	0.04 (0.04)	0.06 (0.04)
父母监督	0.20*** (0.04)	0.06* (0.03)	0.14*** (0.03)	0.12*** (0.03)
父母温暖	0.50*** (0.05)	0.64*** (0.04)	0.48*** (0.04)	0.54*** (0.03)
父母专制式控制	- 0.12** (0.04)	- 0.20*** (0.03)	- 0.27*** (0.03)	- 0.27*** (0.03)
父母赋予自主权	0.03 (0.05)	0.07 (0.04)	0.18*** (0.04)	0.12** (0.04)
父母支持式控制	- 0.09* (0.04)	- 0.09** (0.03)	- 0.02 (0.03)	- 0.05 (0.03)
父母的道德教育	0.07** (0.02)	0.07*** (0.02)	0.03* (0.02)	0.07*** (0.02)
截距	1.47*** (0.24)	2.48*** (0.19)	2.37*** (0.20)	2.26*** (0.19)
样本量	1759	1761	1765	1766
R^2	0.28	0.46	0.46	0.47
调整后 R^2	0.28	0.45	0.46	0.47

注：* p < 0.05，** p < 0.01，*** p < 0.001；性别、年龄和民族作为控制变量。

上述对于亲子关系的感知均是针对学生进行测量的，因此，对孩子和父母关系的认知与其成长背景和文化具有重要关系，有研究发现从进化论的观点出发，对亲子关系的评价具有与环境协调的内部自动平衡功能，在不同的社会环境中，必然会受到文化的影响，形成一定的差异性。生活在中国文化背景下的学生，既受到中国传统的家庭孝道文化的影响，同时也受到现代文化思想的冲击，使得青少年与父母之间存在观念上的差异和隔阂。父母大多数结合人生体验能够更加深切地意识到知识的重要性，很多人将自己的全部希望寄托在子女身上，研究表明目前很多青少年可以理解父母的期待和付出，但是也会对父母为自己做出的牺牲感到内疚，对父母的过多控制感到不满。一些青少年很想尽早从父母的约束中解脱，也畏惧自己的行为会对家庭和社会产生影响，因此，在处理与父母的关系中存在很大的心理矛盾（王欣、吴艳红，1998）。

综上所述，父母对子女的行为影响青少年的亲子关系感知，因此，从父母的角度出发，第一，父母给孩子适当的监督有助于孩子更多地与父母分享自己的所见所闻，有助于增进与父母之间的亲密程度。第二，父母给孩子的温暖也会增加父母和孩子之间的亲密程度，让孩子更加满意与父母之间的沟通方式。第三，父母对孩子的专制会让孩子认为父母是在亲情绑架从而显著减少孩子感知到的亲子亲密程度，因此，父母减少对子女过多的控制反而有利于孩子与自己亲密程度的提高。第四，作为父母，在一些事情上可以赋予孩子一定的自主权，让孩子自行决定一些事情，在家庭的决策上听取孩子的意见，会使得孩子认为父母是尊重且认可自己的，从而有助于建立起良好的亲子关系。第五，家庭应当给孩子进行适当的道德教育，让孩子感知到家庭带来的正能量，树立对父母的尊敬，从而营造与父母之间更加和谐和亲密的关系。

第二节　青少年父母关系对孩子行为的影响

一　父母关系概述

父母是孩子的第一老师，父母直接沟通的模式、解决问题的方式都是孩子模仿和学习的重要来源，也是影响孩子的心理健康以及人际交往能力的重要因素。此外，父母在教育孩子方面的观点以及双方扮演的角色也会影响孩子与父母之间的纽带关系。因此，本节主要分析青少年父母之间的关系，具体包括：父母之间出现分歧时，父亲（或者母亲）选择解决问题的方式；父母之间是否会有冲突行为；父母之间对彼此表达感情的方式；等等。当父母之间频繁地出现冲突行为时，孩子可能会产生焦虑、忧虑等心理障碍，也可能会在冲突的环境中逐渐接受用冲突行为来解决问题，并

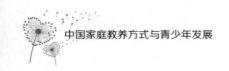

应用在自己以后的行为选择中。

所谓父母关系，又称父母婚姻关系，是指从子女角度出发对自己所生活家庭环境中的夫妻关系的感知（苏贞贞，2015）。在家庭生活中，父母如果可以相互理解和支持，遇到问题积极沟通和面对，尽可能避免情绪主导所引起的吵架，子女会在生活中感受到积极的、温馨的父母关系；反之，父母如果遇到问题无法顺利沟通，存在争吵、冷战、肢体暴力等行为，则会让子女感知到消极的、不健康的父母关系。

二 父母关系影响青少年的理论基础

关于父母之间关系是如何影响青少年心理以及其行为发展的，很多研究给出了相关的理论依据，本书做一个系统的介绍。首先，家庭系统理论。家庭系统理论认为家庭作为一个系统包含亲子系统、父母之间的系统以及兄弟姐妹之间的系统，其中，这三重关系会相互联系和影响，具体的影响效应通过溢出假设和补偿假设来说明。前者认为，一个子系统中的行为和感情可以影响或者迁移到另一个子系统中，例如，父母系统中的行为会扩散到亲子系统中，即父母之间的和谐的相处模式会促进积极的亲子关系，进而影响子女的身心健康，有助于兄弟姐妹之间形成更加友好和亲密的情感；反之，父母之间的冲突和消极的行为会减弱亲子关系，孩子会拒绝与父母过于亲密，进而为子女的身心健康和子女之间的和谐共处产生障碍。补偿假设认为在父母之间存在冲突的情况下，积极的亲子关系可以减少父母之间关系不和谐给孩子带来的消极影响（Hogben 和 Waterman，2000）。

社会学习理论认为，父母的言行举止、父母之间的沟通方式会被孩子有意识或者无意识地模仿和学习，从而对青少年的行为具有重要的影响。青少年的成长很大程度上依赖于家庭，因此父母的行为成为他们学习和模仿的重要源泉，孩子的行为特征会真实地反映父母的交往模式（Akers，1985）。

认知——情境理论经常被用作解释父母之间的冲突对青少年的影响。该理论认为，在家庭中，面对父母冲突，孩子会进行一个认知的评估，而父母的冲突水平会影响青少年的认知评估，如果父母之间通过吵架或者冷暴力等方式获得了夫妻之间博弈的胜利，那么孩子可能会认为吵架或者冷暴力是可取的行为，并带有强烈的情绪色彩，父母之间的冲突水平越高，认知的评价就会越消极，可能会严重影响子女身心健康以及行为特征。在父母的冲突行为和孩子的内化问题之间，认知作为中介作用决定父母行为对孩子各方面的影响程度。

本书前面分析了父母之间的关系及其存在的冲突种类和严重程度，本节将不再赘述，本章在第一节对青少年与父母之间关系进行分析的基础上，运用分层回归模型逐级加入自变量，针对父母之间的关系以及存在的冲突对孩子行为所产生的影响进行分析。具体表现为：首先，分析父母之间的关系对孩子各方面行为产生的影响，对心理健康、学习成绩以及偏差行为等的影响；其次，在此基础上进一步分析孩子与父母之间的关系以及父亲和母亲之间的相处模式对孩子的行为选择和习惯养成的影响；最后，根据分析提出对孩子发展有益的父母相处模式。

三　青少年对父母关系认知的定性分析

在定量分析之前，通过一些访谈对话可以大致了解青少年对父母婚姻关系的了解程度和观点。在很多父母眼中，孩子是不了解大人之间的事情的，不乏有家长会对孩子说类似于"你一个孩子懂什么，这是大人的事情"的言语，但是在访谈中发现，青少年可以很清晰地回忆起自己在童年时期看到的父母之间的冲突，而且通过这些零碎的记忆构建出自己对父母婚姻关系的认知。

青少年可以很敏感地从父母平时的沟通上感知到父母关系是不是处于和睦和健康的状态，即使是父母之间很小的互动也会让孩子觉得那是他们关心彼此的表现。例如，同学 A、同学 B 以及同学 C 的回答。

"父母关系和睦、不吵架，经常打电话，关心在外地怎么样了，经常买衣服寄过去……"问："他俩吵架么？"答："不吵。"（同学 A）

"他们关系算好吧，本来就比较关心对方嘛，我妈妈因为经常看小说嘛，眼睛就出了点问题。我爸爸就经常因为这个和她吵架，让她少看点

书。"问："那他们会因为你的教育问题吵架吗？"答："从来不会。"（同学 B）

"关系很好啊，反正都很照顾对方啊，就比如说……因为我爸是公交车司机嘛，他有时候是 12 点多才回来，然后我妈她第二天又要去开车，但她还是坚持等到我爸回来给他热晚饭吃，然后我爸也会去开车送接我妈回家。"（同学 C）

同学 D 这一案例体现了青少年可以很敏感地感知到父母之间的关系在逐渐改善，很多父母在年轻的时候会很容易发生冲突和矛盾，随着孩子的成长和自己年龄的增长，其包容性和对彼此的理解更加显著，也更加会通过一些小事情去关心对方，这些看似不经意的行为在孩子眼中就是父母良好关系的体现。

"他们关系很好。但是吵过架，是在以前，有时候吵得很凶，但第二天就会和好。吵架不会影响到我，吵架都是因为很小的事，比如打麻将之类的，现在就很少了，因为觉得……我也不知道他们怎么弄得，喜欢在家玩，很少出去玩，在家看一会儿电视，两个人聊聊天，就这样。"问："那你爸爸平时怎么关心妈妈？"答："很多，他就做饭，然后做家务，煲饭吧！"问："那你妈妈怎么关心爸爸？"答："那更多了，觉得是从一些小事看到的。"（同学 D）

也有部分青少年会有类似于同学 E 的对话，对父母之间的关系总结用"还好"一词，可能是对父母关系比较朦胧或者是较为漠不关心，但是问到父母是否会关心对方时，也会认为从小事中可以感觉到父母是彼此关心的。

"爸爸和妈妈关系还好，不吵架，关系一般，但还是关心对方，就像看病那些，感冒了，要去医院看一下啦，吃什么呀，就没有了。"（同学 E）

同学 F 代表另一种不同于前面描述的对父母关系的认知，即认为父母经常发生争吵，是关系不太好的表现，此外，父母在生活中因为类似于"油瓶倒了"之类的琐事发生拌嘴时，在父母眼中仅仅是拌嘴的行为，在青少年眼中就是父母吵架的表现之一。父母因为琐事产生纠纷，进而会影响到双方的情绪而产生争吵是很多家庭吵架的主要原因。

四　父母关系感知对青少年的影响

（一）父母关系感知对青少年在校表现的影响

当前，绝大多数青少年的父母辈都明白知识的重要性，因此这些父母会格外重视青少年的学习成绩和在校表现。而在当前社会变迁导致家庭特征发生一系列变化的前提下，父母婚姻关系中的冲突行为会显著影响青少年的在校成绩，张春妮（2017）运用2010年、2012年以及2014年三年的中国家庭追踪调查数据探讨家庭特征对于青少年在学业、心理以及行为等方面的影响，研究发现在完整家庭中，父母之间的频繁争吵对子女有全方位的严重的负面影响，这种影响程度远远超过单亲家庭以及重组家庭给孩子带来的影响。张柏芳、黄雪薇等（2009）对广州市区的1200名学生及家长进行调查，对儿童的幸福感和父母婚姻质量之间的关系进行研究发现，在儿童行为问题组，父母婚姻质量的各个因子得分都低于儿童行为正常组，其中包含婚姻满意度、性格相容性、夫妻交流以及解决冲突的方式等因子，进而这些婚姻质量较低的家庭会导致孩子的在校表现等行为落后于其他孩子（张柏芳等，2009）。

相关研究均表明父母在婚姻中的相处模式、夫妻交流以及幸福感均会对孩子的行为表现产生影响，综合多方研究，本节主要通过孩子行为的三个方面来逐一分析父母的婚姻状况对其子女的影响，包括在校表现、青少年心理健康以及是否存在偏差行为等。这三个方面分别为青少年在学校、家庭中以及未来发展等方面的评价标准之一，也是学校、父母等对青少年的主要关注方向。在后文中将会对每个方面进行单独分析，即以父母的各项行为为自变量，逐一分析每种父母行为对青少年不同行为的影响。

首先，针对青少年的学习成绩，将学校排名作为因变量，在忽视父母之间冲突的前提下，父母的各项行为也会对青少年的在校排名产生显著的影响，表现为父母的专制式控制将会对青少年的学校排名具有显著的促进作用（β = 0.13，p < 0.001），父母对孩子在道德方面的教育对青少年的在校排名具有抑制作用（β = −0.04，p < 0.05）。将父母之间的冲突加入

模型后发现，父母的冲突对青少年的在校排名没有显著影响（β = 0.03，p > 0.05）（见表7 – 7）。

表 7 – 7　父母冲突对于青少年在校成绩的影响

	学校排名		
性别	– 0.14*** (0.04)	– 0.06 (0.04)	– 0.07 (0.04)
年龄	– 0.01 (0.01)	0.00 (0.01)	0.00 (0.01)
民族	– 0.14* (0.05)	– 0.16* (0.07)	– 0.15* (0.08)
父母监督		– 0.03 (0.03)	– 0.04 (0.03)
父母温暖		0.07 (0.04)	0.05 (0.04)
父母专制式控制		0.13*** (0.03)	0.12*** (0.03)
父母赋予自主权		– 0.01 (0.05)	0.01 (0.05)
父母支持式控制		– 0.04 (0.04)	– 0.06 (0.04)
父母的道德教育		– 0.04* (0.02)	– 0.04 (0.02)
父母冲突			0.03 (0.05)
截距	2.33*** (0.15)	2.12*** (0.22)	2.14*** (0.22)
样本量	2961	1917	1814
R^2	0.01	0.02	0.02
调整后 R^2	0.01	0.02	0.02

注：* $p < 0.05$，** $p < 0.01$，*** $p < 0.001$。

（二）父母关系感知对青少年心理健康的影响

青少年的心理健康对其行为具有决定性的作用，因此青少年在面对父母之间存在不和谐的关系时，可能会对心理产生负面影响或者消极情绪，这些情绪都将间接通过青少年的行为表现出来。目前，很多学者针对父母婚姻关系与孩子心理健康之间的关系进行研究，例如，孔金旺、梁修云等（2011）采用分层抽样的方法在中国武汉市抽取了3598名中学生进行调查，发现目前中学生心理问题呈现出较高比例的阳性（23.93%），迫切需要心理健康教育和援助；而父母婚姻关系和谐，对青少年在学习焦虑、对人焦虑、孤独倾向、过敏倾向、恐怖倾向以及冲动倾向等方面具有显著的影响。王丽芳和王志波（2014）也发现类似的研究结果，即和谐的父母关系影响下的学生心理健康水平会显著高于父母关系一般或者不和谐家庭中的青少年，主要表现为后者在学习压力、容易受惩罚、担心失去父母等因子方面要显著高于其他普通学生。因此，父母婚姻关系的和谐对提高青少年的心理健康具有重要的作用。

通过分层回归模型发现，父母对孩子的监督、给予孩子的温暖以及对孩子的道德教育均会显著降低青少年的负面情绪，促进其心理健康；反之，父母对孩子的专制会增加青少年的负面情绪。考虑到父母冲突后，其他影响依然显著，且父母之间的冲突会显著加剧青少年的负面情绪（β = 0.17，p < 0.001）。这些负面情绪可能会使得青少年容易焦躁、敌对以及紧张（见表7 - 8）。

表7 - 8　父母冲突对于青少年负面情绪的影响

	负面情绪		
性别	0.14*** （0.02）	0.21*** （0.03）	0.22*** （0.03）
年龄	0.01 （0.01）	0.02* （0.01）	0.01 （0.01）
民族	- 0.15*** （0.04）	- 0.04 （0.05）	- 0.01 （0.05）
父母监督		- 0.10*** （0.02）	- 0.10*** （0.02）
父母温暖		- 0.10*** （0.03）	- 0.11*** （0.02）

续表

	负面情绪		
父母专制式控制		0.23*** (0.02)	0.20*** (0.02)
父母赋予自主权		0.04 (0.03)	0.04 (0.03)
父母支持式控制		-0.01 (0.02)	-0.02 (0.02)
父母的道德教育		-0.03* (0.01)	-0.04** (0.01)
父母冲突			0.17*** (0.03)
截距	1.95*** (0.11)	2.02*** (0.14)	2.01*** (0.14)
样本量	2698	1779	1687
R^2	0.02	0.15	0.17
调整后 R^2	0.02	0.15	0.16

注：* $p < 0.05$，** $p < 0.01$，*** $p < 0.001$；性别、年龄和民族作为控制变量。

（三）父母关系感知对青少年行为发展的影响

青少年的偏差行为一直是家庭教育、学校教育以及社会教育的底线，但是，青少年的冲突行为可能来自其内心负面情绪的压抑，希望通过一些引人注目的非正常方法获取社会和家人的关注；还可能是从平时对身边人的观察中学习到的，而父母之间的冲突以及对冲突的解决方式都是孩子学习和模仿的对象，青少年在自己的生活中也会选择与父母类似的方式去处理问题和解决矛盾，且认知中赞成通过语言暴力或者肢体暴力解决问题的方式，不认为这种方式存在问题（张柏芳等，2009）。以往有研究表明，父母关系对孩子人际交往的影响从幼儿时期就开始了，具体表现为父母之间的关系和氛围是提供给孩子交往的第一环境，家庭是指导幼儿学习和交往的基本规则和技能的地方，且父母的行为为幼儿树立学习的榜样（白鸽，2017）。此外，梁春莲、万素华等（2002）用 Achenbach 儿童行为量表来评价不同的夫妻关系影响下的孩子行为，研究发现，父母关系不良的青少年在冲突行为方面的得分高于父母关系良好的青少年得分，且前者具有明显的多动、攻击性等行为。本书前文提到溢出假说和认知—情境理论，邓林园等（2013）就基于上述理论对来自北京、重庆以及石家庄三个城市的1038名中学生进行调查，研究父母关系和亲子关系对青少年网络成瘾的影响，研究发现，父母婚姻的满意程度、亲子关系均与青少年网络成瘾之间呈现显著的负相关关系，且发现父母婚姻的满意程度和亲子关系可以显著地预测青少年网络成瘾状况，这一研究证明亲子关系和父母之间良好的婚姻关系有助于显著减少青少年网络成瘾行为。

　　本节发现，父母之间的冲突对于青少年的偏差行为具有显著的促进作用，具体表现为父母之间的冲突每增加一个单位，青少年偏差行为会相应增加0.17个单位（β = 0.17，p < 0.001）；此外，父母的专制式控制也会显著增加青少年的偏差行为（β = 0.13，p < 0.001），父母对孩子的道德教育会降低青少年的偏差行为（β = -0.05，p < 0.05）（见表7 -9）。

表7 -9　父母冲突对于青少年偏差行为的影响

	偏差行为		
性别	-0.51*** (0.03)	-0.42*** (0.03)	-0.42*** (0.04)
年龄	-0.00 (0.01)	0.00 (0.01)	-0.00 (0.01)
民族	0.17** (0.05)	0.22** (0.07)	0.23** (0.07)
父母监督		-0.04 (0.03)	-0.03 (0.03)
父母温暖		-0.07 (0.04)	-0.07 (0.04)
父母专制式控制		0.17*** (0.03)	0.13*** (0.03)
父母赋予自主权		-0.07 (0.04)	-0.08 (0.04)
父母支持式控制		0.07* (0.03)	0.05 (0.03)

续表

	偏差行为		
父母的道德教育		− 0.03 (0.02)	− 0.05* (0.02)
父母冲突			0.17*** (0.04)
截距	0.83*** (0.14)	0.84*** (0.20)	0.78*** (0.20)
样本量	2569	1721	1641
R^2	0.08	0.12	0.13
调整后 R^2	0.08	0.12	0.13

注：＊$p < 0.05$，＊＊$p < 0.01$，＊＊＊$p < 0.001$；性别、年龄和民族作为控制变量。

通过上述分析发现，青少年的各项行为都与家庭有着不可分割的联系，每位父母都希望孩子可以健康成长、学有所成，但是，父母不能忽视的是，引导孩子健康成长最关键的是自己平时的行为，而不是花费高昂的辅导班、生活富足的家庭条件等其他方面。因此，根据本节的上述分析，这里总结性地给父母如何更好地影响孩子的行为和心理健康提出以下几点建议。

家庭是一个相互作用的系统，其中任何一个成员的行为都会影响其他成员的选择和行为，本研究发现，父母之间的关系，即父母婚姻质量的高低会在无形中被子女通过对生活琐事的记忆而产生很难改变的认知，父母所认为的"孩子只是孩子，很多事情不懂"是片面的，可能青少年当时不懂，但是事情会烙印在其记忆中，这些记忆的碎片会随着年龄的增长逐渐连成线，组织成一个对父母关系认知的网络，且随着网络编织的逐步完成，再想改变孩子的认知则变得越发困难。因此，父母随时随地都在向孩子传递着信息和认知，应当从孩子来到这个世界上开始，就将孩子看作一个独立的个体，而不是自己的附属品，不是由自己决定孩子的一切，也不是自己认为好的就一定是对孩子最好的选择和最正确的爱。

第二，作为父母，在生活中，应当尽可能与伴侣避免发生不必要的冲突，让孩子尽可能多地感知到积极、温馨的父母关系。夫妻之间的冲突多数源自小事情，但是会引起情绪的波动从而加剧事情的严重程度，如果其中一方或者双方可以冷静地客观思考，遇到小事情选择去沟通而不是由情绪主宰，或者一方有情绪时，另一方用真诚的态度合理地解决问题，那么大部分冲突和争吵都是可以避免的。同时，在父母发生争吵时，也引导孩子用合理的思辨能力去看待父母之间的冲突，一方面是有些父母天性比较暴躁，说话的声音比较大，可能不是冲突或吵架的交流在孩子眼中却是父母在吵架；另一方面是父母即使发生了冲突，产生了一些肢体接触，也不是父母不爱对方的表现，而只是在一些问题上，父母的解决方式不是最平和与理智的，但这仅仅是父母情绪发泄的一种方式，希望青少年减少或者避免产生心理障碍或者错误的认知。

第八章
偏差行为

家庭是未成年人的第一个生活环境，在未成年人偏差行为的形成过程中，家庭教养的影响占有重要地位。本节的目的在于探究不同类型的教养方式对青少年各类偏差行为的影响。具体而言，我们将探究家庭教养对青少年在如下几类偏差行为上的影响：暴力行为、财产类偏差行为、轻微偏差行为、物质滥用和欺凌被害。

第一节　暴力行为

一　影响暴力行为的若干因素

暴力行为是一种常见的青少年偏差行为。暴力行为的产生可能从学龄前延伸到成年时期，而且并不一定随着年龄的增长而消失（Moffitt，1990）。根据 Hawkins 等（2000）的研究，影响青少年暴力行为的因素主要分为如下几类。①青少年自身因素：包括怀孕、难产、低心率、集中力障碍、攻击性人格障碍等生物及心理因素；②家庭因素：包括父母有犯罪史、童年曾遭受虐待、家庭管教方式差、父母参与程度低、家庭内部冲突、父母对暴力和物质滥用行为的默许，以及父母与孩子分开居住；③学校层面：学业受挫、学校纽带低、退学逃学以及经常违规违纪；④同伴层面：兄弟姐妹偏差程度高、朋友偏差程度高以及加入不良团伙；⑤社区层面：贫穷、社区失序、容易获得武器、社区成年人从事犯罪活动，以及经常暴露在暴力和歧视的环境中。

根据 Hawkins 等（2000）的综述，显然青少年暴力行为并非由单一个体因素导致，而是综合学校、社会、家庭各个方面问题的结果。以 Shaw 和 McKay（1942）以及 Sampson（1997）为代表的芝加哥学派强调社区层面的犯罪对个体的影响。其中 Sampson（1997）进一步提出集体效能（collective efficacy）的概念，集体效能基本包括社会凝聚力和非正式社会控制两种机制，其基本假设是集体效能可以抑制暴力或者偏差行为的发生。上面所述的社区层面的若干因素很可能都是集体效能缺乏的表现。此外，社会学习理论（Akers 等，1979）和差别接触理论（Sutherland 等，1995）也认为青少年本身并不一定有偏差的倾向，而是在与偏差同伴的接触中学习到了犯罪的动机、态度以及犯罪所需的技术。控制理论，如社会纽带理论（Travis Hirschi，2002）和自我控制理论（Gottfredson 和 Hirschi，1990）则强调学校和家庭作为青少年社会纽带的重要性，其基本假设是人天生具有犯罪倾向，但是由于人与社会的紧密联系形成了纽带，这些纽带会减少人们犯罪的倾向。

当然，父母的教养方式对青少年的暴力行为存在密切的关系。一般而言，研究父母教养方式的文献一般分为两类：第一类将教养行为进行分类（categorization），如将教养方式根据其行为方式分为关爱行为、惩罚行为和监督行为等；另一类将教养方式整体分为几个大类（typology），如根据支持和控制的程度将父母教养方式分为权威型、专制型、溺爱型和忽视型（N. Darling 和 Steinberg，1993）。Hoeve 等（2009）对 161 项有关父母教养方式与越轨行为的系统性文献回顾表明，在众多的教养方式分类中父母对孩子的控制（尤其是心理上的控制）以及拒绝与敌对对孩子越轨行为的影响最为强烈。平均而言，这三种类型的父母教养行为能解释孩子越轨行为变异约 11%。此外，虽然文献对父母教养行为类型对青少年越轨行为影响的研究较少（N. Darling 和 Steinberg，1993；O'connor，2002），但是这些研究几乎都表明权威型的父母教养方式对青少年越轨行为有显著的抑制作用。

虽然国外文献对父母教养方式与青少年越轨甚至是暴力行为关系的研

究依然比较丰富，但上述研究绝大多数是在西方国家开展的，而对于中国青少年家庭教养方式与暴力行为的实证研究仍比较少。例如，Nelson 等（2006）对北京 216 名青少年的调查发现对孩子的体罚和精神上的控制均会提高孩子的暴力行为程度。父母对孩子教养方式的不一致也会导致孩子的暴力行为（Yu、Shi、Huang 和 Wang, 2006）。此外，Shek 和 Tang（2003）的研究也表明父母间相关支持与关心能降低孩子的暴力程度。综上，对于国内青少年父母教养方式来说，以往研究已经表明父母间关系、父母对孩子的体罚、父母对孩子教养方式的一致性均对孩子的暴力行为有影响。但是对于父母的温暖、监督、支持式控制等教养方式是否对暴力行为有影响还没有系统的描述。本节的研究能弥补这方面的空白。

二　暴力行为的描述统计

具体而言，我们将使用打架、抢劫、武力威胁他人、携带武器、严重殴打他人、抢夺和强奸这七类行为来度量暴力行为。从表 8 - 1 中我们看到，打架是青少年自我汇报最多的暴力行为，在 2013 年全市调查数据中39% 的被访者回答曾经打过架，而在 2015 年针对农民工子弟学校的调查中28% 的被访者表示打过架。相对于其他类型的暴力犯罪，打架在两次调查中均为最多的暴力行为。

表 8 - 1　暴力行为描述性统计

暴力行为	2013 年	2015 年
打架	0.39 (0.49)	0.28 (0.45)
抢劫	0.02 (0.13)	0.01 (0.09)
武力威胁他人	0.06 (0.24)	0.08 (0.28)
携带武器	0.05 (0.21)	0.03 (0.18)
严重殴打他人	0.02 (0.13)	0.02 (0.13)
抢夺	0.01 (0.11)	0.01 (0.12)
强奸	0.01 (0.10)	0.01 (0.09)

可见，打架是青少年最常见的暴力行为。本研究的这一结果与国内类

似研究的结果大致相仿，例如，阮青等（2005）对广西壮族自治区超过两万名初中、高中和职高学生的调查发现有 19% 的被访者有打架行为；对广东省和福建省的类似调查也分别发现有 16.8%（聂少萍等，2006）和 19.9%（陈丽萍等，2006）的打架盛行率。

根据前文所述，暴力行为产生的原因可以来自青少年自身和环境。其中，对暴力行为的接受程度可能直接影响青少年对暴力行为的实施。对于此，我们在之后的深度访问中询问了一部分青少年对于打架等暴力行为的态度，其中有 6 名被访者对这种行为表示反对，并解释道"（被）打伤了，还是蛮疼的""打伤了别人还要赔钱""不解决问题"等。但也有 2 位被访者表示在特殊情况下不得不出手以维护尊严，如"（他骂我妈）当然我确实忍不住了""（他非要来惹我）我没办法，不得不还手"。可以看出，青少年大多对打架行为也是反对的，但是在某些情境，尤其是在伤及自己或家人的"面子"或尊严的情况下，打架行为也是可以忍受的。这一点与 Hilal 等（2014）对中国大宗谋杀案件研究所得出的结论一致。

在问及打架的原因时，我们搜集到来自约 14 名青少年对 14 次具体打架情景的描述。我们将使用中立化理论（neutralization theory）中的分类对各自描述的归因进行总结。中立化理论假设青少年仍保有传统的价值观念和态度，但是当其违反社会规则（在本次的例子中则是打架）的时候，会使用各种借口来让其行为合理化（Thurman，1984）。这些合理化的借口主要包括下面几类。①责任的否定（the denial of responsibility），即否定行为所负的责任，如"不知者无罪"；②否定伤害（the denial of the injury），即否定造成的伤害是由犯罪（偏差）行为造成的；③否定被害者（the denial of the victim），即认为被害者不一定是真的被害者或者认为犯罪是由被害者一些言行而导致的；④谴责责备者（the condemnation of the condemners），则是指：偏差行为者认为给予他谴责的人都是伪君子，那些人也曾经犯过错，只不过没有人知道罢了；⑤诉诸更高的忠诚（the appeal to higher loyalties），偏差行为者认为行为本身是为了遵从组织团体的规范与文化，然而团体的行为与法律相冲突所造成的，并不是自己愿意的。

根据表 8 - 2，我们发现绝大多数借口都是"否定被害者"即认为被害者有错在先，仅有的其他借口则是"诉诸更高的忠诚"：为了哥们儿义气，不得不参与打架。进一步分析"否定被害者"这一类的行为，我们也发现感觉"被惹到"和"被侮辱"是绝大多数青少年使用的行为归因。根据这些分类我们也可以看到，青少年对所有打架事件均会使用中立化技巧，但是认为被害者有错在先的占绝大多数，这在某种程度上体现了"以牙还牙"的报复性思想。此外，因为哥们义气而参与打架的情况的确存在，但是仅发生在男生群体中，这种情况可能暗示了青少年团体暴力行为的成因：一旦团体中某个（些）个体受到了侮辱，那么整个团体的人都会介入暴力行为中。换言之，青少年群体暴力行为大多是由成员间冲突升级而导致的。

表 8 - 2　暴力行为理由分类

归因	个数	举例
否定被害者	11	"我当时想写完作业，但是同桌的女生污蔑我，说我抄答案。让我很生气，然后就打起来了" "我当时在做我的事情，但是他就是在旁边一直说一直说，然后惹毛我了，就把他打了" "有个男生打我，但是打不赢我，所以就把他的杯子摔了" "因为一些小事儿，惹到我了，说话特别冲，我就说……问了一大堆之后，星期五下午就叫上朋友约到后街打架，这个样子" "别人无缘无故骂我，然后就把他打了，这种事情比较多" "他把我桌子弄翻了，就把他打了" "在寝室，我偶尔会买点吃的，那同学没经过我同意直接吃了，我说了两句，说得难听了点，他就过来打人" "心情不好一直来惹我" "取外号，还有就是说我喜欢谁，我不服气就过去打" "他们说错话，说着说着就闹大，然后就打" "他说了几句话，侮辱我了，我小时候是有很多坏习惯，他骂我了，但是我没想到他们（请的帮手）下手很重"
诉诸更高的忠诚	3	"我朋友和别人产生矛盾，他（朋友）叫上我们去帮忙" "一般都是朋友来找我（帮忙打架），朋友的事情就是，你有困难我就帮你，我有困难你就帮我，就是这样" "（同学被打了），第二天我就把他叫到厕所问他是不是有这事儿，我只是凶他承认就没事儿，但他还是不承认，我就更冒火了，然后就动手打了他"
汇总	14	—

三 家庭教养方式对暴力行为的影响

表 8-3 显示了父母教养方式对各类青少年暴力行为影响的描述性统计分析。结果发现：不同类型的家庭教养方式与青少年暴力行为息息相关。与先前研究类似，我们发现父母冲突会显著增加青少年打架、武力威胁他人和携带武器的行为。此外，父母专制式控制也与打架、抢劫、携带武器和抢夺行为有显著正相关关系。父母赋予自主权降低了严重殴打他人的可能性，父母的道德教育则降低了抢劫和携带武器的可能性。但是父母监督、温暖和支持式控制对青少年实施暴力行为并没有显著影响。

表 8-3 父母教养方式与青少年暴力行为

教养方式	打架	抢劫	武力威胁他人	携带武器	严重殴打他人	抢夺	强奸
父母冲突	0.33** (0.12)	0.60 (0.37)	0.57** (0.21)	0.59* (0.24)	0.70 (0.37)	0.49 (0.42)	0.50 (0.53)
父母监督	-0.12 (0.08)	-0.15 (0.32)	0.06 (0.17)	-0.16 (0.20)	-0.30 (0.33)	-0.66 (0.35)	0.13 (0.47)
父母温暖	-0.19 (0.10)	0.48 (0.42)	-0.02 (0.21)	-0.32 (0.24)	0.46 (0.41)	0.54 (0.44)	-0.13 (0.55)
父母专制式控制	0.26** (0.08)	1.09*** (0.25)	0.24 (0.15)	0.38* (0.17)	0.48 (0.27)	0.66* (0.28)	-0.58 0.47
父母赋予自主权	-0.17 (0.12)	-0.44 (0.52)	-0.43 (0.25)	-0.16 (0.28)	-1.02* (0.50)	-0.56 (0.53)	-0.23 (0.67)
父母支持式控制	0.08 (0.10)	-0.11 (0.40)	0.04 (0.20)	0.30 (0.22)	0.36 (0.38)	-0.09 (0.41)	-0.06 (0.52)
父母的道德教育	-0.08 (0.05)	-0.33* (0.16)	-0.09 (0.09)	-0.24* (0.10)	-0.13 (0.17)	-0.27 (0.17)	-0.10 (0.25)
截距	0.24 (0.55)	-7.16*** (2.17)	-3.37** (1.11)	-2.87* (1.24)	-4.45* (2.11)	-0.89 (2.23)	-8.60** (3.06)
N	1767	1780	1802	1806	1789	1791	1750
对数似然	-1019.50	-113.36	-353.94	-289.54	-113.78	-100.15	-65.53

注：* $p<0.05$，** $p<0.01$，*** $p<0.001$；性别、年龄和民族作为控制变量。

综上所述，本次研究除了进一步证实了父母冲突对青少年暴力行为的促进作用之外，还表明父母的专制式控制也对许多青少年的暴力行为有促进作用。可能有以下两种原因导致这种正相关的研究结果：一个原因是父母过多的控制（尤其是心理上的控制）对孩子产生了负面作用（Barber，1996；Pomerantz 和 Wang，2009；Q. Wang 等，2007）；另一个原因则是在孩子出现暴力行为后，家长对其实施了更严厉的专制式控制。由于本次研究是截面数据，我们无法确定因果关系。

第二节　财产类偏差行为

一　引发财产类偏差行为的若干因素

财产类偏差行为（主要是盗窃行为）也是一种常见的青少年偏差行为。许多研究发现存在财产类偏差行为的青少年并非主要由财产类偏差行为的目睹或被害所致。例如，我国很多对青少年盗窃行为研究的文献指出，青少年盗窃犯罪一般有如下几个原因。首先，工具性动机，意指希望获得某物品但不想（或没有能力）购买；其次，心理性动机，意即为了满足自身的攀比心理；最后，关系型动机，意即为了身边重要的人铤而走险（胡俊文，2005；李紫媚、余艳萍，2012）。

上述这些原因很大程度上印证了一般紧张理论（general strain theory）以及社会学习理论（social learning theory）的内容。一般紧张理论指出，当青少年感到有压力或紧张时，可能会选择实施偏差或其他违法行为来排解这种压力。上述工具性和心理性动机均可以视为一般紧张理论中压力和紧张的来源，例如，工具性动机可以解释为经济实力与物品价格差距带来的压力，而心理性动机则可以认为是个人经济实力和同伴经济实力差距带来的压力与紧张。无论如何，这两类动机都可以归因为现实和理想的差距带来的心理落差。Merton（1968）在解释美国青少年偏差行为的时候认为美国社会对金钱上成功的追求与使用合法手段获取金钱和社会地位的矛盾，造就了这种紧张。而很多中国学者认为这种矛盾在中国社会依然存在，因此紧张理论（strain theory）对中国青少年的偏差行为依然有较强的解释力（Bao、Haas、Chen 和 Pi，2014；Bao、Haas 和 Pi，2004）。此外，社会学习理论（social learning theory）和差别接触理论（different associa-tion theory）则能很好地解释青少年的关系型动机。社会学习理论和差别接触理论均认为，偏差行为是习得的而非天生的，青少年会从偏差同伴中习得犯罪技巧、动机、合理化技巧和态度等。上面提到的关系型动因可以被认为是青少年从同伴中习得犯罪动机的一种表现。

　　除了上述列举的个体因素之外，许多研究将青少年的财产类偏差行为归因于父母教养的缺乏，尤其是对青少年正确的道德教育和自我控制方面的教育。然而，系统性讨论父母教养方式与青少年财产类偏差行为的文献寥寥无几，研究群体为中国青少年的更是凤毛麟角。因此本节将探讨不同类型的家庭教养方式对财产类偏差行为的影响。对于财产类偏差行为，本次研究包含偷窃小额财物（低于 500 元）和大额财物（高于 500 元）两种。

二　财产类偏差行为的描述分析

　　为了描述青少年参与财产类偏差行为的概率。我们在问卷中询问了青少年是否"未经他人同意，拿走过他人 500 元以下的财物/500 元以上的财物"，并将回答选项设置如下：1 = 是；0 = 否。这两个变量的均值反映了青少年参与两类财产类偏差行为的盛行率。根据表 8 - 4，我们发现盗窃行为在青少年群体中的盛行率较低，普遍低于 5%。这一方面可能是由于青少年本身对这种行为的排斥，另一方面有可能是青少年由于社会期许（so-cial desirability）而不愿意回答此类问题。

表 8 - 4　盗窃行为描述性统计

盗窃行为	2013 年	2015 年
盗窃 500 元以下	0.04（0.2）	0.02（0.15）
盗窃 500 元以上	0.00（0.07）	0.01（0.09）

　　在深度访谈中，我们也发现几乎没有青少年汇报有关盗窃的事项。仅有一名被访者在谈及打架的时候提到曾经有过偷拿家里钱的行为：

　　"没想到他们（请的打架帮手）下手很重，所以需要赔钱。我朋友说他们帮我付钱了，后来我悄悄从家里拿了2000元钱，我知道如果不是自家人，这属于犯法，父母知道了也没有怪我，现在父母给我钱我才肯要，如果不给就算了。"

从这个描述也可以看到，该青少年清楚地意识到了行为的危害性，但是为了给被害者医药费，不得不从家里偷钱以解决事情。换言之，这名青少年对盗窃行为也是持反对态度的。

三　父母教养方式对青少年财产类偏差行为的影响

此外，表8-5也描述了父母教养方式对孩子的盗窃行为的影响。从中可见，父母监督可以有效降低小额盗窃行为，父母专制式控制则会增加小额盗窃行为。而对于大额盗窃行为而言，我们发现几乎没有任何因素会影响青少年实施这一行为的概率。

表8-5　父母教养方式对孩子盗窃行为的影响

教养方式	盗窃 500 元以下	盗窃 500 元以上
父母冲突	0.36 (0.25)	0.63 (0.68)
父母监督	-0.40* (0.20)	-0.38 (0.62)
父母温暖	-0.01 (0.25)	-0.79 (0.76)
父母专制式控制	0.49** (0.18)	0.20 (0.49)
父母赋予自主权	0.03 (0.29)	-0.32 (0.90)
父母支持式控制	0.11 (0.23)	0.33 (0.71)
父母的道德教育	-0.18 (0.11)	-0.00 (0.33)
截距	-4.99*** (1.32)	-3.47 (3.91)
N	1798	1738
对数似然	-275.72	-39.87

注：* p < 0.05，** p < 0.01，*** p < 0.001；性别、年龄和民族作为控制变量。

综上所述，我们发现被访青少年实施盗窃行为的概率较低。而且仅发现父母的监督和专制式控制对小额盗窃行为有显著的影响，对于大额盗窃行为，由于其本身发生概率较低，各类因素对其没有明显作用。在此，父母监督行为对青少年偏差行为的抑制作用得到了进一步验证。值得一提的是，与暴力行为类似，我们也发现父母的专制式控制增加了孩子的盗窃行为。这一结果也暗含了专制式控制对孩子行为的负面影响。

第三节　轻微偏差行为

一　青少年轻微偏差行为的简介和影响因素

本次研究还涉及一些轻微的偏差行为，包括早恋、发生性行为、离家出走、看黄色书刊、去网吧这五类行为。虽然这些行为并不具有严重的社会危害性，但是研究表明这些偏差行为极有可能滋生更加严重的偏差行为。针对这五类行为对青少年偏差行为影响的研究十分丰富，以下简要回顾相关文献。

第一，研究表明青少年的早恋经历会增加其偏差行为的可能性（Giordano 等，2010；Cesar J. Rebellon 和 Manasse，2004）。这种关系可以用进化论来解释，参与危险行为的青少年，尤其是男性，更容易获得异性的青睐，这种青睐会进一步强化他们的偏差行为。Cesar J. Rebellon 和 Manasse（2004）将这种现象称为"坏男孩"现象。

第二，许多研究也表明，青少年性行为与更多的问题行为显著相关，包括饮酒、暴力行为和其他早期偏差行为（Armour 和 Haynie，2007；Tubman、Windle 和 Windle，1996）。早期性行为与偏差行为的关系可以被发展理论（developmental theory）与生命历程理论（life perspective）的内容所解释。当然也有研究质疑青少年性行为与问题行为的相关性，Harden 等（2008）使用了双胞胎样本和准实验设计，结果表明早期性行为抑制了偏差行为。因此，对于这两者的因果关系，暂时没有定论。

第三，关于青少年离家出走与偏差行为的关系，Young 等（1983）系统地回顾了相关研究发现，恶劣的家庭环境往往导致青少年离家出走，但离家出走毕竟不会改善家庭环境，反而会使其更加恶化，形成恶性循环。此外，青少年离家出走也与偏差行为，如偏差性行为、学业中断以及过早怀孕相关。近年来的研究则尝试寻找离家出走的原因，包括离家出走的孩子是否曾被虐待或曾有被害经历，并将其归为犯罪被害学的研究之中（Kaufman 和 Widom，1999；Kim、Tajima、Herrenkohl 和 Huang，2009）。

第四，看黄色书刊在美国可能并不被视为一种偏差行为，Ybarra 和 Mitchell（2005）在其研究中发现，观看色情影片并不一定会增加性暴力。此外，Malamuth 等（2000）对先前研究进行元分析，结果也发现暴露在色情环境中并不会增加暴力行为。但是在日韩地区，很多研究表明青少年接触网络色情会与暴力行为显著相关（Eunsuk，2016；Yonezato 和 Tamura，1999）。对于中国青少年而言，研究也表明青少年接触网络色情能促进青少年的偏差行为（刘长想，2005；张慧凡，2008）。

第五，根据中国法律，非节假日未成年人不得进入网吧，因此未成年人在中国进入网吧被视为偏差行为。许多文献指出，暴力的网络游戏与青少年暴力行为直接相关（Wei，2007）；此外，上网成瘾也会引发青少年成绩下滑、离家出走、盗窃等一系列问题（Jiang，2014）。虽然进入网吧不一定导致上网成瘾或者接触暴力色情的游戏，但是由于青少年在网吧的行为无法监控，因此青少年会很容易接触到网络暴力和网络色情。

在我国刑法典中，虽然上述五类行为都不被刑法所规范，但是在其他国家和地区，这些行为受到不同程度的规范。例如，在我国台湾地区和美国存在类似身份犯（status offence）这一特殊规定。具体而言，身份犯是指违反针对某一特别人群禁止的行为。在美国，这些行为包括逃学、饮酒、滥用精神药品、离家出走、不服父母管教、性行为等。在我国台湾地区，少年身份犯往往被称为虞犯，涉及的行为包括进入不良场所、经常逃学逃课、参加不良组织、携带武器等。考虑到我国除台湾以外其他地区尚无对此类行为的官方定义，在本节我们将使用轻微偏差行为来指代这五种行为。

二 青少年轻微偏差行为的描述

根据表 8-6，我们发现青少年在过去一年内存在这五种行为的比例远高于其他类型的偏差行为，而且这些比例在一般学校样本和农民工子弟学校样本中基本持平。青少年最频繁的轻微偏差活动是去网吧，研究发现，一般学校样本中去网吧的青少年多于农民工子弟学校样本中的青少年。其原因可能在于去网吧上网或者购买网络游戏点卡等道具需要更多的零花钱，而农民工子弟学校青少年的零花钱有限，因此一般学校样本中青少年去网吧的比例大于农民工子弟学校样本中的青少年。

表 8-6 青少年轻微偏差行为描述性统计

偏差行为	2013 年	2015 年
早恋	0.33 (0.47)	0.25 (0.43)
发生性行为	0.04 (0.19)	0.02 (0.15)
离家出走	0.12 (0.32)	0.08 (0.27)
看黄色书刊	0.12 (0.33)	0.14 (0.34)
去网吧	0.43 (0.5)	0.27 (0.44)

此外，早恋在被访青少年群体中非常盛行，在两次样本中，均有超过 1/4 的学生汇报谈过恋爱。同时，研究发现农民工子弟学校样本中早恋的盛行率也低于一般学校样本。这也可能是由于恋爱成本的问题。最后，被访青少年发生过性行为的比例高于 2%，离家出走的比例高于 8%，看黄色书刊的比例高于 12%。这些结果也表明在青少年中这些轻微偏差行为盛行率也较高。

由于这些偏差行为相对来说不具有严重的社会危害性，我们在深度访谈中也获得了丰富的材料。我们将从这五类行为的态度和原因分别解释。表 8-7 列举了我们收集到青少年对这五种行为的态度，由于访谈中没有青少年对看黄色书刊及影片的行为进行描述，所以表中仅有对早恋、离家出走和去网吧行为的态度。就离家出走和去网吧而言，受访谈青少年几乎对该行为都持反对态度。但是对于早恋而言，虽然大多数青少年对这种行为是反对的，但是依然有不少青少年对其持支持的态度。支持恋爱的青少年表示习以为常或者享受这个过程，但反对的青少年则认为恋爱在目前来说太早，或者对学校生活有负面影响。

表 8 – 7　青少年对轻微偏差行为的态度

偏差行为	态度	个数	举例
早恋	支持	3	"从小就开始耍朋友了，很正常" "长久（的谈恋爱）是赞成的" "访员：你算是很享受这个恋爱过程吗？回答：嗯嗯"
	反对	6	"影响我的生活" "太早了，我妈说我还没长成型" "不好" "觉得太早了" "好像（早恋）不对吧" "现在这个阶段，多少有些影响学习。像我们班上两个同学耍朋友，开始没耍的时候成绩很好，然后现在就完全变了一个人"
	合计	9	—
离家出走	反对	1	"我曾经有一种飞家（的想法），就是离家出走，我们现在都称之为飞家，我有过这种想法，但是我不想飞家，毕竟我要转校啊，我现在飞家有什么用呢，我要飞家就不好转学了……"
	合计	1	—
去网吧	反对	1	"后来长大了一点吧，就感觉，哎呀，身体瘦了一点，感觉没必要再像以前那样去打（游戏）、感觉很傻"
	合计	1	—

进一步探究不同类型行为的原因，将访谈内容归纳到表 8 – 8 中。与暴力行为类似，我们使用中立化理论（Thurman，1984）将这些合理化的借口分为如下几类：责任的否定、否定伤害、否定被害者、谴责责备者、诉诸更高的忠诚。从中可以发现，青少年对不同类型的偏差行为使用不同类型的中立化技巧。例如，早恋的青少年倾向于使用"谴责责备者"的策略回应对早恋行为的归因；离家出走的青少年则会埋怨父母或家庭，类似于"否定被害者"的归因方式；去网吧的青少年则会"诉诸更高的忠诚"，并认为是朋友影响了自己。

表 8 - 8　轻微偏差行为的归因

偏差行为	归因	个数	举例
早恋	谴责责备者	1	"现在不是很多人都早恋吗?"(反问)
	合计	1	—
离家出走	责任的否定	2	"打了我之后我还离家出走了一阵儿,出去了几天没回来""她(妈妈)平常很啰唆,而且我做错了一点儿事情,她就打我,都不会说教。只要我有一点儿做不好,她就会骂我。然后我就不想看到她,我觉得她很烦"
	诉诸更高的忠诚	2	"当时是去年国庆节,我妈他们都不在家,我有个朋友过生日,就喊我一起去""他们就是带头带我去。我都不晓得……好不好耍"
	合计	4	—

三　父母教养方式对青少年轻微偏差行为的影响

进一步分析各类家庭因素对青少年轻微偏差行为的影响,我们发现不同类型的教养方式对青少年轻微偏差行为的影响并不相同。根据表 8 - 9,我们发现父母监督能降低看黄色书刊和去网吧的概率;父母温暖则能降低离家出走和去网吧的概率;父母专制式控制提升了离家出走和看黄色书刊的概率;父母赋予自主权降低了孩子早恋的概率;父母的道德教育则降低了青少年发生性行为的概率。

表 8 - 9　父母教养方式对青少年轻微偏差行为的影响

教养方式	早恋	发生性行为	离家出走	看黄色书刊	去网吧
父母冲突	0.04 (0.18)	0.53 (0.28)	- 0.03 (0.16)	0.25 (0.17)	0.16 (0.12)
父母监督	0.05 (0.14)	0.37 (0.24)	- 0.22 (0.13)	- 0.36** (0.13)	- 0.21* (0.09)
父母温暖	0.09 (0.17)	- 0.07 (0.29)	- 0.50*** (0.15)	- 0.07 (0.16)	- 0.35** (0.11)
父母专制式控制	0.08 (0.13)	0.27 (0.21)	0.58*** (0.11)	0.27* (0.12)	0.15 (0.09)
父母赋予自主权	- 0.47* (0.20)	0.25 (0.35)	0.15 (0.18)	- 0.02 (0.19)	0.08 (0.13)

续表

教养方式	早恋	发生性行为	离家出走	看黄色书刊	去网吧
父母支持式控制	0.40* (0.16)	- 0.16 (0.26)	0.15 (0.14)	0.11 (0.15)	0.05 (0.10)
父母的道德教育	- 0.00 (0.08)	- 0.27* (0.12)	- 0.05 (0.07)	- 0.12 (0.07)	0.02 (0.05)
截距	- 3.13** (1.00)	- 6.92*** (1.59)	- 4.44*** (0.82)	- 6.41*** (0.86)	- 7.35*** (0.62)
N	1726	1726	1799	1792	1783
对数似然	- 391.21	- 206.67	- 587.96	- 540.23	- 975.02
AIC	804.42	435.35	1197.93	1102.46	1972.03

注：* $p < 0.05$，** $p < 0.01$，*** $p < 0.001$；性别、年龄和民族作为控制变量。

类似的，我们发现积极的父母教养方式对大多数轻微偏差行为仍然有良好的防控作用。同时，父母专制式控制对这些轻微偏差行为的促进作用依然十分明显。虽然我们不能排除相反的因果关系，但是我们可以看到父母专制式控制与青少年不同类型的偏差行为稳定相关。

第四节　物质滥用（使用）

一　物质滥用的定义和相关影响因素

药物滥用的定义众多，根据世界卫生组织的定义，药物滥用指的是因间断或持续使用某种药物所产生的心理、生理依赖与并发症。根据美国精神医学会（American Psychiatric Association，APA）制定的《精神疾病诊断与统计手册》（*Diagnostic and Statistical Manual of Mental Disorders*，*DSM*）的描述，药物滥用经历了几个历史时期的发展。在最早的第一版 DSM 中，药物滥用被定义为"药物成瘾"（drug addiction），而在之后的第二版中被定义为"药物依赖"（drug dependence），第三版定义为"物质使用障碍"（substance use disorder），第四版定义为"与物质有关的障碍"（substance - Related disorder），根据诊断结果可以进一步分为物质依赖（substance dependence）和物质滥用（substance abuse）。在 2013 年最新公布的 DSM - V 中，这一症状被最终确定为物质滥用。可见，美国精神医学会已经逐渐将物质滥用作为这一特征的主要病名予以确定。因此，我们在这一章节主要援引 DSM - V 的定义，将物质滥用描述为一系列认知、行为和精神症状，以表明个体正不顾严重后果地持续使用某种物质。

物质滥用在我国主要被认定为吸毒。根据我国《刑法》第三百五十七条，毒品是指鸦片、海洛因、甲基苯丙胺（冰毒）、吗啡、大麻、可卡因以及国家规定管制的其他能够使人形成瘾癖的麻醉药品和精神药品。虽然我国《刑法》仅定义了这些特定的麻醉药品和精神药物（毒品）。但是根据 DSM - V 的描述，可能造成物质滥用的远远不止这些类型。对于青少年而言，香烟、酒精和毒品均为主要的成瘾性物质（Weinberg、Rahdert、Colliver 和 Glantz，1998）。虽然 DSM - V 对物质滥用的定义已经明确，但是精神病学的这种定义方式很难在问卷中得以量化。加之很多研究表明对香烟、酒精和毒品的长期使用很可能会导致对这些物质的滥用，所以本节在测量物质滥用的时候主要指的是这些成瘾性物质使用的频率。

针对青少年物质滥用的研究很多，因为物质滥用涉及公共健康领域，针对青少年物质滥用的综述性研究往往能够收集到大量的文献资料。为了解青少年物质滥用的危险因素和保护因素，我们将收集这方面有代表性的综述性文献并进行介绍。

一般来说，导致药物滥用的因素可以大致分为如下几个。①基因遗传学因素。基因遗传学研究在影响个体药物成瘾的基因方面有众多发现，但可以简单归为影响药物滥用伊始和影响药物滥用持续的基因。前者可能会影响个体接触这些成瘾性物质的可能性，如某些基因可能与寻求刺激的人格特征相关，而具有这些人格特质的个体可能更加容易较早地使用成瘾性物质（Guo 等，2010）。后者则指的是一些影响成瘾过程的基因。例如，单胺氧化酶 - A（MAOA）被发现与多巴胺和血清素的代谢酶的合成有关，因此会直接影响成瘾的过程（Kreek、Nielsen、Butelman 和 LaForge，2005）。近年来的研究发现基因虽然对个体影响巨大，但是特定的环境因素可能抑制或者加速基因的表达，因此基因与环境存在交互作用（L. E.

Duncan 和 Keller，2011）。②神经生物学因素。这方面的研究主要着重于解释神经递质系统的一些改变能够强化成瘾性物质的成瘾效果，比如多巴胺和 5－羟基色氨酸等。③心理学因素。例如，某些特定的人格特征、人格障碍、双相情感障碍、抑郁、思维障碍、创伤后压力综合征、冲动、注意力集中障碍等。④社会文化因素。从微观上看，家庭单位、父母教养方式、同伴、学校、工作场所、社交网络、组织和小团体等因素会影响药物滥用行为；从宏观上看，社区失序、社会经济地位低下、环境毒品易得、适应障碍、媒体宣传等也会对个体物质滥用产生影响（Lowinson，2005）。

二 物质滥用（使用）描述性分析

由于物质使用和使用频率是两个概念，我们因此将其分别列表。表 8－10 列举了抽烟、喝酒和吸毒的情况，从中我们可以看出在两个样本中均有超过三成的被访者承认自己喝过酒，约 10% 的被访青少年承认自己抽过烟，在 2015 年约有 1% 的被访者承认自己吸过毒。从这三种物质的盛行率来看，酒精是青少年群体最盛行的物质。

表 8－10 是否存在物质使用情况

物质使用	2013 年	2015 年
抽烟	0.10（0.30）	0.08（0.28）
喝酒	0.42（0.49）	0.38（0.48）
吸毒	0.00（0.07）	0.01（0.10）

类似的，我们在表 8－11 中列举了三类物质在访问时间过去一年后的使用频率。从表 8－11 可见，我们发现约四成青少年普遍接触过酒精，一成接触过香烟，加上偶尔抽烟和喝酒的数量，我们发现约有 90% 的被访青少年不喝酒或者偶尔喝酒一次，约 95% 的青少年不抽烟或者偶尔抽烟一次。因此可以总结，被访青少年九成以上抽烟或者喝酒是试验性的。此外，可以发现随着频率提升而人数减少这一规律。值得一提的是，对于抽烟，我们发现虽然大体上存在随着频率增加而人数减少的规律，但是每天抽烟至少一次的人占青少年总数的约 2.83%。这反映了青少年抽烟行为可

能存在两极化特征，即有一定数量的青少年抽烟频率非常高，可能已经达到物质滥用的标准。对于毒品使用而言，过去一年吸食的比例约为0.4%，超过10名青少年汇报曾吸食过毒品。

表 8 – 11　物质使用频率情况

物质	使用频率	2013 年	2015 年
抽烟	没有	2680（91.44%）	2235（91.26%）
	偶尔一次	118（4.03%）	82（3.35%）
	一个月一次	2（0.07%）	7（0.29%）
	2～3 个星期一次	15（0.51%）	18（0.73%）
	每个星期一次	18（0.61%）	8（0.25%）
	每星期 2～3 次	15（0.51%）	16（0.65%）
	每天至少一次	83（2.83%）	83（3.39%）
喝酒	没有	1770（60.55%）	2090（64.45%）
	偶尔一次	898（30.72%）	835（25.75%）
	一个月一次	134（4.58%）	149（4.59%）
	2～3 个星期一次	60（2.05%）	95（2.93%）
	每个星期一次	29（0.99%）	35（1.08%）
	每星期 2～3 次	18（0.62%）	27（0.83%）
	每天至少一次	14（0.48%）	12（0.37%）
吸毒	没有	2936（99.56%）	3209（99.60%）
	偶尔一次	1（0.03%）	6（0.19%）
	一个月一次	2（0.06%）	1（0.03%）
	2～3 个星期一次	0（0.00%）	1（0.03%）
	每个星期一次	4（0.12%）	2（0.06%）
	每星期 2～3 次	0（0.00%）	1（0.03%）
	每天至少一次	6（0.20%）	2（0.06%）

　　根据表 8 – 10 和表 8 – 11，我们能够对青少年使用各类成瘾性物质的情况有一个大致的认识。简言之，约四成青少年接触过酒精，一成接触过香烟，1% 接触过毒品。根据前文的文献回顾，对这些成瘾性物质的认知和态度可能会影响青少年使用这些物质的概率。我们接下来将归纳整理定

性材料以明确青少年对这些物质使用的态度，并使用中立化理论（Thur-man，1984）尝试将青少年使用这些物质的原因进行分类。表 8 – 12 列举了青少年对抽烟和喝酒行为的态度，对于吸毒而言，我们并没有收集到被访青少年对于此类行为的描述。对于抽烟而言，我们发现被访者对其态度主要还是反对或者中立，仅有 1 人觉得吸烟得到了父亲的默许，所以其对自身行为也呈放任态度。有 2 人认为抽烟行为对自己没有影响或者自己能控制，因此对其态度中立。而对于喝酒而言，我们虽然在前面的分析中发现喝酒的盛行率最高，但半数的被访者对其态度是否定的，原因主要是认为喝酒对自己身体不好，而且不喜欢酒精的味道。四成被访者对喝酒持中立态度，认为要么自己可以控制，要么觉得在家庭和朋友聚会场合喝一点并没有问题。

表 8 – 12　青少年对物质滥用的态度

物质	态度	个数	举例
抽烟	支持	1	"我爸爸觉得，男人嘛，反正都要抽，早点晚点都没事儿（所以我就开始抽烟）"
	反对	2	"我觉得喝酒还是可以的，但是我不赞同吸烟" "抽烟的确对身体不好"
	中立	2	"我想抽就抽，想不抽就不抽" "抽烟对我没什么影响，懂得控制就行"
	合计	5	—
喝酒	支持	1	"我觉得喝酒还是可以的，但是我不赞同吸烟"
	反对	5	"我知道不好。但是我就是觉得红酒好喝" "没有特别喜欢喝酒，喝多了伤身啊" "因为我们都是学生，喝酒不好" "第一次喝觉得挺呛，喝多了挺想吐，后来就觉得不喜欢" "其实那个味道不好喝"
	中立	4	"我是那种喝不得我就不喝了。我是知道把握度的，我不是那种傻喝的" "父母对我喝酒不反对，就是让平时少喝点" "喝了一瓶，妈妈也没有太反对" "喝酒要视情况而定，天天喝就不好了，但在朋友聚会等情况下偶合喝一次、喝一点儿也没有什么关系。我承认，我是喝过的"
	合计	10	—

表 8 - 13 则列举了青少年对抽烟、喝酒的归因。虽然我们使用了中立化技术作为大致归因的方式，但是显然青少年自我归因超出了中立化技术所涵盖的范围，如很多青少年将抽烟行为归因于自己的好奇，这可能并不属于中立化技术中的任何一项。根据表 8 - 13，我们发现很多青少年抽烟的原因是试验性的，即偶尔尝试，因此不少人自我归因为好奇。更多的青少年是受朋友鼓动，或在同学的影响下开始抽烟。这一结果也反映了其他文献对青少年抽烟行为的归因。值得一提的是，虽然不少青少年反映其抽烟受到同伴的影响，但是其根本原因还是好奇。因此，访谈的结果似乎表明寻求刺激可能才是导致青少年试验性抽烟的主要原因。

此外，对于喝酒而言，家庭和同伴的因素占了青少年对自己行为归因的绝大多数。很多青少年汇报父母不仅不反对喝酒，在某种场合还支持和鼓励青少年喝酒。这和中国的酒文化有关，中国文化自古以来就推崇社交型喝酒（Cochrane 等，2003；Hao、Chen 和 Su，2005），因此父母纵容甚至鼓励青少年适当喝酒。由于喝酒在中国社会中是一种很常见的现象，并没有法律规范酒精的购买、饮用和销售，而酒精的使用似乎也主要由文化、习惯、社会和经济压力所规范（Hao 等，2005）。所有的这些都可能导致青少年居高不下的喝酒盛行率。

表 8 - 13　物质滥用行为的归因

物质滥用行为	归因	个数	描述
抽烟	责任的否定	1	"基本上我们一家都在家的时候，我爸爸没事就把烟拿出来抽，之后我在学校听到说，不抽二手烟，我们就说爸爸你到外面抽吧，我不想闻这个烟味。他就说你不想闻就出去，我没有理他。一年一年就形成了（我就开始抽烟了）"
	否定伤害	2	"玩一玩，不开心就试一试" "好奇，想学"
	诉诸更高的忠诚	3	"同学说那个很好吃，我就被骗了" "几个同学在外面，偶尔吃一回" "我看到同学在抽，我就试了一下"
	合计	6	—

续表

物质滥用行为	归因	个数	描述
喝酒	责任的否定	5	"看到大人在喝酒,我们自己也会喝一点儿啤酒" "我妈有时候买啤酒,一箱一箱搬回来,他们喝的时候就喊我一起喝" "和表哥住在一起时,他喝着玩,他看到他爸爸喝酒,就倒一点来喝,他也给我倒了半杯,反正我就喝了" "就是当时在饭桌上,我妈老喊我敬酒" "和朋友出去玩,都(会一起)喝酒"
	诉诸更高的忠诚	5	"我喝过,我那是没办法,应酬" "家里聚会偶尔喝" "朋友嘛,(喝酒)没办法" "别人过生日的时候" "有时候是朋友叫我出去玩,喝酒" "偶尔又一次亲戚朋友过年过节的时候聚到一起会喝一两口"
	合计	10	—

三 父母教养方式对物质滥用（使用）的影响

表 8 - 14 进一步列举了家庭教养方式对青少年各类物质滥用的回归系数。为了区分是否使用和使用的频率,在表格左侧我们使用 Logistics 模型,将三类物质作为因变量,以探究各类家庭教养方式对使用这些物质概率的影响。而表格右侧,我们使用最小二乘回归,探究各类家庭教养方式对三类物质使用频率的影响。对于各类父母教养方式来说,我们发现绝大多数父母教养方式跟物质使用的频率没有关系,但是父母冲突和专制式控制增加了青少年吸烟的概率,父母温暖则减少了其概率。

表 8 - 14　家庭教养方式对青少年物质滥用的影响

教养方式	是否使用（Logistics）			使用频率（OLS）		
	抽烟	喝酒	吸毒	抽烟	喝酒	吸毒
父母冲突	0.22* (0.11)	0.14 (0.18)	0.32 (0.78)	0.01 (0.04)	0.00 (0.04)	0.01 (0.01)
父母监督	-0.15 (0.08)	-0.19 (0.14)	-0.02 (0.73)	0.03 (0.03)	0.01 (0.03)	-0.00 (0.01)

续表

教养方式	是否使用（Logistics）			使用频率（OLS）		
	抽烟	喝酒	吸毒	抽烟	喝酒	吸毒
父母温暖	− 0. 29**	− 0. 17	0. 25	− 0. 02	− 0. 03	− 0. 00
	(0. 10)	(0. 17)	(0. 91)	(0. 03)	(0. 04)	(0. 01)
父母专制式控制	0. 19*	0. 11	− 0. 59	0. 04	0. 03	− 0. 00
	(0. 08)	(0. 13)	(0. 60)	(0. 03)	(0. 03)	(0. 01)
父母赋予自主权	0. 18	− 0. 09	− 2. 39	− 0. 01	− 0. 07	− 0. 02
	(0. 12)	(0. 20)	(1. 25)	(0. 04)	(0. 05)	(0. 01)
父母支持式控制	− 0. 07	− 0. 08	1. 02	0. 03	0. 05	0. 01
	(0. 09)	(0. 16)	(0. 92)	(0. 03)	(0. 04)	(0. 01)
父母的道德教育	0. 05	− 0. 07	− 0. 37	− 0. 02	− 0. 00	− 0. 00
	(0. 05)	(0. 08)	(0. 32)	(0. 02)	(0. 02)	(0. 01)
截距	− 4. 58***	− 4. 80***	2. 35	0. 71***	0. 59**	1. 09***
	(0. 55)	(0. 92)	(4. 89)	(0. 16)	(0. 21)	(0. 05)
N	1793	1784	1797	1791	179	1803
对数似然/R^2	− 1119. 37	− 483. 81	− 24. 03	0. 04	0. 05	0. 01

注：* $p < 0.05$，** $p < 0.01$，*** $p < 0.001$；性别、年龄和民族作为控制变量。

这些结果表明，青少年物质滥用主要由朋友或者其他因素导致，父母教养方式对其影响并不显著。值得一提的是，抽烟的概率（而非频率）和其他偏差行为一样受到家庭教养方式的影响，这一结果表明家庭教养方式很大程度上对青少年首次抽烟产生影响。家庭环境恶劣的青少年很有可能会使用香烟来排解压力。因此，家庭环境与青少年首次抽烟的概率显著相关。

第五节　欺凌（霸凌）被害

随着国内校园欺凌事件的屡屡曝光，欺凌被害的恶性结果令人瞠目。然而，学者们对于欺凌被害的研究往往止步于个人、学校、家庭、社会原因的概括性谈论，鲜有文献对家庭教养方式这一具体因素进行深入解析，且少有学者从被害学生的角度讨论家庭教育与学生受害可能性的关系。因此，本小节将在介绍欺凌内涵和存在形式的基础上，探究不同的家庭教养

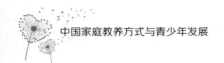
方式与学生遭受不同类型欺凌被害的关系，发现不同的家庭教养方式如何影响青少年遭受校园欺凌，以期为这种影响提供可能性解释。本小节的研究能够帮助读者掌握什么样的家庭教养有助于帮助青少年远离校园欺凌。

一　欺凌被害的定义及特点

Olweus（1994）将欺凌被害定义为，一个学生在一段时期内，反复暴露于来自一个或多个人的负面行为之下。他认为，这种负面行为包括恶意的心理、身体、言语攻击，甚至排斥，通过对受害人身心的压迫，造成对方痛苦、羞耻、尴尬、恐惧、伤害甚至死亡。因而，欺凌被害意味着被欺负和被凌辱的结合，其核心是被鄙视。它归因于一个个体对另一个个体的鄙视与贬抑，可能源自欺凌者的两种心理，一是对权力的征服欲，认为其可以控制另一个体；二是其无法容忍差异个体的存在，排除异己（胡春光，2017）。其中，欺凌者以借口侮辱或贬损弱势者尊严或者身体的方式来彰显自己权力的强大，或者宣告小团体成员之间的共同性，而使弱势者感受到挫败、难过、沮丧，并从中获得快感。

校园欺凌呈现以下特点：第一，欺凌的手段多种多样，除了肢体上的殴打，还有语言上的恐吓、侮辱，心理上的折磨以及在社交上的孤立、排斥等；第二，持续反复发生，被欺凌者受欺凌之后往往不敢告诉老师或家长，欺凌者往往抓住被欺凌者的这个特点，对其进行反复的欺凌，以寻求心理的快感；第三，未能引起重视，由于校园欺凌往往在未成年人之间发生，家长、老师会认为其只是小打小闹，并不会引起重视。家长、学校的忽视会让被欺凌者受到的伤害愈演愈烈。

校园欺凌被害与校园暴力被害与恶作剧受害存在区别与联系。首先，校园暴力被害主要指的是加害者和受害者的肢体接触造成的身体伤害，但校园欺凌被害的形式却远不止暴力被害一种。例如，李燕秋（2016）认为，校园欺凌被害不只是欺凌者对被欺凌者身体造成的伤害，还包括欺凌者通过使用其他强制手段在心理上对被欺凌者造成的痛苦、通过歧视引起的人际关系的伤害，还包括被欺凌者因遭受不雅的表达或肢体语言或被排斥而受到的隐性伤害形式。此外，从学者（Rigby，2007）的研究中，我们也可以发现，欺凌被害包括身体、语言和心理的被害。身体形式包括暴力行为的被害，如被踢、被推、被打等；语言诋毁则意味着语言攻击，譬如起绰号羞辱、被威胁等；对受害者造成心理创伤的行为，包括被威胁或被施加不雅举止，从而破坏、移除甚至隐瞒个人的归属性，将受害者排除在某一活动或群体的范围之外。其次，虽然恶作剧的手段可能与校园欺凌的手段存在重合，但是恶作剧一般不会针对某一个人持续实施，而且施加恶作剧的人也并没有怀有支配或者排挤被施加恶作剧人的意图。而校园欺凌的欺凌者很可能怀有上述意图，对特定的个体施加欺凌行为并从中获得心理上的快感。

二　家庭教养与欺凌被害

家庭孕育了个体的性格和未成年人的行为模式，也被研究证实是对日后未成年人各个生命阶段影响最为重要的单元。部分学者（Curtner - Smith，2000；Dan，1993；Doll、Song 和 Siemers，2004）研究证明，父母抚育和教养方式的选择会影响未成年人日后成为欺凌行为受害者的可能性。其中，Ahmed 和 Braithwaite（2004）的研究结果显示，可能成为欺凌受害者的未成年人大多出自专制型家庭教养方式。而且欺凌行为的被害者评价他们的父母均是专制的、严惩的和非支持性的。此外，学者对父母教养的具体方式和父母的不同角色进行了深入研究，他们发现，父母对未成年人采用不同的纪律规范会影响未成年人被卷入欺凌行为的可能，且这种影响因父母角色而异。具体而言，若母亲采取直接惩罚而不是以公正的方式对待未成年人，那么未成年人被卷入欺凌行为的可能性会增加；另一方面，若未成年人缺少来自父亲的关爱，甚至有一个对其不良行为完全漠视的父亲，那么，其更有可能成为欺凌行为的受害者。此外，相关研究还发现，抑制积极参加活动的主动性、限制自主性、增加对母亲的依赖感均会增加未成年人成为欺凌行为受害者的概率。

三　欺凌被害的描述性分析

在 2015 年的研究中我们对被访者遭受不同类型的欺凌行为进行了问卷

调查。具体来说，我们将欺凌被害分为身体性欺凌和语言性欺凌两种，身体性的被害有：被抢劫、被伤害、被打或扇耳光、被暴打四种；语言性欺凌方式有被威胁一种（P. K. Smith 等，2008）。对于每一类行为我们均询问了被访者其是否受到过该类欺凌，并把肯定的回答编码为 1，否定的回答编码为 0。因此，这些变量的均值能够反映上述各类欺凌被害的盛行率（见表 8 - 15）。

表 8 - 15　欺凌行为分类

欺凌行为	欺凌类型	盛行率
身体性欺凌	被抢劫	21%（0.41）
	被伤害	2%（0.13）
	被打、扇耳光	29%（0.45）
	被暴打	6%（0.23）
语言性欺凌	被威胁	5%（0.22）

根据表 8 - 15，我们对青少年在校受欺凌被害的盛行率做了计算，发现青少年所受身体欺凌的盛行率高于所受语言性欺凌的盛行率。身体性欺凌中，被打、扇耳光的盛行率最高，为 29%，其次是被抢劫，盛行率为 21%；被暴打和被伤害的盛行率较低，分别为 6% 和 2%。语言性欺凌中被威胁的盛行率为 5%。

四　父母教养方式对青少年欺凌被害的影响

为了了解父母教养方式对青少年可能遭欺凌被害的影响，筛选青少年的性别、年龄和父母冲突、父母监督、父母温暖、父母赋予自主权、父母支持式控制、父母的道德教育等内容放入回归模型分析，如表 8 - 16 所示。

表 8 - 16　家庭教养方式对青少年欺凌被害影响的回归分析

教养方式	被抢劫	被威胁	被伤害	被打、扇耳光等	被暴打
父母冲突	0.43*** （0.06）	0.54*** （0.11）	0.80*** （0.19）	0.44*** （0.06）	0.56*** （0.11）
父母监督	- 0.11 （0.08）	0.13 （0.15）	0.03 （0.26）	- 0.16* （0.07）	- 0.15 （0.14）

续表

教养方式	被抢劫	被威胁	被伤害	被打、扇耳光等	被暴打
父母温暖	− 0.18* (0.08)	− 0.11 (0.15)	− 0.58* (0.28)	− 0.06 (0.08)	− 0.34* (0.15)
父母赋予自主权	− 0.17* (0.07)	− 0.15 (0.14)	0.36 (0.26)	− 0.12 (0.07)	0.06 (0.14)
父母支持式控制	0.23*** (0.07)	0.08 (0.13)	− 0.23 (0.25)	− 0.02 (0.06)	− 0.04 (0.12)
父母的道德教育	0.05 (0.04)	− 0.08 (0.08)	− 0.04 (0.14)	− 0.00 (0.04)	− 0.02 (0.07)
截距	− 0.28 (0.51)	− 3.56*** (0.96)	− 6.21*** (1.65)	1.71*** (0.47)	− 1.48 (0.90)
N	2855	2851	2855	2849	2854
对数似然	− 1418.43	− 494.90	− 193.39	− 1555.00	− 535.17

注：* $p < 0.05$，** $p < 0.01$，*** $p < 0.001$；性别、年龄和民族作为控制变量。

由表 8 − 16 可知（回归分析结果），父母冲突与青少年被欺凌呈现显著正相关。也就是说，父母之间冲突越大，孩子越有可能在学校遭受抢劫、威胁、伤害、被打及扇耳光和被暴打等欺凌被害。但是，父母的支持可以降低孩子被抢劫、被伤害和被暴打的可能性。这个发现为我们提供了另外一个视角，即青少年如何进行自我保护。父母之间的冲突可能增加孩子的负面心理，造成孩子的不自信和悲观，形成相对弱势和被动的局面，同时，如果孩子处于被欺负的境遇，也无法向冲突之中的父母诉说和求助，长此以往造成了孩子孤立无援。相反，父母之间的温暖则可以使得孩子的性格相对亲和，更容易与乐观积极的孩子玩耍，从而远离了暴力、悲观的玩伴。

回归分析给我们提供了以下启示。首先，父母之间的冲突和矛盾是使孩子成为受欺凌者的隐形元凶之一。试想一下，家庭存在矛盾或者纠纷的父母是否有闲暇去关注孩子的行为甚至心理变化？如果亲子之间的沟通和了解不畅，则未成年人很难向父母打开心扉，这样一方面父母不能安慰受到欺凌的孩子，另一方面也无法给孩子提供更多的帮助，孩子在反复的欺凌经历过后产生了更多的沮丧甚至恐惧，因为无处寻求帮助，从而自动地将自己与现实环境隔离。同时，这种回应在欺凌者看来则是一种软弱的表现，只会增加更多的对受害者的欺凌。其次，我们发现，来自父母的温暖可以微弱地减轻未成年人遭受欺凌的可能，父母的这种温暖可以转化为一种对孩子受到威胁时的必要协助，孩子对父母有充足的信任，在遇到危险时或事后向父母进行求助，从而可以获得帮助，这样就减少了再次遭受同类行为的可能（R. D. Duncan，2004）。另外，通过父母协助获得救援的孩子，在其成长过程中也会建立起必要的自信和面对问题的勇气（Papaniko-laou、Chatzikosma 和 Kleio，2011）。

第九章
评价与展望

关于中国父母的教养方式一般有三种看法。第一，中国式家庭教育以严教为主，父母拥有绝对权威，做子女的需要遵从长辈的教诲，体罚是家庭教养的重要组成部分，所谓"不打不成材""棍棒之下出孝子"等。第二，父教的影响大于母教。在传统中国社会中，父亲是一家之主，是道德的权威和家庭社会地位的象征，父亲担负着教育子女的主要责任。第三，祖父母或外祖父母在家庭教育中拥有举足轻重的地位。在父母忙于事业生计的情况下，祖父母或外祖父母承担了照顾孩子的重要责任，有时甚至可以取代父母的角色。我们的数据显示，这三个观点都缺乏证据支持。第一，中国的家庭教养方式在转型，使用专制型教育和体罚方式的家庭越来越少，采取权威型和溺爱型教养方式的家庭在增多，这种分布在城市居民中尤其明显。第二，母亲在青少年教育上所花的时间和产生的影响普遍大于父亲。更多的青少年认为母亲对他们的管教更严、提供的支持与帮助更多。第三，祖父母和外祖父母在青少年教养方面的影响是有限的。很多家庭确实存在三代同堂的现象，祖父母和外祖父母也分担了一部分照顾未成年人的责任。但多数青少年仍然认为父母在对他们的教养上比祖父母或外祖父母做得多，影响也更大。祖父母和外祖父母的教养方式更趋于传统化，与孩子的沟通比较少。

但是，并非所有的常识都是错误的，民间流传的或以前研究提到的关于中国青少年教养的几个特点在本研究中得到了证实。在家庭教育和青少年发展方面，我们的研究发现了以下几大值得注意的特征。第一，当代中国青少年异地就学的比例比较高，这里包括随父母进城的农民工子女和城市内部前往不同区域求学的学生，不少初中和高中学生选择住校，周末才回家。因为和家庭的接触比较少，父母教养对他们的影响相对减弱。第二，在学青少年社区活动参与率很低，他们或者住校，或者每天重复从家到学校两点一线的生活模式，加上课程和作业的压力，学生们很少有机会参与校外的社会活动，除朋友外，他们很少受外在社会关系的影响。第三，青少年和母亲的关系比较亲密，和父亲稍微疏远一些。不论男生还是女生，他们更愿意和母亲分享自己的感情、想法和观点，长大后也更希望成为母亲那样的人。第四，父母冲突和暴力行为直接影响青少年的健康发展，它们会破坏亲子关系，损害青少年的心理健康，增加他们与不良青年的接触，影响他们在学校的表现和学习成绩，提高他们参与反社会行为的可能性。第五，隔代教养无法取代父母对青少年的监督和教育。祖父母或外祖父母在教育青少年时与父母存在差异，他们比较注重与（外）孙子女保持亲密的关系，但对青少年的监督、支持和道德教育比较欠缺，发现青少年的行为问题时，更倾向于使用专制式的控制手段，不利于孩子的健康发展。

中国家庭对青少年教养方式的诸多特点在和其他文化的比较中显示得更为清楚。随着社会的变化，中国家庭的教养方式越来越现代化，但总体上和西方仍然有较大的区别。与西方文化背景下的父母相比，中国父母给予孩子的保护与控制程度较高，而赋予他们的支持与肯定程度较低。虽然家庭教养方式总的变化趋势是一些父母更加民主化，但中国父母仍然经常使用专制式教养方式，且一些父母仍较常使用体罚的方式强迫孩子遵守行为规范。相对而言，西方父母的教养方式则偏向权威型教养，注重孩子自主能力和个人观点的培养，也比较重视父母与孩子情感上的交流。

通过对调查数据的系统分析，我们发现专制型教养方式对青少年发展最为不利，而权威型教养方式效果较好。这一发现和现有的一些研究结论形成了鲜明对比。以往的一些研究显示，在西方普遍呈现积极作用的权威型教养方式在中国文化下未必合适，甚至有学者认为专制型教养方式可能更容易被中国孩子所接受，对他们的健康发展更能起到推进作用（Barber

等，2005；C. K. Cheung、Ngai，2007）。我们的研究正好得出了相反的结论，我们发现与西方一样，权威型教养方式和青少年健康发展的联系更为密切。综观各项发展指标，有效的教养方式需要具备以下内容。第一，父母需要为青少年设立规矩，将父母的期待以及违反规矩可能得到的惩罚明确告诉孩子。青少年如果对行为期待有异议，可以表示意见，符合情理的建议父母应该采纳。第二，父母应该认真监督孩子的行为，对于正确的行为予以鼓励，对于错误的行为根据双方共同理解的方式给予惩罚。鼓励不一定是金钱上的或物质上的，通常口头表扬和行为上的关爱作用更大。第三，父母应该经常找孩子谈心，了解他们学习和生活上的情况，询问他们是否在学习和生活中遇到了什么困难。另外，应该多认识和了解孩子的朋友、老师以及在校表现，一旦发现问题，应该及时帮助解决。第四，父母不要总是以家长的身份要求孩子按自己的方式做事情，也要从孩子的角度出发，设身处地地体验孩子的经历和处境，这样更容易理解青少年所面临的问题以及发现解决的方案。第五，父母应该尽量营造一个和谐、温暖的家庭环境，少在孩子面前闹矛盾、搞冲突，更不要无缘无故地体罚孩子，父母展示的暴力行为模式往往会被孩子所接受和内化，助长他们以暴力手段解决人际纠纷的倾向。总体上，除最后一点外，其他都是权威型教养方式的特征，有助于青少年在各个方面的健康发展。

当然，天下没有完美的父母，我们不能要求中国父母在每个方面都很杰出，具体该做什么，还要看哪种教养方式与特定的青少年问题。比如，如果青少年面对的是心理健康问题，那做父母的就应该尽量避免会导致心理疾病的教养方式；如果孩子的问题是越轨或偏差行为，那父母就不要实施增强反社会倾向的教养方式。除了对 Baumrind 提出的四类教养方式进行总体评价之外，我们也发现了与青少年发展的特定后果相关的父母教养行为，这些发现可以帮助父母认识和改变导致青少年特殊心理或行为问题的具体教养行为。我们在这方面的发现主要包括：父母与孩子之间的亲密关系和父母对孩子日常行为的监督促进青少年自控力的发展；父母的监督、支持和温暖有助于减少青少年的心理健康问题，反之，父母之间的冲突以及对孩子的专制式控制阻碍青少年的心理健康发展；父母的监督促进青少年在校的积极表现，如按时完成作业、用功学习、不迟到、不作弊等，而父母之间的冲突和专制式控制对青少年的在校表现起到负面作用；在社交方面，父母监督和道德教育降低青少年与偏差同伴的接触，但父母的专制式控制增加青少年与偏差同伴的接触；关于越轨和偏差行为，父母冲突和专制式控制促进青少年的暴力行为，父母的监督降低盗窃活动，但父母的专制式控制增加盗窃活动，父母的监督减少青少年阅读色情书刊和去网吧的行为，父母的温暖减少青少年离家出走和去网吧的行为，父母的专制式控制增加青少年离家出走和阅读黄色书刊的行为，父母的道德教育减少青春期性行为，父母冲突和专制式控制增加青少年抽烟的概率。最后，我们探讨了父母教养方式是否和欺凌被害这个广泛关注的社会问题相关，发现父母冲突与青少年被欺凌呈现显著正相关。也就是说，父母之间冲突越大，孩子就越有可能在学校遭受抢劫、威胁、伤害等欺凌被害。但是，父母的支持可以降低孩子被抢劫、被伤害和被暴打的可能性。

另外，我们对农民工子女的发展问题予以了特别的关注。随着中国城镇化的快速推进，越来越多的农民进城打工，导致成千上万的农村户口青少年跟随父母一起在城市生活，在一个远离家乡的地方找寻自己的归宿。因为环境的变化和社会的歧视，农民工子女普遍存在文化适应问题。与城市户口的孩子相比，他们更需要父母的支持和帮助。遗憾的是，农民工父母往往对孩子的教育重视不够，加上工作繁忙，经常不能给孩子提供足够的支持和关爱。同时，有些农民工父母认识不到自己的教养方式的错误，对孩子的行为或者不管不问，或者动则打骂，这些教养行为都会严重影响青少年的健康发展。我们的研究显示，良好的家庭教养方式是促进农民工子女社会和文化适应的重要因素。亲密的家庭关系、父母的支持和帮助有助于农民工子女融入当地文化、减轻歧视伤害。因此，我们建议农民工父母注重对子女的关心和爱护，不仅关注子女的身体健康，也关注他们的心理变化；既要提供适当的指导和监督，也要尊重青少年的选择，给予他们足够的空间探索和发现适合自己的成长路径。政府和社会也有责任帮助农民工克服子女教育方面的困难，多给农民工父母一些与孩子共处的时间，多为农民工子女提供高质量的学习和发展的机会。

　　最后，我们需要表述一下本研究的不足以及今后研究的方向。虽然我们选择的样本很大，参与调查的青少年毕竟都来自同一个都市圈，不一定能够代表中国的其他地区和城市。类似的研究还需要在全国其他城市进行，结果可以互相验证。第二，研究中采纳的主要理论来源于西方。测量中所使用的标准问卷和测量工具，除心理健康和社会歧视问题外，也多为西方学者发明。这类理论和问卷的使用增强了研究的科学性以及可比较性，但同时也限制了我们有效测量中国特色教养方式和行为的能力。为了揭示中国家庭教养方式和西方不同的特征，以后的研究应该努力争取创建更适合中国国情和文化特征的理论和有效调查问卷。第三，在研究设计上，我们打破了横断研究的惯例，添加了纵向追踪研究，但我们的跟踪调查只覆盖了两年的时间，这对于研究教养方式和青少年发展来讲还远远不够。儿童教养从孩子出生就开始，其效果属于累积作用，青少年发展的结果也需要经过数年才能得以充分显现。因此，全面了解家庭教养对青少年发展的影响需要多年的追踪研究，因为人力和物力的限制，本研究未能做到这一点。长期的纵向追踪研究应该是未来研究的奋斗目标。

参考文献

Ackard, D. M. , Neumark-Sztainer, D. , Story, M. , and Perry, C. (2006). Parent-child connectedness and behavioral and emotional health among adolescents. *American Journal of Preventive Medicine*, *30* (1), 59 – 66.

Acock, A. C. , and Bengtson, V. L. (1978). On the relative influence of mothers and fathers: A covariance analysis of political and religious socialization. *Journal of Marriage and the Family*, 519 – 530.

Advisory Council on the Misuse of Drugs. (2003). *Hidden harm: responding to the needs of children of problem drug users* (1844730352). Retrieved from http://www. drugsandalcohol. ie/5456/.

Ahmed, E. , and Braithwaite, V. (2004). Bullying and victimization: Cause for concern for both families and schools. *Social Psychology of Education*, *7* (1), 35 – 54.

Akers, R. L. (1985). *Deviant behavior: A social learning approach*. Wadsworth Publishing Company.

Akers, R. L. , Krohn, M. D. , Lanza-Kaduce, L. , and Radosevich, M. (1979). Social learning and deviant behavior: A specific test of a general theory. *American Sociological Review*, 636 – 655.

Anderson, B. J. , Holmes, M. D. , and Ostresh, E. (1999). Male and female delinquents' attachments and effects of attachments on severity of self-reported delinquency. *Criminal Justice and Behavior*, *26* (4), 435 – 452.

Andridge, R. R., Little, R. J. (2010). A review of hot deck imputation for survey non-response. *International Statistical Review*, *78* (1), 40 – 64.

AQUILINO, W. S., and SUPPLE, A. J. (2001). Long-Term Effects of Parenting Practices During Adolescence on Well-Being Outcomes in Young Adulthood. *Journal of family issues*, *22* (3), 289 – 308. doi: doi: 10. 1177/01925 1301022003002.

Archer, J., and Lloyd, B. (2002). *Sex and gender*. Cambridge University Press.

Armour, S., and Haynie, D. L. (2007). Adolescent Sexual Debut and Later Delinquency. *Journal of Youth and Adolescence*, *36* (2), 141 – 152. doi: 10. 1007/s10964 – 006 – 9128 – 4.

Association,, A. P. (2013). *Diagnostic and Statistical Manual of Mental Disorders* (*DSM* – *5*®): American Psychiatric Publishing.

Ausubel, D. P. (2002). *Theory and problems of adolescent development*. iUniverse.

Ausubel, D. P., and Grossack, M. M. (2013). *Mental health and segregation*. Springer.

Ausubel, D. P., and Sullivan, E. (1970). Theory and Problems of Child Development, Grune & Stratum: Inc, New York.

Bao, W. – N., Haas, A., Chen, X., and Pi, Y. (2014). Repeated strains, social control, social learning, and delinquency: Testing an integrated model of general strain theory in China. *Youth & Society*, *46* (3), 402 – 424.

Bao, W. – N., Haas, A., and Pi, Y. (2004). Life strain, negative emotions, and delinquency: An empirical test of general strain theory in the People's Republic of China. *International Journal of Offender Therapy and Comparative Criminology*, *48* (3), 281 – 297.

Barber, B. K. (1994). Cultural, family, and personal contexts of parent-adolescent conflict. *Journal of Marriage and the Family*, 375 – 386.

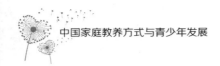
Barber, B. K. (1996). Parental psychological control: Revisiting a neglected construct. *Child Development*, *67* (6), 3296 – 3319.

Barber, B. K. , Stolz, H. E. , Olsen, J. A. , Collins, W. A. , and Burchinal, M. (2005). Parental support, psychological control, and behavioral control: Assessing relevance across time, culture, and method. *Monographs of the Society for Research in Child Development*, i – 147.

Barberis, P. , and Petrakis, S. (2013). *Parenting: Challenges, Practices and Cultural Influences.* Nova Science Publishers, Incorporated.

Baril, M. E. , Crouter, A. C. , and McHale, S. M. (2007). Processes linking adolescent well-being, marital love, and coparenting. *Journal of Family Psychology*, *21* (4), 645.

Baumrind, D. (1966). Effects of Authoritative Parental Control on Child Behavior. *Child Development*, *37* (4), 887 – 907.

Baumrind, D. (1991). The influence of parenting style on adolescent competence and substance use. *The Journal of Early Adolescence*, *11* (1), 56 – 95.

Baumrind, D. (1996). The discipline controversy revisited. *Family Relations*, 405 – 414.

Baumrind, D. , and Black, A. E. (1967). Socialization practices associated with dimensions of competence in preschool boys and girls. *Child Development*, 291 – 327.

Beck, K. H. , Boyle, J. R. , and Boekeloo, B. O. (2004). Parental monitoring and adolescent drinking: Results of a 12 – month follow-up. *American Journal of Health Behavior*, *28* (3), 272 – 279.

Benson, M. L. , and Moore, E. (1992). Are White-Collar and Common Offenders the Same? An Empirical and Theoretical Critique of a Recently Proposed General Theory of Crime. *Journal of Research in Crime and Delinquency*, *29* (3), 251 – 272. doi: doi: 10. 1177/0022427892029003001.

Berry, J. W. (1980). Acculturation as varieties of adaptation. In A. Padilla (Ed.), *Acculturation: Theory, Models and some New Findings* (pp. 9 – 25).

Boulder: Westview.

Berry, J. W. , Phinney, J. S. , Sam, D. L. , and Vedder, P. (2006). Immigrant youth: Acculturation, identity, and adaptation. *Applied Psychology: An International Review*, *55* (3), 303 – 332.

Berry, J. W. , and Sabatier, C. (2010). Acculturation, discrimination, and adaptation among second generation immigrant youth in Montreal and Paris. *International Journal of Intercultural Relations*, *34* (3), 191 – 207.

Berry, W. J. , Poortinga, H. P. , Breugelmans, M. S. , Chasiotis, A. , and Sam, L. D. (2002). *Cross-cultural Psychology: Research and Applications*. Cambridge (UK): Cambridge University Press.

Bianchi, S. M. , and Milkie, M. A. (2010). Work and family research in the first decade of the 21st century. *Journal of Marriage and Family*, *72* (3), 705 – 725.

Bingham, C. R. , and Shope, J. T. (2004). Adolescent developmental antecedents of risky driving among young adults. *Journal of Studies on Alcohol*, *65* (1), 84 – 94.

Bramlett, M. D. , and Blumberg, S. J. (2007). Family structure and children's physical and mental health. *Health Affairs*, *26* (2), 549 – 558.

Broidy, L. , and Agnew, R. (1997). Gender and crime: A general strain theory perspective. *Journal of Research in Crime and Delinquency*, *34* (3), 275 – 306.

Bronfenbrenner, U. , and Morris, P. A. (1998). The ecology of developmental processes.

Chen, M. , and Johnston, C. (2012). Interparent childrearing disagreement, but not dissimilarity, predicts child problems after controlling for parenting effectiveness. *Journal of Clinical Child & Adolescent Psychology*, *41* (2), 189 – 201.

Chen, X. , Bian, Y. , Xin, T. , Wang, L. , and Silbereisen, R. K. (2010). Perceived social change and childrearing attitudes in China. *European Psychologist*.

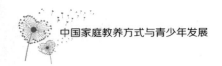
Cheung, C. – K. , Ngai, N. – P. , and Ngai, S. S. – Y. （2007）. Family strain and adolescent delinquency in two Chinese cities, Guangzhou and Hong Kong. *Journal of Child and Family Studies*, *16*（5）, 626 – 641.

Cheung, C. S. – S. , and Pomerantz, E. M. （2015）. Value development underlies the benefits of parents' involvement in children's learning: A longitudinal investigation in the United States and China. *Journal of Educational Psychology*, *107*（1）, 309.

Chirkov, V. I. , and Ryan, R. M. （2001）. Parent and teacher autonomy-support in Russian and US adolescents: Common effects on well-being and academic motivation. *Journal of Cross-Cultural Psychology*, *32*（5）, 618 – 635.

Chirkov, V. I. , Safdar, S. , de Guzman, J. , and Playford, K. （2008）. Further examining the role motivation to study abroad plays in the adaptation of international students in Canada. *International Journal of Intercultural Relations*, *32*, 427 – 440.

Cochrane, J. , Chen, H. , Conigrave, K. M. , and Hao, W. （2003）. ALCOHOL USE IN CHINA. *Alcohol and Alcoholism*, *38*（6）, 537 – 542. doi: 10. 1093/alcalc/agg111.

Crittenden, P. M. , Claussen, A. H. , and Sugarman, D. B. （1994）. Physical and psychological maltreatment in middle childhood and adolescence. *Development and Psychopathology*, *6*（1）, 145 – 164.

Cummings, E. M. , Merrilees, C. E. , and George, M. W. （2010）. Fathers, marriages, and families. *The Role of the Father in Child Development*, 154 – 176.

Curtner-Smith, M. E. （2000）. Mechanisms by which Family Processes Contribute to School-age Boys' Bullying. *Child Study Journal*, *30*（3）, 169 – 169.

Dan, O. （1993）. Bullying at school: what we know and what we can do. *Malden, MA: Blackwell Publishing*.

Darling, N. （2005）. Participation in extracurricular activities and adolescent adjustment: Cross-sectional and longitudinal findings. *Journal of Youth and Adolescence*, *34*（5）, 493 – 505.

Darling, N. , and Steinberg, L. (1993). Parenting Style as Context-an Integrative Model. *Psychological bulletin*, *113* (3), 487 – 496. doi: Doi 10. 1037/0033 – 2909. 113. 3. 487.

David, B. D. , and Thompson, K. (2005). Self-concept and delinquency: The effects of reflected appraisals by parent and peers. *Western Criminology Review* (6), 22 – 29.

Davies, P. T. , Sturge-Apple, M. L. , and Cummings, E. M. (2004). Interdependencies among interparental discord and parenting practices: The role of adult vulnerability and relationship perturbations. *Development and Psychopathology*, *16* (3), 773 – 797. doi: 10. 1017/S0954579404004778.

De Leersnyder, J. , Boiger, M. , and Mesquita, B. (2013). Cultural regulation of emotion: Individual, relational, and structural sources. *Frontiers in Psychology*, *4*.

Deater-Deckard, K. , Lansford, J. E. , Malone, P. S. , Alampay, L. P. , Sorbring, E. , Bacchini, D. , ...Di Giunta, L. (2011). The association between parental warmth and control in thirteen cultural groups. *Journal of Family Psychology*, *25* (5), 790.

Delvecchio, E. , Li, J. – B. , Liberska, H. , Lis, A. , and Mazzeschi, C. (2017). The Polish Spence Children's Anxiety Scale: Preliminary Evidence on Validity and Cross-Cultural Comparison. *Journal of Child and Family Studies*, *26* (6), 1554 – 1564. doi: 10. 1007/s10826 – 017 – 0685 – 9.

Denham, S. A. , Workman, E. , Cole, P. M. , Weissbrod, C. , Kendziora, K. T. , and ZAHN-WAXLER, C. (2000). Prediction of externalizing behavior problems from early to middle childhood: The role of parental socialization and emotion expression. *Development and Psychopathology*, *12* (1), 23 – 45.

Denzler, M. , Förster, J. , Liberman, N. , and Rozenman, M. (2010). Aggressive, funny, and thirsty: A motivational inference model (MIMO) approach to behavioral rebound. *Personality and Social Psychology Bulletin*, *36* (10), 1385 – 1396.

Dishion, T. J. , French, D. C. , and Patterson, G. R. (1995). *The Development and Ecology of Antisocial Behavior.* John Wiley & Sons.

Doll, B. , Song, S. , and Siemers, E. (2004). Classroom ecologies that support or discourage bullying. *Bullying in American Schools: A Social-ecological Perspective on Prevention and Intervention*, 161 – 183.

Doyle, A. B. , and Markiewicz, D. (2005). Parenting, marital conflict and adjustment from early-to mid-adolescence: Mediated by adolescent attachment style? *Journal of Youth and Adolescence, 34* (2), 97 – 110.

Drew, L. M. , and Silverstein, M. (2004). Inter-generational role investments of great-grandparents: consequences for psychological well-being. *Ageing & Society, 24* (1), 95 – 111.

Drew, L. M. , and Silverstein, M. (2007). Grandparents' psychological well-being after loss of contact with their grandchildren. *Journal of Family Psychology, 21* (3), 372.

Duncan, L. E. , and Keller, M. C. (2011). A critical review of the first 10 years of candidate gene-by-environment interaction research in psychiatry. *American Journal of Psychiatry, 168* (10), 1041 – 1049.

Duncan, R. D. (2004). The impact of family relationships on school bullies and victims. *Bullying in American schools: A Social-ecological Perspective on Prevention and Intervention*, 227 – 244.

Dunn, J. , and Deater-Deckard, K. D. (2001). *Children's views of their changing families:* Joseph Rowntree Foundation York.

Dwairy, M. A. (2008). Parental inconsistency versus parental authoritarianism: Associations with symptoms of psychological disorders. *Journal of Youth and Adolescence, 37* (5), 616 – 626.

El-Sheikh, M. , and Buckhalt, J. A. (2003). Parental problem drinking and children's adjustment: attachment and family functioning as moderators and mediators of risk. *Journal of Family Psychology, 17* (4), 510.

Eunsuk, C. (2016). Frequent Internet Pornography Use: Korean Adolescents`Internet Use Time, Mental Health, Sexual Behavior, and Delinquency. [Frequent Internet Pornography Use: Korean Adolescents`Internet Use Time, Mental Health, Sexual Behavior, and Delinquency.] *International Journal of Human Ecology*, *17* (1), 27 – 37.

Feldman, A. F., and Matjasko, J. L. (2005). The role of school-based extracurricular activities in adolescent development: A comprehensive review and future directions. *Review of Educational Research*, *75* (2), 159 – 210.

Fletcher, A. C., Steinberg, L., and Sellers, E. B. (1999). Adolescents' well-being as a function of perceived interparental consistency. *Journal of Marriage and the Family*, 599 – 610.

Fletcher, A. C., Steinberg, L., and Williams-Wheeler, M. (2004). Parental influences on adolescent problem behavior: Revisiting Stattin and Kerr. *Child Development*, *75* (3), 781 – 796.

Furnham, A., and Cheng, H. (2000). Perceived parental behaviour, self-esteem and happiness. *Social Psychiatry and Psychiatric Epidemiology*, *35* (10), 463 – 470.

Gallatin, J., and Adelson, J. (1970). Individual rights and the public good: A cross-national study of adolescents. *Comparative Political Studies*, *3* (2), 226 – 242.

Gebeke, D. (2009). When grandparents become parents to their grandchildren.

Gfroerer, K. P., Kern, R. M., and Curlette, W. L. (2004). Research Support for Individual Psychology's Parenting Model. *Journal of Individual Psychology*, *6* (4), 379 – 388.

Gibbs, J. J., and Giever, D. (1995). Self-control and its manifestations among university students: An empirical test of Gottfredson and Hirschi's general theory. *Justice Quarterly*, *12* (2), 231 – 255.

Giordano, P. C., Lonardo, R. A., Manning, W. D., and Longmore, M. A. (2010). Adolescent Romance and Delinquency: a further Exploration of Hirschi's

"Cold and Brittle" Relationships Hypothesis. *Criminology; An interdisciplinary Journal*, *48* (4), 919 – 946. doi: 10. 1111/j. 1745 – 9125. 2010. 00208. x.

Glynn, T. J. (1981). From family to peer: A review of transitions of influence among drug-using youth. *Journal of Youth and Adolescence*, *10* (5), 363 – 383. doi: 10. 1007/bf02088939.

Gottfredson, M. R. , and Hirschi, T. (1990). *A General Theory of Crime*. Stanford University Press.

Griggs, J. , Tan, J. P. , Buchanan, A. , Attar-Schwartz, S. , and Flouri, E. (2010). 'They' ve Always Been There for Me': Grandparental Involvement and Child Well-Being. *Children & Society*, *24* (3), 200 – 214.

Grossman, J. M. , and Belle, L. (2008). Discrimination distress among Chinese American adolescents. *Journal of Youth and Adolescence* (37), 1 – 11.

Gui, Y. , Berry, J. W. , and Zheng, Y. (2012). Migrant worker acculturation in China. *International Journal of Intercultural Relations*, *36* (4), 598 – 610.

Guo, G. , Cai, T. , Guo, R. , Wang, H. , and Harris, K. M. (2010). The Dopamine Transporter Gene, a Spectrum of Most Common Risky Behaviors, and the Legal Status of the Behaviors. *Plos One*, *5* (2), e9352. doi: 10. 1371/ journal. pone. 0009352.

Haensly, P. A. , Lupkowski, A. E. , and Edlind, E. P. (1985). The role of extracurricular activities in education. *The High School Journal*, *69* (2), 110 – 119.

Hank, K. , and Buber, I. (2009). Grandparents caring for their grandchildren: Findings from the 2004 Survey of Health, Ageing, and Retirement in Europe. *Journal of Family Issues*, *30* (1), 53 – 73.

Hao, W. E. I. , Chen, H. , and Su, Z. (2005). China: alcohol today. *Addiction*, *100* (6), 737 – 741. doi: 10. 1111/j. 1360 – 0443. 2005. 01036. x.

Harden, K. P. , Mendle, J. , Hill, J. E. , Turkheimer, E. , and Emery, R. E. (2008). Rethinking Timing of First Sex and Delinquency. *Journal of Youth and Adolescence*, *37* (4), 373 – 385. doi: 10. 1007/s10964 – 007 – 9228 – 9.

Hardy, S. A. , Bean, D. S. , and Olsen, J. A. (2015). Moral identity and adolescent prosocial and antisocial behaviors: Interactions with moral disengagement and self-regulation. *Journal of Youth and Adolescence*, *44* (8), 1542 – 1554.

Hasebe, Y., Nucci, L., and Nucci, M. S. (2004). Parental Control of the Personal Domain and Adolescent Symptoms of Psychopathology: A Cross-National Study in the United States and Japan. *Child Development*, *75* (3), 815 – 828.

Hawkins, J. D., Herrenkohl, T. I., Farrington, D. P., Brewer, D., Catalano, R. F., Harachi, T. W., and Cothern, L. (2000). Predictors of Youth Violence. Juvenile Justice Bulletin.

Hay, C. (2001). Parenting, self-control, and delinquency: A test of self-control theory. *Criminology*, *39* (3), 707 – 736.

Heaven, P. C. L., and Ciarrochi, J. (2006). Perceptions of parental styles and Eysenckian psychoticism in youth: A prospective analysis. *Personality and Individual Differences*, *41* (1), 61 – 70.

Henderson, C. E., and Shore, R. J. (2003). The structure of grandparental role meaning. *Journal of Adult Development*, *10* (1), 1 – 11.

Hilal, S. M., Densley, J. A., Li, S. D., and Ma, Y. (2014). The Routine of Mass Murder in China. *Homicide Studies*, *18* (1), 83 – 104. doi: doi: 10. 1177/1088767913505092.

Hill, J. P., and Holmbeck, G. N. (1986). Attachment and autonomy during adolescence. *Annals of Child Development*, *3* (45), 145 – 189.

Hirschi, T. (2002). *Causes of Delinquency*. Transaction publishers.

Hirschi, T. (2004). Self-control and crime. In B. R. F. and V. K. D. (Eds.), *Handbook of Self-regulation: Research, Theory, and Applications* (pp. 537 – 552). New York: Guilford Press.

Hoeve, M., Dubas, J. S., Eichelsheim, V. I., Van Der Laan, P. H., Smeenk, W., and Gerris, J. R. (2009). The relationship between parenting and delinquency: A meta-analysis. *Journal of Abnormal Child Psychology*, *37* (6), 749 – 775.

Hoffman, M. L. (1983). Affective and cognitive processes in moral inter-

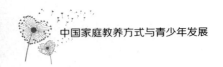
nalization. *Social Cognition and Social Development*：*A Sociocultural Perspective*，236 – 274.

Hogben, M. , and Waterman, C. K. （2000）. Patterns of conflict resolution within relationships and coercive sexual behavior of men and women. *Sex Roles*, *43* （5）, 341 – 357.

Holt, S. , Buckley, H. , and Whelan, S. （2008）. The impact of exposure to domestic violence on children and young people：A review of the literature. *Child Abuse & Neglect*, *32* （8）, 797 – 810. doi：http：//dx. doi. org/10. 1016/j. chiabu. 2008. 02. 004.

Huebner, A. J. , and Mancini, J. A. （2003）. Shaping structured out-of-school time use among youth：The effects of self, family, and friend systems. *Journal of Youth and Adolescence*, *32* （6）, 453 – 463.

Hyde, J. S. , Fennema, E. , and Lamon, S. J. （1990）. Gender differences in mathematics performance：a meta-analysis：American Psychological Association.

Hyde, J. S. , and Linn, M. C. （1988）. Gender differences in verbal ability：A meta-analysis：American Psychological Association.

Jackson, A. P. , and Scheines, R. （2005）. Single mother' self-efficacy, parenting in the home environment, and children's development in a two-wave study. *Social work research*, *29* （1）, 7 – 20.

JENKINS, P. H. （1997）. School Delinquency and the School Social Bond. *Journal of Research in Crime and Delinquency*, *34* （3）, 337 – 367. doi：doi：10. 1177/0022427897034003003.

Jiang, Q. （2014）. Internet addiction among young people in China：Internet connectedness, online gaming, and academic performance decrement. *Internet Research*, *24* （1）, 2 – 20.

Joshi, H. L. , Sharma, M. , and Mehra, R. K. （2009）. Depression among adolescents：Role of self-efficacy and parenting style. *Journal of SIS-Projective & Mental Health*, *16*, 13 – 17.

Kagan, J. (1984). *The Nature of the Child*: Basic Books.

Kaslow, N. J. , Rehm, L. P. , Pollack, S. L. , and Siegel, A. W. (1988). Attributional style and self-control behavior in depressed and nondepressed children and their parents. *Journal of Abnormal Child Psychology*, *16* (2), 163 – 175.

Kaufman, J. G. , and Widom, C. S. (1999). Childhood victimization, running away, and delinquency. *Journal of Research in Crime and Delinquency*, *36* (4), 347 – 370.

Kaufmann, D. , Gesten, E. , Santa, R. C. , Salcedo, O. , Rendina-gobioff, G. , and Gadd, R. (2000). The Relationship Between Parenting Style and Children's Adjustment: The Parents' Perspective. *Journal of Child and Family Studies*, *9* (2), 231 – 245.

Keane, C. , Maxim, P. S. , and Teevan, J. J. (1993). Drinking and driving, self-control, and gender: Testing a general theory of crime. *Journal of Research in Crime and Delinquency*, *30* (1), 30 – 46.

Kenny, M. E. , Moilanen, D. L. , Lomax, R. , and Brabeck, M. M. (1993). Contributions of Parental Attachments to View of Self and Depressive Symptoms among Early Adolescents. *The Journal of Early Adolescence*, *13* (4), 408 – 430. doi: doi: 10. 1177/0272431693013004004.

Kieling, C. , Baker-Henningham, H. , Belfer, M. , Conti, G. , Ertem, I. , Omigbodun, O. , …Rahman, A. (2011). Child and adolescent mental health worldwide: evidence for action. *The Lancet*, *378* (9801), 1515 – 1525.

Kim, M. J. , Tajima, E. A. , Herrenkohl, T. I. , and Huang, B. (2009). Early child maltreatment, runaway youths, and risk of delinquency and victimization in adolescence: A mediational model. *Social Work Research*, *33* (1), 19 – 28.

King, V. , Stamps Mitchell, K. , and Hawkins, D. N. (2010). Adolescents with two nonresident biological parents: Living arrangements, parental involvement, and well-being. *Journal of family issues*, *31* (1), 3 – 30.

Klein, H. A. , O'bryant, K. , and Hopkins, H. R. (2010). Recalled Parental Authority Style and Self-Perception in College Men and Women. *The Jour-*

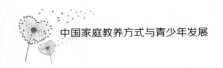
nal of Genetic Psychology.

Kluckhohn, F. R. , and Strodtbeck, F. L. (1961). *Variations in Value O-rientations.* Evanston, Ill. , : Row.

Knutson, J. F. , and Schartz, H. A. (1997). Physical abuse and neglect of children. In A. J. Widiger, H. A. Frances, R. Pincus, and M. B. Ross (Eds.), *DSM-IV Sourcebook* (Vol. 3, pp. 713 – 804). Washington, D. C. : American Psychiatric Association Press.

Kochanska, G. , Murray, K. T. , and Harlan, E. T. (2000). Effortful control in early childhood: continuity and change, antecedents, and implications for social development. *Developmental Psychology, 36* (2), 220.

Koepke, S. , and Denissen, J. J. (2012). Dynamics of identity development and separation-individuation in parent-child relationships during adolescence and emerging adulthood-A conceptual integration. *Developmental Review, 32* (1), 67 – 88.

Kopp, C. B. (1982). Antecedents of self-regulation: A developmental perspective. *Developmental Psychology, 18* (2), 199.

Kouider, E. B. , Koglin, U. , and Petermann, F. (2015). Emotional and Behavioral Problems in Migrant Children and Adolescents in American Countries: A Systematic Review. *Journal of Immigrant and Minority Health, 17* (4), 1240 – 1258.

Kreek, M. J. , Nielsen, D. A. , Butelman, E. R. , and LaForge, K. S. (2005). Genetic influences on impulsivity, risk taking, stress responsivity and vulnerability to drug abuse and addiction. *Nature Neuroscience, 8*, 1450. doi: 10. 1038/nn1583.

https://www. nature. com/articles/nn1583#supplementary-information.

Kremen, A. M. , and Block, J. (1998). The roots of ego-control in young adulthood: Links with parenting in early childhood. *Journal of Personality and Social Psychology, 75* (4), 1062.

Krishnakumar, A. , and Buehler, C. (2000). Interparental conflict and parenting behaviors: A meta-analytic review. *Family Relations, 49* (1), 25 – 44.

Kwok, S. Y. , Cheng, L. , Chow, B. W. , and Ling, C. C. (2015). The spillover effect of parenting on marital satisfaction among Chinese mothers. *Journal of Child and Family Studies*, *24* (3), 772 – 783.

Lansford, J. E. , Criss, M. M. , Pettit, G. S. , Dodge, K. A. , and Bates, J. E. (2003). Friendship quality, peer group affiliation, and peer antisocial behavior as moderators of the link between negative parenting and adolescent externalizing behavior. *Journal of Research on Adolescence*, *13* (2), 161 – 184.

Lee, C. L. , and Bates, J. E. (1985). Mother-child interaction at age two years and perceived difficult temperament. *Child Development*, 1314-1325.

Lerner, R. M. , Sparks, E. E. , and McCubbin, L. D. (2013). *Family diversity and family policy: Strengthening families for America's children* (Vol. 2): Springer Science & Business Media.

Li, J. – B. , Delvecchio, E. , Lis, A. , Nie, Y. – G. , and Di Riso, D. (2015). Parental attachment, self-control, and depressive symptoms in Chinese and Italian adolescents: Test of a mediation model. *Journal of Adolescence*, *43*, 159 – 170.

Liem, J. H. , Cavell, E. C. , and Lustig, K. (2010). The influence of authoritative parenting during adolescence on depressive symptoms in young adulthood: examining the mediating roles of self-development and peer support. *The Journal of Genetic Psychology*, *17* (1), 73 – 92.

Liu, R. X. (2016). School Bonding, Peer Associations, and Self-Views: The Influences of Gender and Grandparent Attachment on Adolescents in Mainland China. *Youth & Society*, *48* (4), 451 – 469.

Lowinson, J. H. (2005). *Substance abuse: A comprehensive textbook*: Lippincott Williams & Wilkins.

Lu, Y. , and Zhang, Y. (2008). Research into the relationships among attachment, general self-efficacy and depressive symptoms in junior middle school students. *Psychological Development and Education*, *24* (5).

Lussier, G. , Deater-Deckard, K. , Dunn, J. , and Davies, L. (2002).

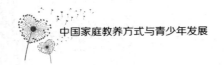

Support across two generations: Children's closeness to grandparents following parental divorce and remarriage. *Journal of Family Psychology*, 16 (3), 363 – 376.

Mahoney, J. L., and Magnusson, D. (2001). Parent participation in community activities and the persistence of criminality. *Development and Psychopathology*, 13 (1), 125 – 141.

Malamuth, N. M., Addison, T., and Koss, M. (2000). Pornography and sexual aggression: Are there reliable effects and can we understand them? *Annual Review of Sex Research*, 11 (1), 26 – 91.

Massey, E. K., Gebhardt, W. A., and Garnefski, N. (2008). Adolescent goal content and pursuit: A review of the literature from the past 16 years. *Developmental Review*, 28 (4), 421 – 460.

Mayseless, O., Scharf, M., and Sholt, M. (2003). From Authoritative Parenting Practices to an Authoritarian Context: Exploring the Person-Environment Fit. *Journal of Research on Adolescence*, 13 (4), 427 – 456.

McKay, H. D., and Shaw, C. (1942). Juvenile delinquency and urban areas. *University of ChicagoPress, Chicago*.

Merton, R. K. (1968). *Social theory and social structure.* Simon and Schuster.

Milevsky, A., Schlechter, M., Netter, S., and Keehn, D. (2007). Maternal and paternal parenting styles in adolescents: Associations with self-esteem, depression and life-satisfaction. *Journal of Child and Family Studies*, 16 (1), 39 – 47.

Miller, H. V., Jennings, W. G., Alvarez-Rivera, L. L., and Lanza-Kaduce, L. (2009). Self-control, attachment, and deviance among Hispanic adolescents. *Journal of Criminal Justice*, 37 (1), 77 – 84.

Minuchin, P. (1988). Relationships within the family: A systems perspective on development. *Relationships within Families: Mutual Influences*, 7 – 26.

Moffitt, T. E. (1990). Juvenile delinquency and attention deficit disorder: Boys' developmental trajectories from age 3 to age 15. *Child Development*, 61

（3），893 – 910.

Moffitt, T. E. , Caspi, A. , Harrington, H. , and Milne, B. J. （2002）. Males on the life-course-persistent and adolescence-limited antisocial pathways: Follow-up at age 26 years. *Development and Psychopathology*, *14* （1）, 179 – 207.

Moilanen, K. L. , Shaw, D. S. , Dishion, T. J. , Gardner, F. , and Wilson, M. （2010）. Predictors of longitudinal growth in inhibitory control in early childhood. *Social Development*, *19* （2）, 326 – 347.

Mooney, A. , Statham, J. , and Simon, A. （2002）. *The pivot generation. Informal care and work after fifty*. Policy Press.

Morgan, D. L. , and Alwin, D. F. （1980）. When less is more: School size and student social participation. *Social Psychology Quarterly*, 241 – 252.

Mummendey, A. , Kessler, T. , Klink, A. , and Mielke, R. （1999）. Strategies to cope with negative social identity: Predictions by social identity theory and relative deprivation theory. *Journal of Personality and Social Psychology*, （76）, 229 – 245.

Myerson, J. , and Green, L. （1995）. Discounting of delayed rewards: Models of individual choice. *Journal of the Experimental Analysis of Behavior*, *64* （3）, 263 – 276.

Nelson, D. A. , Hart, C. H. , Yang, C. , Olsen, J. A. , and Jin, S. （2006）. Aversive Parenting in China: Associations With Child Physical and Relational Aggression. *Child Development*, *77* （3）, 554 – 572. doi: 10. 1111/ j. 1467 – 8624. 2006. 00890. x.

Nelson, J. A. , O'Brien, M. , Blankson, A. N. , Calkins, S. D. , and Keane, S. P. （2009）. Family stress and parental responses to children's negative emotions: Tests of the spillover, crossover, and compensatory hypotheses. *Journal of Family Psychology*, *23* （5）, 671.

Nesteruk, O. , and Marks, L. （2009）. Grandparents across the ocean: Eastern European immigrants' struggle to maintain intergenerational relationships. *Journal of Comparative Family Studies*, 77 – 95.

Niño, M. D. , Cai, T. , and Ignatow, G. （2016）. Social isolation, drunkenness, and cigarette use among adolescents. *Addictive Behaviors*, *53*, 94 – 100.

Nie, Y. – G. , Li, J. – B. , Dou, K. , and Situ, Q. – M. （2014）. The associations between self-consciousness and internalizing/externalizing problems among Chinese adolescents. *Journal of Adolescence*, *37* （5）, 505 – 514.

Nie, Y. – G. , Li, J. – B. , and Vazsonyi, A. T. （2016）. Self-control mediates the associations between parental attachment and prosocial behavior among Chinese adolescents. *Personality and Individual Differences*, *96*, 36 – 39.

Nomaguchi, K. M. , and Milkie, M. A. （2003）. Costs and rewards of children: The effects of becoming a parent on adults' lives. *Journal of Marriage and Family*, *65* （2）, 356 – 374.

O'connor, T. G. （2002）. Annotation: Theeffects' of parenting reconsidered: findings, challenges, and applications. *Journal of Child Psychology and Psychiatry*, *43* （5）, 555 – 572.

Olweus, D. （1994）. Bullying at school *Aggressive Behavior* （pp. 97 – 130）. Springer.

Ong, A. S. , and Ward, C. （2005）. The construction and validation of a social support measure for Sojourners: The Index of Sojourner Social Support （ISSS） Scale. *Journal of Cross-Cultural Psychology* （36）, 637 – 661.

Organization, W. H. （2004）. *Neuroscience of psychoactive substance use and dependence.* World Health Organization.

Papanikolaou, M. , Chatzikosma, T. , and Kleio, K. （2011）. Bullying at School: The role of family. *Procedia-Social and Behavioral Sciences*, *29*, 433 – 442. doi: http://dx. doi. org/10. 1016/j. sbspro. 2011. 11. 260.

Pascoe, E. A. , and Smart Richman, L. （2009）. Perceived discrimination and health: A meta-analytic review. *Psychological bulletin*, *135* （4）, 531 – 554.

Patock-Peckham, J. A. , and Morgan-Lopez, A. A. （2007）. College drinking behaviors: mediational links between parenting styles, parental bonds, depression, and alcohol problems. Psychology of Addictive Behaviors. *Journal of the Society of Psychologists in Addictive Behaviors*, *21* (3), 297 – 306.

Patterson, G. R. (1986). Performance models for antisocial boys. *American Psychologist*, *41* (4), 432.

Patterson, G. R. (1997). Performance models for parenting: A social interactional perspective.

Patterson, G. R., and Yoerger, K. (2002). A developmental model for early-and late-onset delinquency.

Pettit, G. S., and Bates, J. E. (1989). Family interaction patterns and children's behavior problems from infancy to 4 years. *Developmental Psychology*, *25* (3), 413.

Pomerantz, E. M., and Wang, Q. (2009). The role of parental control in children's development in Western and East Asian countries. *Current Directions in Psychological Science*, *18* (5), 285 – 289.

Poropat, A. E. (2009). A meta-analysis of the five-factor model of personality and academic performance. *Psychological bulletin*, *135* (2), 322.

Porter, C. L., Hart, C. H., Yang, C., Robinson, C. C., Olsen, S. F., Zeng, Q., ...Jin, S. (2005). A comparative study of child temperament and parenting in Beijing, China and the western United States. *International Journal of Behavioral Development*, *29* (6), 541 – 551.

Prelow, H. M., Mosher, C. E., and Bowman, M. A. (2006). Perceived racial discrimination, social support, and psychological adjustment among African American college students. *Journal of Black Psychology*, *32*, 442 – 454.

Rebellon, C. J. (2002). Reconsidering the broken homes/delinquency relationship and exploring its mediating mechanism (s). *Criminology*, *40* (1), 103 – 136.

Rebellon, C. J., and Manasse, M. (2004). Do "bad boys" really get the girls? Delinquency as a cause and consequence of dating behavior among adolescents. *Justice Quarterly*, *21* (2), 355 – 389. doi: 10. 1080/07418820400095841.

Renzaho, A. M. N., Green, J., Mellor, D., and Swinburn, B. (2011).

Parenting, family functioning and lifestyle in a new culture: the case of African migrants in Melbourne, Victoria, Australia. *Child & Family Social Work*, *16* (2), 228 – 240. doi: 10. 1111/j. 1365 – 2206. 2010. 00736. x.

Rigby, K. (2007). *Bullying in schools: And what to do about it*. Aust Council for Ed Research.

Robert Redfield, Linton, R. , and Herskovits, M. J. (1936). Memorandum for the Study of Acculturation. *American Anthropologist*, *38* (1), 149 – 152.

Rollins, B. C. , and Thomas, D. L. (1979). Parental support, power, and control techniques in the socialization of children. *Contemporary theories about the family: research-based theories/edited by Wesley R. Burr... [et al.].*

Rueter, M. A. , and Conger, R. D. (1995). Interaction style, problem-solving behavior, and family problem-solving effectiveness. *Child Development*, *66* (1), 98 – 115.

Ruiz, S. A. , and Silverstein, M. (2007). Relationships with grandparents and the emotional well-being of late adolescent and young adult grandchildren. *Journal of Social Issues*, *63* (4), 793 – 808.

Sampson, R. J. , and Groves, W. B. (1989). Community structure and crime: Testing social-disorganization theory. *American Journal of Sociology*, *94* (4), 774 – 802.

Sampson, R. J. , and Laub, J. H. (1995). *Crime in the making: Pathways and turning points through life*. Harvard University Press.

Sampson, R. J. , Raudenbush, S. W. , and Earls, F. (1997). Neighborhoods and violent crime: A multilevel study of collective efficacy. *Science*, *277* (5328), 918 – 924.

Saunders, H. , and Selwyn, J. (2008). Supporting informal kinship care. *Adoption & Fostering*, *32* (2), 31 – 42.

Schiamberg, L. B. (1988). *Child and adolescent development*: Macmillan New York.

Schorr, L. B. (1989). Early Interventions to Reduce Intergenerational Disadvantage: The New Policy Context. *Teachers College Record*, *90* (3), 362 – 374.

Sheikh, S. , and Janoff-Bulman, R. (2010). The "shoulds" and "should nots" of moral emotions: A self-regulatory perspective on shame and guilt. *Personality and Social Psychology Bulletin*, *36* (2), 213 – 224.

Sheikh, S. , and Janoff-Bulman, R. (2013). Paradoxical consequences of prohibitions. *Journal of Personality and Social Psychology*, *105* (2), 301.

Shek, D. T. , and Tang, V. (2003). Violent behavior in Chinese adolescents with an economic disadvantage. Psychological, family and interpersonal correlates. *International Journal of Adolescent Medicine and Health*, *15* (3), 219 – 234.

Siegel, A. E. , and Kohn, L. G. (1959). Permissiveness, permission, and aggression: The effect of adult presence or absence on aggression in children's play. *Child Development*, 131 – 141.

Simons, R. L. , Johnson, C. , and Conger, R. D. (1994). Harsh corporal punishment versus quality of parental involvement as an explanation of adolescent maladjustment. *Journal of Marriage and the Family*, 591 – 607.

Sirin, S. R. (2005). Socioeconomic status and academic achievement: A meta-analytic review of research. *Review of Educational Research*, *75* (3), 417 – 453.

Situ, Q. M. , Li, J. B. , and Dou, K. (2016). Reexamining the linear and U-shaped relationships between self-control and emotional and behavioural problems. *Asian Journal of Social Psychology*, *19* (2), 177 – 185.

Skinner, E. , Johnson, S. , and Snyder, T. (2005). Six dimensions of parenting: A motivational model. *Parenting: Science and Practice*, *5* (2), 175 – 235.

Smetana, J. G. , Campione-Barr, N. , and Metzger, A. (2006). Adolescent development in interpersonal and societal contexts. *Annu. Rev. Psychol.* , *57*, 255 – 284.

Smith, G. C. , and Palmieri, P. A. (2007). Risk of psychological difficulties among children raised by custodial grandparents. *Psychiatric Services*, *58* (10), 1303 – 1310.

Smith, P. K. , Mahdavi, J. , Carvalho, M. , Fisher, S. , Russell, S. , and Tippett, N. (2008). Cyberbullying: Its nature and impact in secondary school pupils. *Journal of Child Psychology and Psychiatry*, *49* (4), 376 – 385.

Sorenson, A. M. , and Brownfield, D. (1995). Adolescent drug use and a general theory of crime: An analysis of a theoretical integration. *Canadian J. Criminology*, *37*, 19.

Spera, C. (2005). A Review of the Relationship Among Parenting Practices, Parenting Styles, and Adolescent School Achievement. *Educational Psychology Review*, *17* (2), 125 – 146. doi: 10. 1007/s10648 – 005 – 3950 – 1.

Steinberg, L. (2001). We know some things: Parent-adolescent relationships in retrospect and prospect. *Journal of Research on Adolescence*, *11* (1), 1 – 19.

Steinberg, L. , Dornbusch, S. M. , and Brown, B. B. (1992). Ethnic differences in adolescent achievement. An ecological perspective. *The American Psychologist*, *47* (6), 723 – 729.

Steinberg, L. , Lamborn, S. D. , Dornbusch, S. M. , and Darling, N. (1992). Impact of parenting practices on adolescent achievement: Authoritative parenting, school involvement, and encouragement to succeed. *Child Development*, *63* (5), 1266 – 1281.

Steinberg, L. , and Silk, J. S. (2002). Parenting adolescents. *Handbook of parenting*, *1*, 103 – 133.

Stewart, E. B. (2008). School structural characteristics, student effort, peer associations, and parental involvement: The influence of school-and individual-level factors on academic achievement. *Education and Urban Society*, *40* (2), 179 – 204.

Stormshak, E. A. , Bierman, K. L. , McMahon, R. J. , and Lengua, L. J. (2000). Parenting practices and child disruptive behavior problems in early elementary school. *Journal of Clinical Child Psychology*, *29* (1), 17 – 29.

Stuart, J. , Fondacaro, M. , Miller, S. A. , Brown, V. , and Brank, E. M.

(2008). Procedural justice in family conflict resolution and deviant peer group involvement among adolescents: The mediating influence of peer conflict. *Journal of Youth and Adolescence*, *37* (6), 674 – 684.

Supple, A. J., Ghazarian, S. R., Peterson, G. W., and Bush, K. R. (2009). Assessing the cross-cultural validity of a parental autonomy granting measure: Comparing adolescents in the United States, China, Mexico, and India. *Journal of Cross-Cultural Psychology*, *40* (5), 816 – 833.

Sutherland, E. H., Cressey, D. R., and Luckenbill, D. (1995). The theory of differential association. *Deviance*: *A Symbolic Interactionist Approach. General Hall*, *Lanham*, 64 – 68.

Teubert, D., and Pinquart, M. (2010). The association between coparenting and child adjustment: A meta-analysis. *Parenting*: *Science and Practice*, *10* (4), 286 – 307.

Thompson, A., Hollis, C., and Dagger, D. R. (2003). Authoritarian parenting attitudes as a risk for conduct problems Results from a British national cohort study. *European Child & Adolescent Psychiatry*, *12* (2), 84 – 91.

Thurman, Q. C. (1984). Deviance and the neutralization of moral commitment: An empirical analysis. *Deviant Behavior*, *5* (1 – 4), 291 – 304.

Tittle, C. R., Ward, D. A., and Grasmick, H. G. (2003). Self-control and crime/deviance: Cognitive vs. behavioral measures. *Journal of Quantitative Criminology*, *19* (4), 333 – 365.

Tsai, J. L., Knutson, B., and Fung, H. H. (2006). Cultural variation in affect valuation. *Journal of Personality and Social Psychology*, *90* (2), 288.

Tsui, M. (2007). Gender and Mathematics Achievement in China and the United States. *Gender Issues*, *24* (3), 1 – 11. doi: 10. 1007/s12147 – 007 – 9044 – 2.

Tubman, J. G., Windle, M., and Windle, R. C. (1996). The onset and cross-temporal patterning of sexual intercourse in middle adolescence: prospective relations with behavioral and emotional problems. *Child Development*, *67* (2),

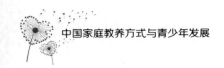
327 – 343.

Turner, E. A. , Chandler, M. , and Heffer, R. W. (2009). The influence of parenting styles, achievement motivation, and self-efficacy on academic performance in college students. *Journal of College Student Development*, *50* (3), 337 – 346.

Unnever, J. D. , Cullen, F. T. , and Pratt, T. C. (2003). Parental management, ADHD, and delinquent involvement: Reassessing Gottfredson and Hirschi's general theory. *Justice Quarterly*, *20* (3), 471 – 500.

Van der Vorst, H. , Engels, R. C. , Meeus, W. , and Deković, M. (2006). Parental attachment, parental control, and early development of alcohol use: a longitudinal study. *Psychology of Addictive Behaviors*, *20* (2), 107.

Van Goozen, S. H. , and Fairchild, G. (2008). How can the study of biological processes help design new interventions for children with severe antisocial behavior? *Development and Psychopathology*, *20* (3), 941 – 973.

Vazsonyi, A. T. , Wittekind, J. E. C. , Belliston, L. M. , and Van Loh, T. D. (2004). Extending the General Theory of Crime to "The East:" Low self-control in Japanese late adolescents. *Journal of Quantitative Criminology*, *20* (3), 189 – 216.

Wölfer, R. , Faber, N. S. , and Hewstone, M. (2015). Social network analysis in the science of groups: Cross-sectional and longitudinal applications for studying intra-and intergroup behavior. *Group Dynamics: Theory, Research, and Practice*, *19* (1), 45.

Wang, Q. , Pomerantz, E. M. , and Chen, H. (2007). The role of parents' control in early adolescents' psychological functioning: A longitudinal investigation in the United States and China. *Child Development*, *78* (5), 1592 – 1610.

Wang, Y. (2014). An Analysis of Changes in the Chinese Family Structure between Urban and Rural Areas: On the Basis of the 2010 National Census Data. *Social Sciences in China*, *35* (4), 100 – 116. doi: 10. 1080/02529203. 2014. 9683 49.

Ward, C., and Rana-Deuba, A. (1999). Acculturation and Adaptation Revisited. *Journal of Cross-Cultural Psychology*, *30* (4), 422 –442.

Watson, D. C. (2001). Procrastination and the five-factor model: A facet level analysis. *Personality and Individual Differences*, *30* (1), 149 –158.

Wei, R. (2007). Effects of playing violent videogames on Chinese adolescents' pro-violence attitudes, attitudes toward others, and aggressive behavior. *Cyberpsychology & behavior*, *10* (3), 371 –380.

Weinberg, N. Z., Rahdert, E., Colliver, J. D., and Glantz, M. D. (1998). Adolescent Substance Abuse: A Review of the Past 10 Years. *Journal of the American Academy of Child & Adolescent Psychiatry*, *37* (3), 252 – 261. doi: http://dx. doi. org/10. 1097/00004583 –199803000 –00009.

Wentzel, K. R. (2005). Peer relationships, motivation, and academic performance at school. *Handbook of competence and motivation*, 279 –296.

Wikström, P. – O. H., Oberwittler, D., Treiber, K., and Hardie, B. (2012). *Breaking rules: The social and situational dynamics of young people's urban crime*: OUP Oxford.

Wilding, J., and Andrews, B. (2006). Life goals, approaches to study and performance in an undergraduate cohort. *Br J Educ Psychol*, *76* (Pt 1), 171 – 182. doi: 10. 1348/000709904x24726.

Williams, K. E., Ciarrochi, J., and Heaven, P. C. (2012). Inflexible parents, inflexible kids: A 6 – year longitudinal study of parenting style and the development of psychological flexibility in adolescents. *Journal of Youth and Adolescence*, *41* (8), 1053 –1066.

Winfree Jr, L. T., Bäckström, T. V., and Mays, G. L. (1994). Social learning theory, self-reported delinquency, and youth gangs: A new twist on a general theory of crime and delinquency. *Youth & Society*, *26* (2), 147 –177.

Witztum, J. L., and Steinberg, D. (1991). Role of oxidized low density lipoprotein in atherogenesis. *Journal of Clinical Investigation*, *88* (6), 1785.

Wolfradt, U., Hempel, S., and Miles, J. N. (2003). Perceived parenting styles, depersonalisation, anxiety and coping behaviour in adolescents. *Personality and Individual Differences*, *34* (3), 521 – 532.

Wu, P., Robinson, C. C., Yang, C., Hart, C. H., Olsen, S. F., Porter, C. L., …Wu, X. (2002). Similarities and differences in mothers' parenting of preschoolers in China and the United States. *International Journal of Behavioral Development*, *26* (6), 481 – 491.

Xu, Y., Farver, J. A., Zhang, Z., Zeng, Q., Yu, L., and Cai, B. (2005). Mainland Chinese parenting styles and parent-child interaction. *International Journal of Behavioral Development*, *29* (6), 524 – 531.

Ybarra, M. L., and Mitchell, K. J. (2005). Exposure to Internet pornography among children and adolescents: A national survey. *Cyberpsychology & Behavior*, *8* (5), 473 – 486.

Yonezato, S., and Tamura, M. (1999). A Survey on Access to Internet Pornography among High School and University Students. *Reports-National Research Institute of Police Science Research on Prevention of Crime and Delinquency*, *39*, 35 – 43.

Young, R. L., Godfrey, W., Matthews, B., and Adams, G. R. (1983). Runaways: A Review of Negative Consequences. *Family Relations*, *32* (2), 275 – 281. doi: 10. 2307/584687.

Yu, Y., Shi, J., Huang, Y., and Wang, J. (2006). Relationship between family characteristics and aggressive behaviors of children and adolescents. *Journal of Huazhong University of Science and Technology* [*Medical Sciences*], *26* (3), 380 – 383. doi: 10. 1007/bf02829583.

Yusoff, Y. M. (2011). International students' adjustment in higher education: Relation between social support, self-efficacy, and socio-cultural adjustment. *Australian Journal of Business and Management Research* (1), 1 – 15.

Zimet, D. M., and Jacob, T. (2001). Influences of marital conflict on child adjustment: Review of theory and research. *Clinical Child and Family Psychology Review*, *4* (4), 319 – 335.

Zlobina, A., Basabe, N., Paez, D., and Furnham, A. (2006). Sociocultural adjustment of immigrants: Universal and group-specific predictors. *International Journal of Intercultural Relations*, 30, 195 – 211.

白鸽（2017），《父母关系对幼儿社会交往的影响》，《人生十六七》第 2 期，第 3 页。

曾国平（2011），《中学生和父母关系调查报告》，《湖北第二师范学院学报》第 9 期，第 97 ～ 100 页。

曾俊、旷兴萍、王运富（2009），《重庆万州区青少年学生的心理状况调查》，《临床精神医学杂志》第 6 期，第 413 ～ 415 页。

超然（2009），《英国：祖父母参与家庭教育有利于儿童成长》，《幼儿教育》第 5 期，第 31 页。

陈朝阳（2002），《〈中学生心理健康诊断测验〉结果的探索》，《宁波大学学报》（教育科学版）第 3 期，第 10 ～ 13 页。

陈丽萍、苏玲、居文、方美英（2006），《福建省青少年伤害相关危险行为流行现状调查》，《海峡预防医学杂志》第 6 期，第 15 ～ 17 页。

陈振环、杨海平、冯亚娟（2016），《社会资本，家庭收入与城镇居民幸福感：基于中国大样本微观数据的实证研究》，《科学决策》第 12 期，第 24 ～ 44 页。

邓林园、方晓义、阎静（2013），《父母关系，亲子关系与青少年网络成瘾的关系及其作用机制》，《中国特殊教育》第 9 期，第 71 ～ 77 页。

邓长明、陈光虎、石淑华（2003），《隔代带养儿童心理行为问题对比分析》，《中国心理卫生杂志》第 3 期，第 196 ～ 196 页。

窦凯、聂衍刚、王玉洁、黎建斌、沈汪兵（2014），《自我损耗促进冲动决策：来自行为和 ERPs 的证据》，《心理学报》第 10 期，第 1564 ～ 1579 页。

段飞艳、李静（2012），《近十年国内外隔代教养研究综述》，《上海教育科研》第 4 期，第 13 ～ 16 页。

樊富珉（2005），《我国青少年自杀研究及预防对策》，《临床精神医学杂志》第 4 期，第 241 ～ 242 页。

范方、桑标（2005），《亲子教育缺失与"留守儿童"人格、学绩及行

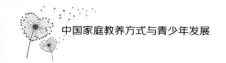
中国家庭教养方式与青少年发展

为问题》，《心理科学》第 4 期，第 855～858 页。

范娟、杜亚松、唐慧琴、程文红、刘漪、孙惠颖（2003），《藏，汉族中学生家庭环境特征的比较研究》，《上海精神医学》第 6 期，第 331～333 页。

范兴华、方晓义（2010），《不同监护类型留守儿童与一般儿童问题行为比较》，《中国临床心理学杂志》第 2 期，第 232～234 页。

范兴华、方晓义、刘杨、蔺秀云、袁晓娇（2013），《流动儿童歧视知觉与社会文化适应：社会支持和社会认同的作用》，《心理学报》第 5 期，第 647～663 页。

方晓义、范兴华、刘扬（2008），《应对方式在流动儿童歧视知觉与孤独情绪关系上的调节作用》，《心理发展与教育》第 4 期，第 93～99 页。

方晓义、徐洁、孙莉、张锦涛（2004），《家庭功能：理论、影响因素及其与青少年社会适应的关系》，《心理科学进展》第 4 期，第 544～553 页。

冯帮、兰欣（2017），《近十年我国流动儿童城市适应问题研究的回顾与反思》，《教育与教学研究》第 6 期，第 41～47 页。

甘宇（2015），《家庭收入，未成年子女数量与城市家庭教育投资》，《广州大学学报》（社会科学版）第 3 期，第 60～63 页。

高夫、托马斯、切瓦特桑（2014），《遇见孩子，遇见更好的自己》，新世界出版社。

古吉慧、伍文杰（2012），《隔代教养经历对初中生心理健康的影响》，《中国学校卫生》第 10 期，第 1246～1247 页。

关颖（2004），《家庭教育功能的不良和缺失与未成年人犯罪》，《预防青少年犯罪研究》第 1 期，第 19～28 页。

关颖（2005），《未成年人养成教育中的家庭责任》，《当代青年研究》第 3 期，第 6～10 页。

韩芳（2017），《流动儿童家庭教育影响因素及对策研究——以北京某打工子弟校为例》，《农业教育研究》第 1 期，第 9～14 页。

韩雪、李建明（2008），《高中生父母教养方式与自尊关系的研究》，《中国健康心理学杂志》第 1 期，第 105～107 页。

洪瑜嬬、林佩蓁、潘纯媚、陈秋蓉、何启功、吴明苍（2007），《护理人员的轮班工作与睡眠品质，身心健康及家庭功能之间的相关性》，《劳工安全卫生研究季刊》第 1 期，第 17 ~ 30 页。

侯静（2002），《亲子互动研究及其进展》，《心理科学进展》第 2 期，第 185 ~ 191 页。

胡春光（2017），《校园欺凌行为：意涵，成因及其防治策略》，《教育研究与实验》第 1 期，第 13 页。

胡军生、滕兰芳、王登峰（2007），《父母养育方式和社会支持对青少年心理健康的影响》，《中国心理卫生杂志》第 9 期，第 650 ~ 653 页。

胡俊文（2005），《青少年盗窃犯罪原因的心理分析及预防》，《湖南科技学院学报》第 2 期，第 63 ~ 65 页。

胡胜利（1994），《高中生心理健康水平及其影响因素的研究》，《心理学报》第 2 期，第 153 ~ 160 页。

胡韬、郭成（2013），《流动少年儿童社会适应与其影响因素的结构模型》，《西南大学学报》（社会科学版）第 1 期，第 83 ~ 87 页。

黄希庭（2005），《当代中国青年价值观研究》，人民教育出版社。

黄祥祥（2006），《论隔代教育与儿童心理的发展》，《经济与社会发展》第 4 期，第 203 ~ 205 页。

简才永、植凤英、叶静（2010），《贵州少数民族地区祖孙关系的结构考评》，《社会心理科学》第 11 期，第 39 ~ 45 页。

孔金旺、梁修云、孟仙、刘晶、王礼桂（2010），《武汉市某中学初中生行为问题的病例对照研究》，《中国社会医学杂志》第 6 期，第 354 ~ 356 页。

孔屏、郭秀红、邢晓沛（2013），《父母教养、祖父母教养与儿童外化问题行为之间的关系研究》，《教育导刊》第 7 期，第 34 ~ 36 页。

孔屏、王玉香（2013），《隔代教养与父母教养的比较研究》，《当代教育科学》第 11 期，第 55 ~ 56 页。

孔屏、周丽娜、刘娟（2010），《祖父母教养与孙子女情绪适应关系的实证研究》，《教育学术月刊》第 8 期，第 81 ~ 83 页。

兰基山、江世法（2003），《青少年常见心理问题与违法犯罪》，《青少年犯罪问题》第 5 期，第 52 ~ 55 页。

李成才 (2016),《农村留守儿童隔代教育问题调查研究——以崇左市天等县为例》,《广西民族师范学院学报》第 2 期,第 129～131 页。

李红婷 (2009),《城区学校农民工子女文化适应的人类学阐释》,《湖南师范大学教育科学学报》第 2 期,第 30～34 页。

李慧民、王莉、王黎 (2002),《犯罪青少年心理健康状况与个性特征的相关研究》,《中国临床心理学杂志》第 4 期,第 311～312 页。

李径宇 (2004a),《隔代之间,隔着什么》,《新闻周刊》第 21 期,第 52～54 页。

李径宇 (2004b),《养不教谁之过》,《新闻周刊》第 21 期,第 56～56 页。

李丽菊、贾翌皎 (2012),《城乡小学生父母教养方式比较》,《社会心理科学》第 12 期,第 107～111 页。

李强、李凌 (2014),《农民工的现代性与城市适应——文化适应的视觉》,《南开学报》(哲学社会科学版) 第 3 期,第 129～139 页。

李晴霞 (2001),《试论幼儿教育中的隔代教养问题》,《学前教育研究》第 3 期,第 16～17 页。

李瑞昌 (2009),《社区安全建设中府民合作与角色定位》,《北京行政学院学报》第 5 期,第 6～10 页。

李炎 (2003),《农村"隔代教育"调研》,《四川教育》第 Z1 期,第 20～21 页。

李彦章 (2001),《父母教养方式影响因素的研究》,《健康心理学杂志》第 2 期,第 106～108 页。

李艳红 (2012),《国内流动儿童社会适应研究述评》,《中国特殊教育》第 6 期,第 50～55 页。

李燕秋 (2016),《校园欺凌研究综述》,《教育科学论坛》第 14 期,第 68～71 页。

李英华、孟宪鹏、庞静、杨学军、魏群、苏颖、刘赫、邢维丽、王威、杨勇、安纯彩 (2007),《北京市东城区高中生心理健康状况及其影响因素分析》,《中国健康教育》第 3 期,第 173～176 页。

李颖、邢小云（2015），《农村初中生父母教养方式与学业自我效能感的关系研究》，《长春教育学院学报》第 17 期，第 69~71 页。

李紫媚、余艳萍（2012），《香港青少年盗窃犯罪抉择过程研究》，《青年探索》第 6 期，第 5~14 页。

李祚山（2001），《转型期初中生心理健康与父母养育方式的研究》，《心理科学》第 4 期，第 445~448 页。

梁春莲、万素华（2002），《夫妻关系对孩子行为影响的初步研究》，《健康心理学杂志》第 3 期，第 215~216 页。

廖全明、苏丹、黄希庭（2007），《目前国内常用心理健康量表的回顾与反思》，《心理学探索》第 4 期，第 74~77 页。

蔺秀云、方晓义、刘杨、兰菁（2009），《流动儿童歧视知觉与心理健康水平的关系及其心理机制》，《心理学报》第 41 期，第 967~979 页。

刘华山（2001），《心理健康概念与标准的再认识》，《心理科学》第 4 期，第 480~481 页。

刘金花（1997），《儿童发展心理学》（2 版），华东师范大学出版社。

刘静（2012），《上海家庭教育的现状及发展思考》，《当代青年研究》第 9 期，第 18~23 页。

刘宁、陈锡宽、闻增玉、高尔生、周本成、周小萍、武俊青（2005），《上海核心家庭亲子沟通状况及其影响因素分析》，《中国公共卫生》第 2 期，第 167~169 页。

刘霞、申继亮（2010），《流动儿童的歧视知觉及与自尊的关系》，《心理科学》第 33 期，第 695~697 页。

刘霞、赵景欣、师保国（2011），《歧视知觉的影响效应及其机制》，《心理发展与教育》第 2 期，第 216~223 页。

刘杨、方晓义、张耀方、蔡蓉、吴杨（2008），《流动儿童城市适应标准的研究》，《应用心理学》第 1 期，第 77~83 页。

刘玉春、邓美娇（2005），《对农村隔代教育的忧思》，《成人教育》第 3 期，第 5~6 页。

刘长想（2005），《致命毒瘤：色情网站》，《青少年犯罪问题》第 1

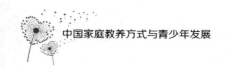

期，第 74～76 页。

刘文亮（2008），《我国青少年价值观研究综述》，《山西青年管理干部学院学报》第 1 期。

罗春燕、彭宁宁、朱蔚、周月芳、高根娣（2003），《上海市青少年危险行为现状研究（五）——自杀倾向与离家出走情况》，《中国校医》第 3 期，第 197～199 页。

罗桦琳（2014），《带孙子的老年人比例达 66.47%　隔代抚养引深思》，《广州日报》，http://edu. ifeng. com/a/20140828/40777102_0. shtml。

罗静（2007），《高低拖延者的冲动性特征与延迟折扣差异研究》，陕西师范大学硕士学位论文。

马罕（2015），《高中生父母教养方式与心理健康相关分析》，《中国健康心理学杂志》第 12 期，第 1878～1881 页。

马利军、樊金燕（2012），《农村中学生内隐攻击性与父母教养方式的相关性分析》，《中国学校卫生》第 7 期，第 834～836 页。

马妮娜、张曼华、刘婷、张巧玲（2015），《北京某地区流动儿童父母教养方式分析》，《中国健康心理学杂志》第 9 期，第 1407～1411 页。

毛雪琴（2006），《适应障碍青少年人格特点与父母教育方式关系研究》，《山东大学学报》（医学版）第 11 期，第 1132～1134 页。

莫然（2014），《未成年人心态不良犯罪行为实证研究》，《山东省团校学报》第 5 期，第 40～41 页。

倪青（2016），《对目前中学生参与志愿服务的调研报告》，《课程教育研究：学法教法研究》第 24 期，第 211～212 页。

聂少萍、李海康、许燕君、马文军、徐浩锋、李剑森、许小频（2006），《广东省城市青少年伤害危险行为现状分析》，《中国学校卫生》第 11 期，第 930～931 页。

彭国胜（2007），《青少年学生自杀意愿和非致命性自杀行为的自身因素差异研究——以对湖南省 1775 名青少年学生的调研为例》，《青年探索》第 5 期，第 85～89 页。

浦昆华、李辉、白新杰、孙云瑞（2012），《家庭功能、父母教养方式及夫妻关系对青少年社会适应性的预测》，《现代生物医学进展》第 21 期，第 4136 ~ 4139 页。

屈智勇（2005），《青少年犯罪：发展轨迹及家庭因素、价值观和自我控制的作用》，北京师范大学博士学位论文。

屈智勇、邹泓（2009），《家庭环境，父母监控，自我控制与青少年犯罪》，《心理科学》第 2 期，第 360 ~ 363 页。

曲晓艳、甘怡群、沈秀琼（2005），《青少年人格特点与父母教养方式的关系》，《中国临床心理学杂志》第 3 期。

任传印（2016），《中国现代文学中的佛教人物形象塑造》，《哈尔滨工业大学学报》（社会科学版）第 6 期，第 99 ~ 106 页。

任银霞（2008），《浅析隔代教养对幼儿个性发展的负面影响》，《中国校外教育：理论》第 12 期。

阮青、黄林、韩彦彬、黄立嵘、张结宏、黄兆勇、…方志峰（2005），《广西青少年伤害相关危险行为流行状况调查》，《应用预防医学》第 5 期，第 288 ~ 290 页。

师保国、雷雳（2007），《近十年内地青少年心理健康研究回顾》，《中国青年研究》第 10 期，第 23 ~ 27 页。

石丹理、韩晓燕、李美羚（2006），《青少年对父母亲职及亲子关系质量的认知：香港与上海的比较》，《社会》第 3 期，第 137 ~ 157 页。

石志道、缪绍疆、赵旭东（2009），《0 ~ 3 岁不同养育方式对初中生行为和情绪的影响》，《中华行为医学与脑科学杂志》第 1 期，第 65 ~ 67 页。

苏英（2002），《青少年犯罪的心理形成因素——典型个案之分析》，《中国青年政治学院学报》第 6 期，第 103 ~ 106 页。

苏贞贞（2015），《父母关系感知与子女心理及行为发展的关系》，《中小学心理健康教育》第 3 期，第 7 ~ 9 页。

孙宏艳（2002），《隔代教育的五大误区》，《少年儿童研究》第 4 期，第 30 ~ 33 页。

孙铃、梁宗保、陈会昌、陈欣银（2014），《儿童 2 岁活跃性、自我控制与 5 年后学校适应——父母养育方式的调节作用》，《心理发展与教育》

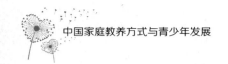
第 1 期，第 9 ~ 15 页。

谭千保、龚琳涵（2017），《流动儿童父母支持与社会文化适应的关系——积极心理品质的中介作用》，《中国特殊教育》第 6 期，第 69 ~ 74 页。

仝文、刘洁（2013），《中学生心理健康水平与家庭教养方式关系研究》，《兰州教育学院学报》第 3 期，第 151 ~ 153 页。

童春旺（2004），《隔代教养：未成年人犯罪不可忽视的家庭因素》，《江西警察学院学报》第 1 期，第 43 ~ 45 页。

童辉杰、宋丹（2016），《我国家庭结构的特点与发展趋势分析》，《深圳大学学报》（人文社科版）第 4 期，第 118 ~ 123 页。

中国国家统计局（2013），《中国统计年鉴》，中国统计出版社。

万䥽昊、司汉武（2015），《宗教信仰对居民环境行为影响的回归分析——基于 CGSS2010 年数据库》，《忻州师范学院学报》第 6 期，第 104 ~ 109 页。

万翼（2004），《农村初中"隔代监护"学生的不良人格特征及教育对策》，《教育学术月刊》第 3 期，第 16 ~ 17 页。

汪萍、宋璞、陈彩平、梁娟、简芳芳、张金宝（2009），《隔代抚养对 1 ~ 3 岁婴幼儿智能发展影响的对照研究》，《中国当代儿科杂志》第 12 期，第 1006 ~ 1007 页。

王春莉、廖凤林（2005），《父母教养方式与高中生抑郁情绪的相关性》，《中国临床康复》第 20 期，第 35 ~ 37 页。

王道阳、高洪波、姚本先（2009），《改革开放 30 年青少年心理健康研究进展》，《当代青年研究》第 2 期，第 72 ~ 76 页。

王海燕（2012），《上海长宁区一项调研显示隔代教养比例已达 90.5%》，http://sh. eastday. com/m/20120522/u1a6571359. html。

王慧娟（2012），《城市流动儿童的社会融合》，《重庆理工大学学报》（社会科学）第 6 期，第 61 ~ 67 页。

王极盛、李焰、赫尔实（1997），《中国中学生心理健康量表的编制及其标准化》，《社会心理科学》第 4 期，第 15 ~ 20 页。

王建芳、陈奇文、夏频珍、徐蓉（2017），《父母教养方式对初中生心理健康和故意自我伤害行为的影响》，《预防医学》第 3 期，第 243～247 页。

王丽芳、王志波（2014），《父母婚姻关系对大学生心理素质的影响》，《中国健康心理学杂志》第 7 期，第 1083～1086 页。

王婷婷、马和民（2010），《国内中学生心理健康量表使用评述》，《上海教育科研》第 6 期，第 44～47 页。

王欣、吴艳红（1998），《中美大学生对父母关系评价的比较研究》，《中国临床心理学杂志》第 3 期，第 160～162 页。

王宇卉（1993），《60 例犯罪青少年心理卫生现状调查》，《中国心理卫生杂志》第 3 期，第 120 页。

吴旻、刘争光、梁丽婵（2016），《亲子关系对儿童青少年心理发展的影响》，《北京师范大学学报》（社会科学版）第 5 期，第 55～63 页。

吴念阳、张东昀（2004），《青少年亲自关系与心理健康的相关研究》，《心理科学》第 4 期，第 812～816 页。

吴倩岚（2009），《农村留守与非留守儿童身心健康状况及影响因素分析》，华中科技大学硕士学位论文。

吴文菊、刘春红（2009），《对藏，汉族初中生父母教养方式与应对方式关系的研究》，《辽宁教育行政学院学报》第 9 期，第 41～42 页。

吴学安（2004），《隔代教育：欲说还休好困惑》，《长寿》第 11 期，第 46～47 页。

吴玉坤、徐礼平（2016），《家庭功能理论视角下随迁儿童社会适应问题研究》，《太原师范学院学报》（社会科学版）第 4 期，第 115～117 页。

伍先江（2009），《城市社区安全评估指标体系的构建——以北京市为例》，《中国人民公安大学学报》（社会科学版）第 4 期，第 1～7 页。

向巍、周勋（2010），《海南省未成年人犯罪心理状况调研报告》，《海南广播电视大学学报》第 4 期，第 77～81 页。

谢蓓芳、方永年、林永清、陈勇华、金蓉、胡慧芳、王芳（2004），《小学生的适应行为与父母教养方式的相关分析》，《中国心理卫生杂志》第 8 期，第 568～569 页。

谢言梅（2006），《家庭教养方式及其与子女心理健康关系研究评述》，

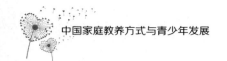
《大理学院学报》第 11 期，第 81～84 页。

辛方兴、王家同（2007），《高中生心理健康水平与父母教养方式关系的研究》，《第四军医大学学报》第 21 期，第 1982～1985 页。

邢献昆（2014），《青少年违法犯罪与家庭中不良因素的关系》，《教育教学论坛》第 13 期，第 164～165 页。

徐靖雯（2009），《中学生学习自我效能感现状及影响因素研究》，《中小学心理健康教育》第 7 期，第 6～9 页。

徐速、刘金花（1999），《儿童自我控制水平与父母管教态度间关系的研究》，《心理科学》第 2 期，第 177～178 页。

许有云、周宵、刘亚鹏、邓慧华（2014），《学校氛围对青少年抑郁的影响：自我控制的中介作用》，《中国临床心理学杂志》第 5 期，第 860～863 页。

薛云（2011），《祖辈家庭教养方式的调查与分析》，《学周刊》第 11 期，第 207～208 页。

杨国枢（2013），《中国人的价值观：社会科学观点》，中国人民大学出版社。

杨梅菊（2007），《农村初中生父母教养方式与其人格的相关研究》，《江西教育科研》第 1 期，第 89～90 页。

杨胜利、谢超、杨书华（2016），《收入，保险与居民幸福感研究——来自中国家庭收入调查的经验证据》，《云南财经大学学报》第 3 期，第 69～80 页。

杨小艳（2007），《进城农民工子女社会适应现状及原因分析》，湖北大学硕士毕业论文。

杨云云、畲翠花、张利萍（2005），《儿童青少年父母教养方式的城乡比较》，《山东师范大学学报》（人文社会科学版）第 6 期，第 152～155 页。

姚鲲鹏（2010），《柳州农村初中留守学生父母教养方式与焦虑水平的相关研究》，《柳州师专学报》第 4 期，第 101～104 页。

叶美玲（2014），《国外隔代教养研究述评》，《牡丹江教育学院学报》第 11 期，第 36～37 页。

易高峰、易连云（2005），《农村父母教养方式与中学生焦虑水平的相关研究》，《教育探索》第 12 期，第 95～96 页。

喻冠娟、姜金伟（2015），《国内青少年社交焦虑研究进展》，《信阳师范学院学报》（哲学社会科学版）第 9 期，第 24～28 页。

袁静、余毅震（2007），《父母养育方式对高中生心理健康状况的影响》，《医学与社会》第 3 期，第 32～33 页。

岳冬梅、李鸣杲、金魁和、丁宝坤（1993），《父母教养方式：EMBU 的初步修订及其在神经症患者的应用》，《中国心理卫生杂志》第 3 期，第 97～101 页。

张柏芳、黄雪薇、赵静波、于凤兰、余巍、黄四邑、…皇甫丽（2009），《儿童行为问题与父母婚姻质量关系》，《中国公共卫生》第 2 期，第 172～174 页。

张春泥（2017），《当代中国青年父母离婚对子女发展的影响——基于 CFPS 2010—2014 的经验研究》，《中国青年研究》第 1 期，第 1 页。

张慧凡（2008），《犯罪亚文化与青少年犯罪》，华东政法大学。

张琳、陈延斌（2016），《当前我国家风家教现状的实证调查与思考》，《中州学刊》第 8 期，第 98～104 页。

张璐斐、吴培冠（2001），《关于父母教养方式与青少年行为的关系研究》，《社会心理研究》第 2 期，第 1～4 页。

张青方（1998），《青少年心理社会发展与其父母教养方式的相关研究》，《青年研究》第 5 期，第 2～12 页。

张卫枚（2012），《农民工融入城市过程中的文化适应》，《城市问题》第 8 期，第 64～67 页。

张晓宁（2006），《家庭教育中母亲角色意义及制约因素的初步探讨》，万方数据资源系统。

张雪霖（2015），《城市化背景下的农村新三代家庭结构分析》，《西北农林科技大学学报》（社会科学版）第 5 期，第 120～126 页。

赵慧莉、陈思超（2016），《寄宿制中学生心理健康，社会支持与主观幸福感关系研究——以青海省藏民族居住区寄宿制中学为例》，《青海师范

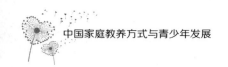
大学学报》（哲学社会科学版）第 5 期，第 155～160 页。

赵文远（2007），《1949～1957 年中国户口迁移管理研究》，《郑州航空工业管理学院学报》（社会科学版）第 3 期，第 47～50 页。

赵晓风、毕成（2013），《心理问题与青少年违法犯罪——以未成年男犯调查研究为例》，《预防青少年犯罪研究》第 5 期，第 4～11 页。

郑杨（2008），《对中国城乡家庭隔代抚育问题的探讨》，《学术交流》第 9 期，第 130～132 页。

郑真真、牛瑞琴（2002），《中国 10～18 岁青少年就学的影响因素分析》，《人口与经济》第 2 期，第 28～37 页。

周福林（2016），《人口流动对家庭结构影响的统计研究》，《西北人口》第 3 期，第 8 页。

周鹏生、焦锋、吕欢、杨娟娟（2015），《藏族中学生的父母教养方式与自我和谐的关系》，《中国心理卫生杂志》第 4 期，第 284～289 页。

周玉慧（2015），《青少年至成年初期亲子关系的变化及其影响》，《中华心理学刊》第 1 期，第 67～89 页。

图书在版编目（CIP）数据

中国家庭教养方式与青少年发展 / 李德等著. –– 北
京：社会科学文献出版社，2018.7
ISBN 978 – 7 – 5201 – 2812 – 4

Ⅰ . ①中⋯　Ⅱ . ①李⋯　Ⅲ . ①家庭教育 – 研究 – 中国
Ⅳ . ①G78

中国版本图书馆 CIP 数据核字（2018）第 134080 号

中国家庭教养方式与青少年发展

著　　者 / 李　德　等

出 版 人 / 谢寿光
项目统筹 / 高　雁
责任编辑 / 王楠楠

出　　版 / 社会科学文献出版社 · 经济与管理分社（010）59367226
　　　　　　地址：北京市北三环中路甲 29 号院华龙大厦　邮编：100029
　　　　　　网址：www. ssap. com. cn
发　　行 / 市场营销中心（010）59367081　59367018
印　　装 / 三河市龙林印务有限公司

规　　格 / 开　本：787mm × 1092mm　1/16
　　　　　　印　张：17.75　字　数：271 千字
版　　次 / 2018 年 7 月第 1 版　2018 年 7 月第 1 次印刷
书　　号 / ISBN 978 – 7 – 5201 – 2812 – 4
定　　价 / 79.00 元

本书如有印装质量问题，请与读者服务中心（010 – 59367028）联系